湖南省教育厅科学研究重点项目：
20世纪美国学界的曾国藩述评研究
（22A0486）成果，白马湖优秀出版物

美国学界的

研究

白年曾国藩

范丽娜 著

MEIGUO XUEJIE DE BAINIAN

ZENG GUOFAN YANJIU

知识产权出版社

全国百佳图书出版单位
—北京—

图书在版编目（CIP）数据

美国学界的百年曾国藩研究 / 范丽娜著 . —北京：知识产权出版社，2023.2
ISBN 978-7-5130-8679-0

Ⅰ.①美…　Ⅱ.①范…　Ⅲ.①曾国藩（1811—1872）—人物研究　Ⅳ.① K827=52

中国国家版本馆 CIP 数据核字（2023）第 027700 号

内容提要

本书对 20 世纪美国学界曾国藩研究进行梳理，分为三个阶段：第一，前 30 年，逐渐从传教士模式中解放出来，从专业史学角度解读中国传统文化代表人物和中国近代化进程；第二，30 年代至 70 年代初，以费正清为代表的第一代美国中国学家深入研究曾国藩的思想体系，关注他所代表的中国近代化进程中传统思想文化的裂变；第三，70 年代中后期至 20 世纪末，学者将曾国藩作为儒家思想改革和创新的代表人物进行研究。本书整理和归纳美国学界对于曾国藩的研究，对于深刻理解文化本质，起到了必要的补充作用。另外，在中国文化"走出去"政策的引导下，需要对于本土文化的外宣形象时刻保持清醒认识。及时收集、梳理和反馈海外中国学的研究动态，有利于我们全面了解和掌握世界时局。

本书适合历史学领域研究者阅读。

责任编辑：李　婧　　　　　　　　　　　责任印制：孙婷婷

美国学界的百年曾国藩研究
MEIGUO XUEJIE DE BAINIAN ZENG GUOFAN YANJIU

范丽娜　著

出版发行： 知识产权出版社有限责任公司		网　　址：http://www.ipph.cn	
电　话：010-82004826		http://www.laichushu.com	
社　　址：北京市海淀区气象路50号院		邮　　编：100081	
责编电话：010-82000860转8594		责编邮箱：laichushu@cnipr.com	
发行电话：010-82000860转8101		发行传真：010-82000893	
印　　刷：北京中献拓方科技发展有限公司		经　　销：新华书店、各大网上书店及相关专业书店	
开　　本：720mm×1000mm　1/16		印　　张：16.25	
版　　次：2023年2月第1版		印　　次：2023年2月第1次印刷	
字　　数：250千字		定　　价：86.00元	

ISBN 978-7-5130-8679-0

序

　　曾国藩作为中国近代杰出的政治家、军事家、思想家，晚清重要的中兴名臣，他的功、德、言对中国近代历史产生了深远影响。长期以来，国内学术界对曾国藩的研究具体而全面，主要涉及政治、学术和历史三个领域。由于曾国藩身处中国近代转型的关键时期，中西思想汇流与冲击较为猛烈，海外学术界长期以来也十分关注曾国藩及其代表的中国传统文化。本书以时间为脉络，对20世纪美国学界的百年曾国藩研究进行了爬梳，意在于"他者"视角下展开跨文化交流、冲突与勘误研究。这不仅有助于深度学习美国学界研究中国历史、政治、哲学与文化的理论、方法与范式，而且有利于在对美国学术思潮与社会动向了解、掌握的基础上展开相关学术规律的探讨，归纳中美学界对于中国近代史研究理论的异同与发展方向。20世纪美国学界的曾国藩研究成果丰富、特色明显，与美国中国学研究并轨同向。本书时间跨度为19—20世纪，分四个时间段对美国学界的曾国藩研究进行了系统分析。

　　首先，本书阐述了20世纪之前美国对曾国藩研究的基础，卫三畏、丁韪良等老一辈传教士史学家在《中国丛报》（*China Repository*）、《中国邮报》（*The China Mail*）、《华盛顿邮报》（*Washington Post*）等10多家报纸对曾国藩进行了实时报道，他们在《中国总论》等研究作品中提出恢复曾国藩镇压太平天国的军功，以抗衡英国的"戈登说"，并形成了19世纪末美国学界对曾国藩的模糊印象：一位勇敢坚毅的老儒者，为了坚守信仰而举起了卫道之旗。

其次，在 20 世纪前 30 年，以马士和黑尔为代表的美国中国学家逐渐摆脱传教士视角，开始运用专业史学研究方法和社会进化论、冲突论来研究曾国藩。尤其在《中华帝国对外关系史》和《曾国藩在镇压太平叛乱时的戎马生涯》等 5 部研究作品中，逐渐形成美国学界对曾国藩"守护国家领土和信仰统一的卫士"印象。这一阶段的美国中国学表现出与传统欧洲汉学注重纯学术研究完全不同的特点：开始转向美国对华政策的思考，注重服务现实与国际关系，并尝试提出"停滞的中国需要西方唤醒"的理论雏形，直接指向后来"西方中心主义"研究理论与模式的形成。

再次，本书对 20 世纪 30—70 年代初美国曾国藩研究进行了细致的论述。沈陈汉音、迈克尔、芮玛丽、列文森对曾国藩承汉学、理学、经世和桐城四大儒学主流学派成"礼"学的过程进行了不同角度的研究。6 篇专题论文和 5 份述评文献都在"冲击—回应"模式下对曾国藩儒学思想中的威权主义和实用主义进行了比较，并提出这一阶段美国学术界对曾国藩"儒学遗产守护者与继承人"的形象定位。

最后，在 20 世纪的最后 30 年，卫德明、费正清、魏费德、柯文、波拉切克对曾国藩利用经世思想领导军事、财政和人事改革进行了述评与研究。此时美国学术界向"中国中心观"研究范式的转向深刻影响了有关曾国藩研究的 12 份文献，学者们纷纷加强了对中华文化自我革新力的关注与解读，重新评价了曾国藩在中国近代文化救赎方面的贡献，总结了曾国藩作为首批在近代嬗变中做出积极反应的中国精英阶层的代表人物，在坚守传统文化与接纳西方文化成果方面的纠结与矛盾。这一时间段美国学界也形成了曾国藩"中国精英文化救赎者"的人物形象。

20 世纪美国学界的曾国藩研究呈现出明显的阶段性特点，经历了事功—思想—文化的发展过程，研究成果逐渐由表及里，层层深入。20 世纪之后，美国中国学呈现地方化、细节化和局部化的研究特点，各种分支和细节研究逐渐取代重点人物和近代化整体研究。曾国藩与其代表的儒家文化研究渐渐从主流研究舞台上走下来，让位给当代化、多角度、跨学科的其他研究。历史描绘的精细化发展让曾国藩不再成为美国学者研究中国近代史绕不开的庞大目标，曾国藩的专题研究已然走到了尾声。

目　录

引　言

一、前述研究的回顾与总结

（一）研究缘起

鸦片战争之后的中国历史，是从千年封建帝国的崩塌到中华人民共和国成立的百年不屈抗争史。曾国藩（1811—1872）作为中国近代历史的重要人物，在政治、经济、军事、文化、思想、教育、外交等方面都留下了不可磨灭的痕迹。如何评价曾国藩，是中国近代史研究的重要课题，也是不断加深对中国传统文化和政治体系解读的重要一环。

曾国藩身处中西文化剧烈冲突的近代中国，在这个极其关键的阶段，传统的生活方式和文化信仰都受到了猛烈冲击，曾国藩亦在这个敏感而复杂的时代主动或被动地推动了中国的近代化探索，成为中国近代历史上争论颇多的焦点人物。国内学界对他的研究由来已久，早在他辞世的 1872 年，李鸿章便责成薛福成撰写评论，将曾国藩比作司马光和诸葛亮，匡扶一朝一政、拯救儒家信仰，可谓对曾国藩的首次评议。百年来，国内学界对曾国藩的研究主要围绕他的言、事、功等方面展开，经历了几个明显的起落：19 世纪末，曾国藩因一直被地主阶级树立为道德楷模而受到顶礼膜拜；20 世纪初的革命党人出于民族主义等政治需求，对曾国藩大肆鞭挞；进入 20 世纪 30 年代，伴随着蒋介石提出新生活运动，曾国藩被塑造为古今礼义第一人；到了 20 世纪 40 年代，马克思主义历史学家对曾国藩的封建守旧思想和镇压农民起义的军事行动进行了深刻的否定和批判。然而回顾这段历史，这股文化思潮在当时抗日战争的历史背景下，为取得抗战胜利带来了积极的意义；自中华人民共和国成立，对曾国藩的正面评价仍罕见，直到 20 世纪七八十年代，曾国藩在国内学界一直都是毁大于誉的政治人物。作为封建文化的代表人物，关于他的研究以批判为主；改革开放以后，有关曾国藩的研究逐步摆脱政治色彩，趋于学术理性，曾国藩的形象在这样的研究发展中逐渐立体化、生动起来；20 世纪 90 年代以来，随着曾国藩研究热的兴起，有关曾国藩研究的著述和通俗读物大量涌现，学界和民间又普遍呈现对曾国藩过誉的情况。❶ 中国知网上可检索到的关于曾国藩的研究文献高达 8559 篇，时间跨度从 1988 年到 2021 年，尤其在 2011 年、2015年、2016 年文献数量达到 500 篇左右。这些文献涉及哲学、史学、文学、政治学、教育学、伦理学等领域，研究成果深入、细致、全面，学术价值高。总的来说，国内学界对于曾国藩的研究已十分全面而深入，但对海外曾国藩研究成果的吸收与参考还不多见。

美国作为 20 世纪迅速崛起的超级大国，迅速抢占了全世界范围内主要领域的话语权。美国学界在 20 世纪对于曾国藩研究的走向，不仅直接体现了他们对中国近代典型历史人物及其代表的经典文化之解读与认知走势，还明显反映了美国对中国的政治策略随历史环境变化而产生的变迁，也在一定程度上代表了世界主流学者对于中国近代化道路探索的重要成果。对比美国在 20 世纪的强势上行，中国也在同时期积极展开了对自身文化的扬弃、继承与探索，并取得了重大突破。在这百年中，以美国为代表的西方世界也反复运用自己的核心价值观，对中国传统文化进行了多维度的深度挖掘与再认识。选取这一百年作为研究的时间范畴，不仅具有典型的历时性意义，也希望能推动中国经典思想与文化的外宣研究，为现代中美关系和中西文化沟通贡献智慧与思路。

作为本书研究范围的美国学界，主要指以美国中国学研究为核心，涉及美

---

❶ 黄亮 . 曾国藩思想研究［D］. 哈尔滨：黑龙江大学，2017：27.

国媒体、历史学、社会学、哲学、伦理学、文学六大领域的研究范畴,包括美国传教士中国学家,第一、二代美国中国通和美籍华人专家等重要学者的核心研究成果。发轫于19世纪的美国中国学,师承源远流长的传统欧洲汉学,却随着美国国力的逐渐发展壮大,呈现出与欧洲汉学截然不同的显著特征:它并不以中国传统文字和文学作为研究对象,更偏重对中国政治、历史和文化方面的研究,尤其注重探索中国近代化进程中对西方文化的吸收与排斥。美国学界的曾国藩研究,一直与美国中国学研究并轨同向、血脉相通。本书意在掌握美国学界对中国近代化研究的核心内容与发展方向,深入领会和归纳美国学界对于曾国藩研究的历史走向与特点,深刻挖掘其内在原因,并对此进行适当评论。

海外中国学研究一直硕果累累,美国学者对于曾国藩这位中国近代转型时期的核心代表人物是如何研究和评论的?这些研究成果是否呈现阶段性特点,是否存在偏颇和谬误?我们应该如何看待和回应这些评价?研究这些问题,可以加深我们对于自身文化和历史发展在世界语境中定位的认识,了解我们在世界历史研究领域中的位置,还能发掘散落的珍贵史料,为国内近代史研究提供少许参考价值,并为建立批评的中国学研究贡献力量。

（二）国内外研究概况综述

19—20世纪的美国学界已积累了不少曾国藩研究的学术成果,但迄今仍未有学者对这些成果进行历时性回顾、整理、归纳和研究,所以与本题直接相关的研究在国内外学界都尚未充分展开。

目前,20世纪这百年来美国学界关于曾国藩的相关研究资料可归纳为以下几类。

1. 曾国藩专题研究成果

1921年美国传教士黑尔在他的博士论文《曾国藩在镇压太平叛乱时的戎

马生涯》中 ❶，首次系统论证了曾国藩在镇压太平天国中的重要性，并提出重新评价曾国藩的历史价值。马士立即对这本专著进行了学术回应和高度评价，引起了西方学界的广泛重视 ❷，也从此开始了美国学界对曾国藩展开系统、客观和公正的研究与评价，这极大推动了美国学界的曾国藩研究。❸ 到 20 世纪中期，不少中国学家撰文分析了曾国藩的儒家思想，研究主要集中在他对经世致用、理学思想甚至桐城学派的影响方面。德国中国学家卫礼贤之子卫德明在 1949 年、1976 年发表了 3 篇学术论文：《曾国藩思想的背景》《少年曾国藩：家乡影响和家庭背景》和《曾国藩与刘传莹》❹，着重讨论家乡和家庭教育对曾国藩思想发展与形成的巨大推力。迈克尔撰文《19 世纪的中国革命与复兴：曾国藩的时代》❺，阐释曾国藩作为儒家秩序的捍卫者在旧制度限制下所作的有限改革，探讨了他对中国现代化的贡献，并抨击了当时史学界教条评价 19 世纪曾国藩的不合理现象。迈克尔高度赞扬了起自曾国藩的以儒教为理论武器的中国近代化改革，以及对现代中国影响颇深的军事近代化改制和民族主义思想雏形，并提出他的经典观点：在现代中国，任何结合儒学价值观的现代化探索，无疑都是曾国藩理想的继承和延续。迈克尔甚至乐观地预测，儒家思想会劫后重生，以崭新的面目成为中国迈上民主之路的道德和哲学之源。沈陈汉音的论文《曾国藩在北京 1840—1852：他的经世致用思想和改革》详细分析了曾国藩领兵之前思想形成的复杂过程及他如何将之运用到行军、行政和行业等复兴

---

❶ HAIL W J. The Military Career of Tseng Kuo-fan in the Suppression of the Taiping Rebellion [D]. New Haven: Yale University, 1921.

❷ MORSE H B. Review on Tseng Kuo-fan and the Taiping Rebellion [J]. The Journal of the Royal Asiatic Society of Great Britain and Ireland, 1928（2）: 462-466.

❸ 黑尔博士后来将自己的博士论文整理成专著出版：HAIL W J. Tseng Kuo-fan and the Taiping Rebellion [M]. New Haven: Yale University Press, 1927.

❹ HELLMUT W. The Background of Tseng Kuo-fan's ideology [D]. Cambridge: Harvard University, 1949; HELLMUT W. The Young Tseng Kuo-fan: Home Influences and Family Background [J]. Monumenta Serica, 1976（32）: 21-54; HELLMUT W. Tseng Kuo-fan and Liu Ch'uan-ying [J]. Journal of the American Oriental Society, 1976（96）: 268-272.

❺ MICHAEL F. Revolution and Renaissance in Nineteenth-Century China: The Age of Tseng Kuo-fan Pacific [J]. Historical Review, 1947（16）: 144-151.

活动之中。❶ 耶鲁大学芮玛丽在收集大量中文文献与史料的基础上，创新性地提出了统领"同治中兴"时期的保守主义思想，她在专题研究《同治中兴——中国保守主义的最后抵抗（1862—1874）》❷ 中用了大量篇幅论述曾国藩的改革思想。美国学者弗尔索姆在《朋友、宾客与同僚——晚清的幕府制度》中对曾国藩创造性地筹建和改造湘军、继承并发扬私人幕府制度以培养和储备汉族精英及专业人才进行了深入研究。同时，弗尔索姆还将曾国藩和李鸿章进行了对比 ❸，提出曾国藩是一位信仰的斗士，他的所有行为都出于对儒家文化的保护与继承，力求在儒教框架内实行必要的改革与精进，以维持旧体制和旧文化的长存，这一沉重使命让他常常殚精竭虑，在权力面前不断退缩，以保儒家文化。相比而言，弗尔索姆认为李鸿章的个人政治特色更加鲜明，虽然他的私人幕僚远没有曾国藩有力，但他本人经常会与晚清政府产生权力博弈。弗尔索姆还指出，以曾国藩为代表的清末高级官员与幕僚之间的私人感情直接推进了幕僚制度在近代化进程中发挥重要作用。波特的《曾国藩的私人官僚班子》❹ 研究了曾国藩军事改革的人事选用及私人官僚班子组建体系，将其创建并壮大湘军、领导洋务运动等都归纳到儒学理论的实践范畴。波特认为曾国藩在镇压太平天国的过程中早已率领他的系列下属机构不自觉地踏上了中国近代"专业化"之路，在他的倡议和领导下，晚清朝廷进行了一系列改革活动，主要以军事工业为主，波及教育、矿业等，这场改革与取得对太平天国的军事胜利一并为19世纪60年代轰轰烈烈的"自强运动"打下了基础。20世纪70年代美国学者

❶　SHEN C H. Tseng Kuo-fan in Peking, 1840-1852: His Ideas on Statecraft and Reform [J]. The Journal of Asian Studies, 1967（27）: 61-80.

❷　国内学界多称"同光中兴"。美国学界对这段中兴的称呼来自于芮玛丽的研究作品《中国保守势力的最后抵抗——同治中兴（WRIGHT M C. The Last Stand of Chinese Conservatism: The T'ungchih Restoration, 1862-1874 [M].New York: Atheneum, 1965）》，书中将之命名为"同治中兴"，根据芮玛丽的研究，中兴随着曾国藩处理天津教案的失败而告终，与国内学界将"百日维新"作为同光中兴的终点有着明显的不同。

❸　FOLSOM K E. Friend, Guests and Colleagues: the mu-fu System in the Late Ch'ing Period [M]. California: University of California Press, 1968.

❹　PORTER H. Tseng Kuo-fan's Private Bureaucracy [M]. Berkeley: University of California, 1972.

对曾国藩的研究逐渐从区域军事建树转变到他对中国行政设置现代化的影响和贡献上来。谢正光的博士论文《曾国藩——19世纪的儒将》从文、武两方面论述了曾国藩的儒家哲学思想和军事、政治建树，私人幕僚体系，对他给予了很高的评价。❶ 但是作者却在文章最末把曾国藩塑造为一个"失望的老人"，为自己无法实现的愿望（强国）而抱憾。

2. 太平天国主题研究中的曾国藩述评

孔飞力的专著《中华帝国晚期的叛乱及其敌人》❷研究了曾国藩在清末创立的新式地方军队、中国军事近代化及与太平天国的斗争，这部专著由于对中国近代团练的深入研究而被交口赞誉。孔飞力对中国晚清时期缘起于鸦片战争广州战场上的团练、区域地方武装，以及由此引发的社会政治结构和军事格局的变化进行了有力探索。孔飞力还考察了华南与华中地区各种社会基层组织的解构、功能转向和社会影响，尤其重视对湘军与各地团练之间的差异与关系比较，特别关注由此引发的一系列地方军事化与地方割据趋势，是美国中国学研究领域对中国团练研究的鼻祖。邓嗣禹分析了太平天国和以曾国藩为代表的汉族儒将对中国近代化的影响 ❸，较为典型的就有对曾国藩要求首先恢复科举考场，并重新布置江浙防线等方面的研究。1971年邓嗣禹在专著《太平天国与西方势力》❹ 中提出，太平天国运动比鸦片战争更加迫切地唤醒了清王朝对于一支近代化军队的渴望，这样才有了曾国藩、李鸿章来填补这个空白。太平天国和曾国藩（湘军对于厘金制度的依赖）在客观上共同对清末财政金融的改革施加了影响，在这场旷日持久的战争中，他们迫使清政府经历了一种从土地税向商业税和工业税的转变过程，开辟了一条财政税收的新途径。

❶ HSIEH C K. Tseng Kuo-fan, A Nineteenth-Century Confucian General［D］.New Haven：Yale University, 1975.

❷ KUHN P A. Rebellion and Its Enemies in Late Imperial China：Militarization and Social Structure, 1796-1864［M］. Cambridge：Harvard university Press, 1970.

❸ TENG S Y. Historiography of the Taiping Rebellion［M］. Massachusetts：Harvard University Press. 1962.

❹ TENG S Y. The Taiping Rebellion and the Western Powers［M］. Oxford：Oxford University Press. 1971.

3. 相关英文媒体史料

许多涉及曾国藩的英文研究都零星散布于对中国历史、哲学、政治及对太平天国运动等的英文报道中，这些史料成为较受美国学界欢迎的研究曾国藩的一手资料。特别是 19 世纪中叶以后，海外各界出于对诞生于中国内部的"拜上帝教"的兴趣，掀起了一股太平天国研究热潮，这就不可避免涉及对曾国藩作出分析和评价。早在 1849 年，香港总督已将京报发表的两广匪情奏折译成英文，报告伦敦政府；《中国邮报》（*The China Mail*）、《华北捷报》（*North China Herald*）和裨治文（Bridgman，E.C.）创立的《中国丛报》（*China Repository*）等外国媒体一直密切关注着太平天国与曾国藩双方势力的此消彼长，并适时作出判断，权衡利弊，为本国政府做好信息储备，虽然期间并未给出成熟的外交或学术观点，但为之后学界在此领域的进一步研究提供了宝贵史料，也为本书的研究提供了关键资料。

4. 涉及曾国藩的综合性或通史类研究成果

涉及曾国藩的第一部美国综合性专著首推卫三畏的《中国总论》❶，他将自己在中国几十年的传教经历整理成文，较全面地概括了中国晚清的统治模式和风土人情。作为中国海关总税务司的工作人员，马士创作了《中华帝国对外关系史》❷，大量引用外交文件，对中国近代社会展开了全方位的研究，其中多次提到曾国藩涉及的历史事件，并对曾国藩本人和以他为代表的传统文化进行了评述。这部作品是美国学界使用频率较高的重要资料之一，但可惜的是，这本百科全书型的研究成果不仅完全没有引用中文史料，而且在研究中表现出对中文史料的轻视，这难免给后人留下史料不全和研究视角残缺的遗憾。恒慕义主编的英文版《清代名人传略（1644—1912）》对晚清名臣曾国藩有多达 6 页的详细介绍❸，重点记载了曾国藩出山征战太平天国的前后经历，特别对他在历任

---

❶ WILLIAMS S W. The Middle Kingdom［M］. New York：Charles Scribner's Sons，1883.

❷ MORSE H B. The International Relations of the Chinese Empire［M］. Yokohama：Kelly and Walsh Limited，1910.

❸ HUMMEL A W. Eminent Chinese of the Ch'ing Period（1644-1912）［M］. Washington：United States Government Printing Office，1943.

职位上实施的晚清军事改制进行了论述。作品还考证并评论了曾国藩的家庭成员、社会关系及他的书信、奏折等，高度赞扬了他儒学名仕的个人品质——远见卓识而坚忍不拔。中国学者李剑农的《中国近百年政治史》英文版在美国斯坦福大学出版以来，一直被美国学界认为是中国学者对中国近代政治史最清晰而唯一全面的评述❶，被誉为是经得起考验的、系统参考和对比众多史料而得出可靠的纪实史和资料简编，深受美国学界推崇与信赖，在史学界具有重要价值，其中对于曾国藩的英文论述也是美国学界的重要研究资料。费正清的《美国与中国》向读者介绍了中国近代各方面的风貌特点❷，也提及曾国藩所处的政治环境及他对晚清局势的改革与推进。1954 年，邓嗣禹、费正清、孙任以都、房兆楹等合作的《中国对西方的反应：文献通论（1839—1923 年）》涉及对曾国藩思想和改革实践的译介。❸魏费德的《中华帝国的衰落》❹、费正清的《剑桥中国史》❺等都是优秀的通史类作品，分别在太平天国运动、同治中兴、经世致用思想等篇章对曾国藩作出重要研究论述。裴士锋在《湖南人与近代中国》❻中详细论述了曾国藩及其对湖湘文化的影响。卜正民在《哈佛中国史》❼中也专题介绍了曾国藩。

　　另外，美国学界对曾国藩的研究并不止于对中美学者研究资料的吸收与整合，黑尔博士就曾多次提及日文原版《曾国藩传》❽对于自己的研究产生深刻

❶ LI J N. The Political History of China, 1840–1928 [M]. Stanford: Stanford University Press, 1956, 1967, 1969.

❷ FAIRBANKS J K. The United States & China [M]. Cambridge: Harvard University Press, 1948.

❸ TENG S Y., J K. Fairbank. China's Response to the West: A Documentary Survey（1839–1923）[M]. Harvard: Harvard University Press, 1954.

❹ WAKEMAN W J. The Fall of Imperial China [M]. New York: Free Press, 1977.

❺ FAIRBANK J K., K C. Liu. Cambridge History of China in Late Qing Dynasty [M]. Cambridge: Cambridge University, 1978.

❻ PLATT S R. Provincial patriots: The Hunanese and modern China [M]. Cambridge: Harvard University press, 2007.

❼ BROOK T. Rowe. China's Last Empire: The Great Qing [M]. Cambridge: Harvard University Press, 2009.

❽ 紫山川崎三郎.曾国藩传：日本人眼中的曾国藩 [M].香港：香港中和出版社, 2012.

影响。特别是第二次世界大战后大批欧洲学者辗转赴美，带来了大量多语种的中国学研究资料和成果。如卫德明在研究曾国藩思想形成背景的过程中，就大量引用了欧洲汉学中心的德文与法文资料。

曾国藩研究在国内虽然一直都是显学，但是国内学界长期以来极少关注美国学界对于曾国藩的研究和历史评价，针对曾国藩在美国研究状况的国内成果偶有所见，因此迄今尚未有中国学者对 20 世纪美国学界百年曾国藩研究的成果进行整体梳理和归纳，更未形成系统的学术观点。目前，国内可考的相关研究成果十分稀少，仅有湖南学者尹飞舟介绍了美国学者黑尔以自己的博士论文为基础，进而完善并出版了关于曾国藩的专著——《曾国藩与太平天国》。尹飞舟从黑尔博士的学术研究观点、视角和内容三方面对这本著作进行了点评。❶ 朱政惠对黑尔和谢正光的曾国藩人物传记类博士论文进行了简要介绍。❷ 黄亮介绍了黑尔博士研究曾国藩所采用的学术方法和学术贡献。❸ 邓天文评述了黑尔博士、陈其田、波特、邓嗣禹、弗尔索姆、芮玛丽对曾国藩的研究。❹

另外，姜秉正在《研究太天平国著述综目》收录了 1855—1981 年世界各地多种语言对于太平天国革命的资料记载和文献 ❺，还包括关于此领域研究的众多文章、书籍和史料篇目，涉及语言有中文、日文、英文、俄文、法文等。在东亚各种类型的图书馆中，《研究太平天国著述综目》被视为比较权威的著作，其中第二部分《太平天国领袖们及清政府敌对人物评传》对曾国藩作出了历史性评价。

除了以上学术成果，其他相关研究大致可以分为以下几类。

（1）曾国藩典籍英译研究

徐思将《曾国藩家书》中的几篇家信译成英文 ❻，从英译和修辞角度探讨

---

❶ 尹飞舟. 一个美国学者眼中的曾国藩——W·J·黑尔《曾国藩与太平天国》述评［J］. 湖南人文科技学院学报，2007（1）：56-59.

❷ 朱政惠. 美国学者的中国人物传记研究——概况、特点、背景及相关诸问题的思考［J］. 史学理论研究，2015（3）：35-50.

❸ 黄亮. 曾国藩思想研究［D］. 哈尔滨：黑龙江大学，2017.

❹ 邓天文. "走进去"的翻译：近代湖湘名人著述译介述考［J］. 外语与翻译，2019（3）：39-46.

❺ 姜秉正. 研究太平天国著述综目［M］. 北京：书目文献出版社. 1984.

❻ 徐思.《曾国藩家书》（节选）英译实践报告［D］. 长沙：湖南师范大学，2016.

了《曾国藩家书》的翻译策略，并利用相关翻译理论和中英语言的对比，从理论中总结并指导翻译实践。杨跃珍在西方修辞学的基础上，从 Lloyd Bitzer 的修辞情境、Aristotle 的修辞三诉诸和 Burke 的认同理论等对《曾国藩家书》进行了分析。❶ 顾雅琪在研究《曾国藩家书》的部分章节英译时，从词汇和句子两个层面对文本进行了分析，并将翻译实践中应用到的直译、意译、归化、异化等进行了理论归类和研究评论。❷ 以上翻译作品为本书提供了文字解读的便利和跨文化研究方面的理论资料。

（2）对美国学界相关研究成果的中译

张汇文翻译的《中华帝国对外关系史》，对有关曾国藩的历史事件均有详细记述。❸ 中国社会科学院历史研究所编译室翻译了费正清的《剑桥中国晚清史》❹，其中很多章节涉及曾国藩的介绍和评价。刘尊棋翻译了费正清《伟大的中国革命》❺，其中介绍了曾国藩领导的洋务运动。房德龄等翻译了《同治中兴——中国保守主义的最后抵抗》，详细介绍了曾国藩领导同治中兴过程中实行的军工改革及保守思想。❻ 李仁渊翻译了罗威廉（William T. Rowe）的《哈佛中国史：最后的中华帝国：大清》❼，林同奇翻译了《在中国发现历史》，第二代美国中国学家的杰出代表——柯文创造性地从中国中心观的角度回顾了前期美国学界的曾国藩研究，并提出了不少学术争鸣。❽ 王继卿英译了《曾国藩传》等，并把美国历史学家黑尔的《曾国藩与太平天

❶ 杨跃珍.基于西方修辞学的《曾国藩家书》文本分析［J］.中州大学学报.2018（2）：95-98.

❷ 顾雅琪.《曾国藩家书》（节选）英译实践报告［D］.长沙：湖南师范大学，2019.

❸ 马士.中华帝国对外关系史［M］.张汇文，等译.上海：上海书店出版社，1957.

❹ 费正清等.剑桥中国晚清史［M］.中国社会科学院历史研究所编译室，译.北京：中国社会科学出版社，2017.

❺ 费正清.伟大的中国革命［M］.刘尊棋，译.北京：世界知识出版社，2015.

❻ 芮玛丽.同治中兴——中国保守主义的最后抵抗［M］.房德龄，等译.北京：社会科学文献出版社，2002.

❼ 罗威廉.哈佛中国史：最后的中华帝国：大清［M］.李仁渊，译.北京：中信出版社，2016.

❽ 柯文.在中国发现历史［M］.林同奇，译.北京：社会科学文献出版社，2017.

国》翻译成中文。❶ 这些翻译作品为国内学界了解美国学界的曾国藩研究提供了很好的资料，但有些作品受时代的局限和翻译水平的限制，存在一定的瑕疵，有待进一步完善。

（3）湖湘文化的对外传播与交流

除此以外，曾国藩研究在湖南省学术界一直是社科研究的主流方向和重点领域。很多省内学者特别关注以曾国藩为代表的湖湘思潮及优秀传统文化在日本、英国、美国、韩国等地传播情况和研究进程。蒋洪新❷、尹飞舟❸、蒋坚松、曹波❹ 等为推动此领域的深入研究做出了积极的努力和贡献，他们的研究成果也为这一意义深远而富有成效的学术传承打下了良好的基础。这些研究主要涉及曾国藩、左宗棠、黄兴等中国近代的湖湘名人，重点关注他们如何在西方开放思想的影响，走上领导中国近代化改革的征程。这些前期成果能为本书提供具有跨文化特点的丰富理论知识，有利于作者厘清美国学界对于曾国藩和湖湘文化的理解、定位、解读和评价。

（4）曾国藩文书的整理

国内学界对曾国藩文书的整理工作一直在不断完善，在一批批优秀编辑工作者的不懈努力下，曾国藩的绝大部分著述已被编纂成全集出版上市，为国内外学者提供了珍贵而精准的研究资料。线装书局出版了《曾国藩全书》❺，分 10 个部分评析了曾国藩处世理念和历史功绩。北京燕山出版社组织出版了 4 卷本《曾国藩全集》❻，收集了曾国藩家书、家训、日记和读书录。岳麓书社出版了《曾国藩全集》❼，较完整地收录了奏稿、批牍、诗文、读书录、日记、家书和书信。中华书局出版了全 12 册的《曾国藩全集》❽。这些文献资料为本书提

❶ 黑尔.曾国藩与太平天国［M］.王继卿，译.太原：山西人民出版社，2018.
❷ 蒋洪新.大江东去与湘水余波——湖湘文化与西方文化［M］.长沙：岳麓书社，2006.
❸ 尹飞舟.海外湖湘研究［M］.长沙：岳麓书社，2006.
❹ 蒋坚松，曹波.近代湖湘名人与世界［M］.长沙：岳麓书社，2006.
❺ 曾国藩.曾国藩全书［M］.北京：线装书局，2002.
❻ 曾国藩.曾国藩全集［M］.北京：北京燕山出版社，2009.
❼ 曾国藩.曾国藩全集［M］.长沙：岳麓书社，2011.
❽ 曾国藩.曾国藩全集［M］.北京：中华书局，2018.

供了重要的资料。

（5）美国中国学的发展研究

美国中国学依托传统欧洲汉学，将重点与核心聚焦到中国政治、历史和当代问题的研究上来，随着 20 世纪历史进程的推展而表现出明显的阶段性特点，这必然给美国学界的曾国藩研究带来全面、深入的影响，甚至会主导对曾国藩述评和研究的学术观点。中国学界相当重视美国中国学的研究进程，朱政惠对美国中国学的起源、发展、转变等进行了综合性归纳和研究。❶张扬对美国中国学在冷战期间的变化特点进行了研究，指出其受"官智"结合的影响而表现出明显的资政特色。❷了解 20 世纪美国中国学的发展，有利于深入分析美国学界对曾国藩述评的学术背景和研究走向。

综上所述，国内学术界对曾国藩在美国学界的研究还尚未全面展开，学术成果较少，也未形成体系；关于美国中国学家对曾国藩思想和事迹的评述和研究仍很不全面，特别是没有从不同历史时段和不同研究角度对曾国藩这位具有历史影响力的人物进行梳理和总结，更未讨论曾国藩的哲学思想和历史评价在美国学界的影响。总体来说，国内学界多关注海外中国学对于太平天国与基督教关系的研究，以及近代洋务派"同治中兴"中涉及中外合作部分的研究，而未对美国学界的曾国藩专题研究进行归纳和思考，也未形成系统的学术观点，这是本书计划解决的问题和致力的方向。虽然国内学界并未对美国学界的曾国藩研究进行整理和评价，但对曾国藩各方面的研究一直较为重视，长期以来积累的学术成果也对本书的进一步顺利研究打下了坚实基础，提供了可靠的理论和方法保障。

---

❶ 朱政惠. 美国中国学史研究 [M]. 上海：上海古籍出版社，2004.

❷ 张扬. 冷战与学术——美国的中国学（1949—1972）[M]. 北京：中国社会科学出版社，2019.

二、本书研究特色

（一）研究方法

1. 文献分析法

本书在充分收集大量文献的前提下展开对分类和比较研究，运用文献分析法对资料进行整理、甄别、分类、编译，并在此基础上对不同主题、不同时代美国曾国藩研究的资料和文献进行归纳、对比与研究。

2. 历史研究法

将美国学界对曾国藩的研究与当时的历史环境和学者的学术流派及研究特点相结合，是本书研究的重要方法。研究曾国藩的美国学者之思想与他们生活的时代密不可分，梳理并分析美国学界的曾国藩研究必须与当时的具体历史背景相结合，从特定的时代特点和史学思潮中去把握和评价美国学界的曾国藩研究。由于受到历史时代背景和研究者认识论和身份等诸多因素的限制，不同史学家和时代的某一种特定学术思想或社会思潮会给同时代的各领域学术研究带来不同程度的影响。在本书研究中，历史研究法能帮助我们摆脱静止或僵化的观点，动态地将研究对象与他们所处的时代背景和历史阶段紧密联系，作出合乎时代的结论与评价。❶

3. 比较研究法

本书拟对 20 世纪美国学界的曾国藩研究进行纵向与横向的比较，对 20 世纪百年内先后出现的不同研究成果进行比较，并总结出随着时间的推移和历史时代的变迁，美国学界对曾国藩评述的发展变化，从中提炼相关的学术规律和本质特征。此外，本书通过对中美学界曾国藩研究的比较，总结出相似点和不同点，探求中美学界历史研究领域的普遍规律和特殊规律。

---

❶ 张宝明，郑大华. 学术对话：中国近代思想史学科盘点之三——关于近代思想史的研究方法 [J]. 郑州大学学报（哲学社会科学版）. 2008（5）：132–136.

（二）研究思路

本书拟以历时研究的方法对美国学界百年曾国藩研究进行整理、归纳、对比和研究。

第一章收集和整理 20 世纪之前美国学界关于曾国藩的报道、关注和译评，梳理美国学界在全面、正式地对曾国藩展开学术研究之前的预热和铺垫：自 19 世纪 50 年代外国媒体对曾国藩创建湘军以阻击太平军进行报道之始，美国学界就逐渐将目光投向曾国藩。曾国藩参与的重要历史事件成为许多来华传教士争相报道和研究的对象。本章主要以当时外国人在华创办的外文报纸（如《中国丛报》《北华捷报》等）、传教士介绍中国情况的报告、咨文及亲历太平天国战争的外籍将领回忆录等材料为研究对象。韩文山、卫三畏、吟唎、丁韪良的作品是本章的主要研究内容，正是他们的不懈努力，奠定了美国学界对曾国藩研究的基础。同时，美国学界也形成了对曾国藩的初步印象，此阶段的研究与传教士的中国整体介绍糅为一体，尚未针对曾国藩展开专题研究。

第二章主要梳理 20 世纪前 30 年美国学界关于曾国藩的相关研究成果。这段时期是美国学者开始正式研究曾国藩的重要阶段，以马士和黑尔博士为代表的美国学者，凭借自身在中国长期的观察与思考，将研究焦点投射向曾国藩，掀开了美国学界对曾国藩全面研究的大幕。特别是黑尔博士，他作为第一位给曾国藩立传的美国学者，高度评价了曾国藩的功业与品性。本章拟对马士和黑尔的研究展开比较，并从他们的身份、立场、经历和学术观点等方面分析他们那个时代的美国学界对于曾国藩评述的学术价值和重要意义，并提炼出这个时代美国学界对于曾国藩的整体印象——帝国"大一统卫道士"。

第三章主要归纳 20 世纪 30 年代到 70 年代初期美国学界的曾国藩研究成果。这一阶段是美国学界曾国藩研究的繁荣时期，一众杰出的美国中国学家对于中国近代化进程进行了专业而细致的研究。曾国藩作为中国近代儒家学派的集大成者，成为美国学者研究清末保守势力的典型代表。以芮玛丽、弗尔索姆、波特、迈克尔、卫德明、费正清、墨子刻、列文森等为代表的美国中国学家和以邓嗣禹、沈陈汉音等为代表的华裔中国学家都对曾国藩的儒家学养和思想进行了深入研究。这一时期的主流观点认为：曾国藩在复兴儒家信仰方面奉献了自己的一生，镇压太平天国和领导洋务中兴都是他为了实现儒教国家一体化所做出的孜孜努力。所以，在本阶段的研究中，美国学界认为他是典型的"儒学遗产继承人"。

第四章主要归纳 20 世纪 70 年代中后期到 20 世纪末美国学界对曾国藩的研究，这一阶段美国学界多注意中国精英阶层在抵抗和顺应西方文化过程中的不断反复与纠结，而曾国藩正是首批在近代嬗变中作出积极反应的代表人物。他的思想和实践引领了中国迈入近代化的进程，他所代表的中国传统文化思想也在不断变异和改善，美国学界逐渐对曾国藩形成了"精英文化自救者"的印象。这一时期虽然也有以卫德明的系列研究论文和以谢正光为代表的美国华人学者关于曾国藩研究的博士论文问世，但是随着美国学界掀起"在中国发现历史"的区域研究新潮流，各种分流和细节研究逐渐取代重点人物研究和近代整体研究，以曾国藩为代表的历史人物研究已经不似前一阶段那样备受关注。除前文论及的卫德明与谢正光的曾国藩专题研究成果以外，费正清和刘广京主编的《剑桥中国史》在更广大浩瀚的历史背景下集中讨论了曾国藩的思想和改革。柯文对于美国中国学研究领域"西方冲击—中国回应"研究模式的批判性继承，极大地影响了当时中国学研究方法、视角、选题和研究意义的选择。同时，随着中国 20 世纪 80 年代美国中国学研究的视域得到拓展，曾国藩研究在美国学界不再是热点，逐渐让位给 20 世纪中国近现代史研究中的其他焦点事件和人物。

（三）创新与不足

本书以美国中国学的学术思想为切入点，对 20 世纪美国学界的曾国藩研究和评论进行整体回顾和整理，分析美国学界对以曾国藩为代表的近代中国精英在面临时代危机和社会转型责任时的表现所进行的探索。本书在跨文化视角下审视曾国藩所处时代发展的主旋律，阐释美国学界对这一时代与焦点精英人物的认识与解读。学者的思想往往是一般社会思潮和群体意识动向最集中、最典型的反映，是他们所处时代的智慧结晶，这些思想往往在国家、民族、群体的行为方式和价值体系中得到体现。美国学界对于曾国藩的研究和评述就深刻体现了他们国家和民族对于中国文明、文化及思想的认可程度。从这个角度来收集、整理、归纳美国20世纪百年间对曾国藩的研究和评述，对于国内学界来说，本身就是一个创新研究。

1. 创新之处

（1）研究资料创新

本书创新之处主要体现在研究资料和研究内容上。由于目前国内对美国学界曾国藩研究的资料尚未进行系统梳理，因此，本书引用的不少资料均属首次开发、整理和使用，着重引入、翻译和研究20世纪美国曾国藩述评成果和文献，如卫德明研究曾国藩的系列论文等。

（2）学术观点创新

通过对20世纪美国学界曾国藩研究资料的整理、编译、分类和比较，归纳并提炼出20世纪不同时间段美国学界对于曾国藩研究的重点、特点和观点，提出20世纪美国曾国藩研究"事功—思想—文化"的学术发展观点，揭示美国学界为国家政策服务的社会功能，也为收集和完善中外曾国藩研究成果贡献微薄力量。

2. 不足之处

第一，英文资料的收集。国内对于曾国藩研究的英文资料非常匮乏，急需借助国外数据库和档案馆的原始资料，笔者在收集这些资料时也遇到一定困难。

第二，目前，虽然已经收集了不少美国曾国藩研究的一手文献资料和史料，但是由于主客观原因，史料和文献的整理、翻译和解读工作将存在一定难度，特别是对于英文资料的翻译校正等，工作量大、挑战度高。

第三，笔者学术素养、理论水平有限，在如何充分挖掘史料，灵活运用并为论文观点服务方面，还不够精练，对史料的驾驭仍会有不足之处。

第一章 19 世纪美国学界曾国藩研究的源起

20 世纪之前，国际中国学（汉学）的研究中心在欧洲。早期的美国中国学是依托欧洲中国学的研究基础发展起来的，美国学界的曾国藩研究更是随着以卫三畏为代表的老一批美国中国学先驱者队伍的发展壮大而逐渐形成的。

在美国学界，中国学的研究一直作为东亚地方史研究的有机组成部分，直到近几十年才从区域史研究中脱离出来，在美国史学界拥有独立一席。于 19 世纪 30 年代开始的以传教士为主体的中国情报收集工作，被认为是美国学界研究中国的开端。以卫三畏为代表的老一辈传教士的中国学家们，受到欧洲学院派中国学的影响，视中国学研究为"纯粹的文化"，对晚清经济、政体、风俗、信仰，以及对中国族群的心理状态、言行举止等进行了描述和概括。这些观察家虽然人数不多，但研究水平高、程度深、范围广，为美国学界的中国学研究奠定了扎实的基础。然而由于他们的人员构成单一，又总是带着基督教传教士的宗教目的和文化偏执来看待和解读中国文化和中国现象，使他们的研究难免打上了宗教性和片面性的烙印。他们以基督教文化的立场为中心来分析和理解中国文化，使其研究不时呈现出严重的局限性和狭隘性；同时，美国中国学研究一直秉持"为美国国家利益服务，为美国对东方的扩张政策服务"[1] 的宗旨，从而表现出与欧洲学院派重视中国古典文化与文学研究截然不同的价值取

---

[1] 何寅，许光华.国外汉学史［M］.上海：上海外语教育出版社，2002：287.

向。传教士是美国中国学研究的开先河者，早在19世纪30年代，美国基督教传教士便开始逐渐踏足中国土地。与欧洲汉学研究相比，美国中国学研究起步较晚，但发展速度很快，而且善于从不同角度对中国和中国人进行详尽研究，形成了近代美国中国学研究的独特风格。卫三畏是近代美国中国学研究的先驱者，1876年耶鲁大学设立汉学讲席，卫三畏便被推为首席汉学教授。他在中国传教多年，《中国丛报》在他的主持下报道和研究了中国的政治、传说、社会、经济、历史、文化、地理、文学、民俗、文字、哲学等诸多方面的情况，与之后的丁韪良、明恩溥、狄考文、卫斐利、卢公明等一起，形成了美国传教士中国学研究的早期团队，为美国中国学的持续发展壮大打下了扎实的基础。

20世纪之前，美国学界尚未形成对曾国藩的专题研究，当时关于中国的资料和信息多来自传教士和观察家，而他们的史料大多来源于外国媒体报纸：如1845年创建于中国香港的周报——《中国邮报》；美国传教士卫三畏在澳门和广东创办的《中国丛报》（《澳门月报》）虽然只存在了19年，却是美国掌握中国国情和文化信仰的重要一手资料；另外，还有英国商人1850年在上海创办的《北华捷报》，对于当时清政府镇压太平天国和同治中兴都有比较详细的报道，是美国学界研究中国情况的重要史料。

虽然曾国藩是本书的主体，但在20世纪之前，包括美国在内的西方学者首先都是因为聚焦太平天国，才逐渐产生出对曾国藩的研究兴趣。所以，本书有必要在这里简要概括一下太平天国运动爆发伊始，西方各界对它的报道和态度。

第一节　19世纪美国学界对太平天国认知的变化

曾国藩虽为本书的中心，但是美国学界对曾国藩的最初关注，却起源于他们对于太平天国运动的"共情"。

一、《中国丛报》对太平天国运动之前民间动乱的报道

早在 19 世纪二三十年代，美国传教士裨治文（Bridgman，E.C.）创办的英文报纸《中国丛报》（*China Repository*）（后来的《澳门月报》）便时刻关注中国民间的动乱。他对中国境内首次动乱的报道对象是广西东北隅，1820 年在那里的叛乱成了蔓延到清帝国境内各处叛乱的重要源头。在那之后，很多区域相继出现叛乱。❶1835 年 7 月赛尚阿平定了赵城的叛乱❷，1826 年的贵州叛乱，1826 年、1830 年的台湾叛乱到 1831 年的江西和海南叛乱❸，1832 年的江苏、1832 年的湖北、1836 年的潮州和湖南叛乱❹，英帝国殖民统治下香港的叛乱。据《中国丛报》总结，当时对帝国的不满情绪迅速滋生，并在短短几年遍布了整个中国，无论是反抗异族统治还是反抗清政府管制的运动，似乎都已认为此时已到了掀起全面对抗的成熟期。当时民间叛乱此起彼伏，有代表性的如赵金龙造反打败了湖南提台，香山武装叛民也大肆劫掠、声势浩大，广东西北隅连州山土匪扰民等，在那个年代民匪反叛此起彼伏、循环往复，显示着他们的活力与战斗力。❺ 接下来，源起于 1849 年广州反入城斗争达到最高峰❻，并在 1851 年蔓延到广西绝大部分地区。而就在此时，洪秀全攻占了广西的永安州城❼，让众多活跃在中国大地上的外国人纷纷将目光投向了这场愈演愈烈的民间叛乱。综合来看，当时大多数外国媒体都不约而同地将太平天国运动定性为一场普通的民间动乱。

---

❶ Chinese Repository，Mar.，1836.

❷ Chinese Repository，May，Jun. 1835；May，1836.

❸ Chinese Repository，Mar.，1836.

❹ Chinese Repository，Feb.，Apr.，May，1836.

❺ Chinese Repository，May–Nov.，1832；Jul.，1836.

❻ Chinese Repository，May，1849.

❼ North China Herald. Jul.，23rd 1853.

二、美国学界对太平天国的首次关注

许多外国媒体对于曾国藩的关注起始于太平天国运动，他作为镇压太平军的将领，一度成为众多外国媒体关注和抨击的对象。由于曾国藩与洪秀全所处的对峙立场，近两百年来，中外学界对于这两位历史人物的评判必定是非黑即白。而在当时的 19 世纪中叶，大部分外国媒体普遍坚持以下观点：洪秀全是因为科场失利，渐渐对儒教产生了敌对和报复的心理，才在传教士的影响下接触基督教，并演变到挟"拜上帝教"来攻击儒教，进而激起了一大批靠儒教傍身立命的士绅名流的激烈反对，而曾国藩更是写下传世佳作——《讨粤匪檄》，将太平天国明确列为中国传统礼教的死敌，而这恰好挑动了传教士们那根最敏感的神经。

几百年来，传教士（特别是新教）对于改变中国传统儒教（特别是祭祖仪式）束手无策，洪秀全创立"拜上帝教"，并自称上帝之子，将耶稣的地位凌驾在中国礼教偶像——孔子之上，立刻引来了众多外国媒体对于太平天国运动的浓厚兴趣，并激起了他们的强烈"共情"。在太平天国运动初期，大多数外国媒体都对它投注了最大程度的同情与期待。他们密切关注着时局的变化，也默默地将曾国藩视为中国传统文化保守、顽固的卫道士和基督教的敌人。以卫三畏为代表的早期美国来华传教士，大多认为中国对外来文化秉持着"蔑视与拒斥"的态度，习惯性地站在文化的制高点，对其他一切外来文化保持着千百年来一贯的倨傲态度。

这段时期，对中国形势的观察和研究中心仍然在英国，英媒与相关报告、文书是美国学界研究的重要资料来源。西方人自近代以来就从未停止对中国的探索。而自鸦片战争以来，大量西方传教士也借条约之便，深入中国腹地，即使是太平天国运动带来的大规模战乱，也未能阻止他们的步伐。10 年间他们踏足南京等太平天国地域进行直接访问的大约有 18 次之多，而进入太平天国

辖区内进行传教的外国人士更是数不胜数。❶早在 1849 年，港督已将京报上
登载的有关广东和广西两省土匪扰乱社会秩序的报道和奏折信息选译出来，直
接呈递给英帝国政府，以供当局据此来判断时机，为在中国取得更多利益做好
情报准备。1850 年 8 月，英帝国派驻在广州的官方翻译密迪乐密切关注了当
时正闹得沸沸扬扬的广西民众叛乱和盗匪滋，并对局势的发展和走向进行了预
判，将其中的重要咨情译成英文，详细呈报给英帝国首府伦敦下设的外国事务
部门。在此之后，他更是将叛乱的后续发展情况，汇编成详细而全面的报告，
定期及时地回馈给英国政府。同时，麦都思翻译太平天国文书，陆续在《北
华捷报》上发表，如 1853 年《北华捷报》报道了洪秀全关于"天父上主皇上
帝是神爷，是魂爷"❷等说法；美国传教士丁韪良是冒险观光当时太平天国都
城——南京的传教士代表，也是第一位对太平天国运动做出理性分析的美国学
者。他把太平天国信徒比作克伦威尔的清真基督徒，认为太平天国运动势不可
挡，会在短时期内全面占领中国，而中国则会在洪秀全的指引下，成为美国在
海外最大的原料来源地和商品倾销市场。基于这样的理念，丁韪良再三致信美
国政府和其他列强国家，阐明自己的观点，要求他们一定不要援助清朝。为了
实现他的设想和目标，丁韪良在上海《北华捷报》上发表了此观点。❸作为主
张承认两个中国政府的始作俑者，丁韪良将他的所见所闻及时汇报给了美国当
局，并恳切地向政府建议，应该抓紧时间赶快派遣使者代表美国政府进入太平
天国的驻地，并郑重地向太平天国政府赠送见面礼，为双方的友好关系奠定良
好基础。丁韪良认为，尽早地与"新政权"接触，能为美国在中国的贸易和利
益追求赢得先机，同时还能实行对中国境内南北政府兼相重、交相利的外交政
策，着重强调和突出两者的对抗，而美国便可坐收渔人之利。正如他在《北华
捷报》上的评论："南北两政府做殊死战，可以促进工业，农业与商业的发展，

❶　顾长声.传教士与近代中国［M］.上海：上海人民出版社，1991：76.

❷　North China Herald, May 7, 1853.

❸　North China Herald, June 7, 1856.

从而可以减少俄国的侵略。"❶

三、其他外文资料对太平天国的最初记载

法国传教士兼中国学家、在驻广州的法国领事馆担任翻译的加略利
（Joseph Mary Callery）与在领事馆担任医生的伊万先生（M. Yvan）联合编著了
一本介绍当时太平天国起义的书籍——《中国起义史，从开始至南京》，这本
书论述比较详尽，是当时较早开始对太平天国运动进行系统介绍的文字史料，
产生了一定影响。这本书后来被翻译成了英文版，经过约翰（John Oxenford）
的整理和校正后，对原文进行了修改和完善。在同时期较早的史料中，最值
得注意的是密迪乐的《中国之反叛史》，他的主要观点是："中国人最缺少的
是革命，最繁多的是造反"（The Chinese are the least revolutionary and the most
rebellious）❷，这一评价将太平天国运动的性质提高到了当时理论所及的最高点，
大力称赞太平天国政府对农村人口征纳的赋税要比清政府轻很多，而农民被拿
走的产品也都是以合理的价格被收购的。他在研究中还大力赞扬太平天国人士
尽一切努力去鼓励农业与贸易的措施❸，这无疑都是外国政府乐于看到的。

瑞典传教士韩山文（Theodore Hamberg）根据洪仁玕的叙述，记载了有关
洪秀全幻觉的经过，并详细论述了洪秀全早期著作《百正歌》《原道醒世训》
《原道觉世训》《改邪归正》等，让人不免认为洪秀全的全部奋斗都是纯粹宗教
性质的。他之所以举起反抗的旗帜，完全是由于清政府的迫害，这一论调为初
期的太平天国运动赢得了西方宗教文化人士的同情与支持。

在来华的西方人士中，不仅有侵略者和传教士，还有一个怀有特殊目的
的群体，他们就是在华投机冒险家，英国人呤唎就是其中的典型代表。他后来

---

❶　North China Herald, June 13, 1857.

❷　MEADOWS T T. The Chinese and their Rebellions［M］.London: Academic Reprints, 1856: 656.

❸　MEADOWS T T. The Chinese and their Rebellions［M］. London: Academic Reprints, 1856:
291.

将自己的在华经历编纂成书并出版发行，也成为美国学界研究中国近代史和曾国藩的重要资料。呤唎在书中描述到，他到了苏州芦墟镇，观察到镇上的商业十分繁荣，货物品种繁多、数量充盈，各处的商铺一片生机勃勃；田间地头农民都在辛勤耕作，纷纷在丰收的季节喜滋滋地收割粮食和谷物；不论是在城镇还是农村，老百姓们都过着比较满足的物质生活，熙熙攘攘、好不热闹，所到之处几乎没有看到成群结队衣衫褴褛的乞丐，这让他感到非常震惊。眼前的一片繁荣昌平、安居乐业的景象让他忍不住要为太平天国叫好，外界对于太平天国的"诽谤"，他努力用亲身经历为其正名（由于呤唎的游记发表在太平天国被镇压之后，而在那之前很多外国媒体和官方政府已经转向全面否定太平天国）。❶虽说呤唎的游记是受太平天国统治者委托而作，意在消除刻板印象中的恶劣影响，但他的描绘毕竟也是从亲身经历出发去解读当时的社会与时代，即使他是针对当时清政府的宣传而有的放矢，仍然具有一定历史参考性。呤唎描述了他们一行人在黄浦江上行驶，经过清军哨站而驶入太平军辖区时，与太平军有了正面接触："他们不像清兵那样耀武扬威，用傲慢粗暴的态度来进行搜查，而只是派一只小船载着一名长官来到我们船上，这名长官在进行搜查的时候举止有礼，态度和蔼。我第一次见到真正的生气勃勃的太平军，就留下了良好印象。"❷

太平军留给呤唎的良好印象促使他日后决定投奔太平天国。然而太平天国的信仰与基督教在本质上是有很大差异的，所以罗孝全等美国传教士也以此为理由来攻击太平天国。针对这个问题，呤唎有不同的看法：有人抓住"天兄"作为歼灭太平军的借口，同时批判洪秀全盗用"上帝"的名号将自己的宗教地位与上帝相挂钩，但洪秀全标榜自己和天父、天兄共同构成"三位一体"的宗教圣位，并以此来团结教众、共同捍卫上帝在人间的秩序与统治，是可以理解

❶　LINDLEY A F. Ti-Ping Tien-Kwoh: The History of the Tiping Revolution including a Narrative of the Author's Personal Adventures[M]. London: Day & Son Ltd, 1866: preface.

❷　LINDLEY A F. Ti-Ping Tien-Kwoh: The History of the Tiping Revolution including a Narrative of the Author's Personal Adventures[M]. London: Day & Son Ltd, 1866: 45.

的。❶从这段文字中能明显地看出，吟唎与其他在华佣兵不同，他的出发点是对太平天国的同情，以及对解放事业的追崇，而他本人则一直渴求能在太平天国的事业中达到一展抱负的目的，这对于他来说是一次绝佳的机遇。这位亲自投身太平天国运动的英国人对太平天国大唱赞歌，他称羡洪秀全将区域内的土地按照产品优劣不等而分为 9 个等次，并根据农民的需要在他们当中进行分配❷，这比起清政府的无所作为更能调动人民的生产积极性。

四、美国学界对太平天国态度的转向

与大多数在华的外国民间人士不同，在太平天国和清帝国的对峙中，列强政府们往往选择隔岸观火，静待双方势力的此消彼长，以便从中渔利。这样的观望态度一直到洪秀全的宗教老师——美国传教士罗孝全（Rev Isacchar J. Roberts）亲赴南京考察之后，发出了对太平天国的严厉指责，才最终引发了西方列强在宗教信仰和文化情愫上对太平天国的一致讨伐。《北华捷报》中形容两人（洪秀全和罗孝全）性格相似，都不肯轻易接受别人意见。同时，他们对于基督教的理解都不够深入和全面，当双方因为宗教事务而发生争执时，洪秀全总是以自己的神圣地位来压制罗孝全，并宣称自己能面见上帝，得到他的亲自传授；而罗孝全没有资格与上帝会面，对宗教精神的领悟完全不及自己，所以没有与自己讨论宗教事务的权利。持续一年多的纷争让两个人渐行渐远，罗孝全牧师最后找准机会离开了太平天国，从此便开始了对太平天国的口诛笔伐，不断向外界曝露太平天国与天王的种种腐败与黑暗，甚至鼓励西方以武力进攻太平天国。他对太平天国的谴责受到了全世界的关注，并最终推动西方各界改变了对太平天国最初良好的印象。特别是他对于太平天国拒绝推行国际贸

---

❶ LINDLEY A F. Ti-Ping Tien-Kwoh: The History of the Tiping Revolution including a Narrative of the Author's Personal Adventures[M]. London: Day & Son Ltd, 1866: 63-64.

❷ LINDLEY A F. Ti-Ping Tien-Kwoh: The History of the Tiping Revolution including a Narrative of the Author's Personal Adventures[M]. London: Day & Son Ltd, 1866: 218.

易态度的宣传，让原本希望通过支持太平天国势力而得到在中国贸易自由权的列强政府们，彻底放弃了他们的最初幻想，完全站在了太平天国的对立面。❶当时《北华捷报》报称，他们认为罗孝全牧师对于太平天国的认识是诚实而可靠的，所以他掌握的信息被迅速传回英国，并在各国列强政府中交口相传。这让早期对太平天国持同情态度的广大海外基督教信徒迅速转变了态度，这样的舆论转向让英国和其他列强当局都相信，他们在华的军事力量从此便可以毫无负担、毫无拘束地站在清政府一侧，进攻太平天国了，因为它站在反人类的立场上与上帝为敌了。❷

　　自那以后，美国学界渐渐开始关注在镇压太平天国运动中各国政府如何寻找利益点来进行研究。随着列强政府态度的逐渐明朗化，很多观察家和传教士在回忆录或专著中对太平天国的看法也形成了定论。他们普遍认为太平天国运动就是一场典型的农民造反、反叛或者起义，对于中国经济造成了极大破坏，对政局稳定带来了致命威胁，同时也给当时相对开放的中外贸易环境设置了不小的阻碍。美国传教士卫三畏多方面收录了当时各方势力对太平天国的评论，其中威尔逊对太平军的印象如下：

　　　　"前几天我们遭遇太平军的袭击，一小股太平军摸进租界，烧了几间房子，赶走几千名居民。我们反击太平军，将之逐退，却无法赶尽杀绝。他们打了就跑，穿越阡陌交错、沟渠纵横的农村。"长期混战的局势令人们感到无比失望，各国政府应该尽早认清现实，联合起来给太平天国致命一击。这不仅能终结他们带给中国百姓的痛苦和灾难，也能阻止太平军打砸抢烧的恶行造成本来丰饶和平的省份，如今只剩下满目疮痍。❸

---

❶ Daily Shipping and Commercial News. Feb. 6th, 1862.

❷ North China Herald, Feb. 8, 1862.

❸ WILSON A. The Ever Victorious Army: A History of the Suppression of the Taiping Rebellion[M]. Edinburg: Edinburg Blackwood, 1868: 52.

卫三畏也收录了《北华捷报》对太平天国政体和制度的相关报道，如下：

太平天国始终未制定并健全维持统治者和军队长期开支的政策和合理的纳税办法，这就造成这个政权多年来还一直维持着最初造反时解决财务的办法——抢劫。太平军一旦进入一个地方，首先就会对公库和公仓里的钱和财物洗劫一空，靠着这些钱和实物过活一个时期；然而这样终究不是长久之计，这些临时抢来的财物总有一天会弹尽粮绝，为了维持生计，太平天国政府开始对地方上还未来得及逃走的富户进行劫掠。❶

在此基础上，卫三畏还在《中国总论》中对太平天国作出了如下评判：

他们的存在整个就是一场灾难，自始至终只有不幸伴随他们左右，他们未曾付出丝毫的努力来重建已遭破坏的事物，以保护残存的世界，或者偿还他们所偷盗的东西。在他们离去之后的土地上，野兽自由地徜徉，在废弃的城镇筑起它们的窝巢。居民忙碌的喧闹声已经止息，取而代之的是野雉飞腾的嗖嗖声。在农民曾经勤劳耕种的田间地头，枯树和杂草早已将农田完全遮盖，看不出作物和庄稼原来的样子了。无数财富和银两被太平军卷掠而去，挥霍殆尽。而在太平军洗劫过后的地方，幸存者往往不得不忍饥受冻、流离失所、病痛缠身。根据目睹这一惨状的外国人估计，在19世纪50年代的前5年，太平天国四处作战，起码造成了中国大地上2000万人口的损失。❷

随着太平天国运动的爆发和后续战事的持续发展，美国学界对于太平天国的态度经历了从同情到敌视的戏剧性转变。从美国学者丁韪良首次公开性发言，以游说各国政府支持太平天国发展，构成与清帝国对峙的局面；到美国传教士罗孝全公开批评指责太平天国违背基督教教义，美国各界一直高度关注并

❶ North China Herald. Mar., 12th, 1853.

❷ WILLIAMS S W. The Middle Kingdom [M]. New York：Charles Scribner's Sons, 1883：1520.

参与了对太平天国性质的认知过程。直到卫三畏对这场运动进行全面而具体的分析，并为它作出清晰定位，美国学界对这一问题的认识才逐渐趋于一致：认为自从洪秀全树立起义旗帜以来，在长达 15 年的时间里，关于上帝和上帝救赎世人的概念、主旨和精神并未因太平天国日益壮大的声势和太平军队伍的壮大而得到宣传与实践。同时，无论是官方政府还是民间力量，太平天国从未尝试正式地以官方名义邀请基督教的权威宣传者——传教士对基督教义进行宣讲并指导。而罗孝全仅有的一次亲赴南京之旅，也并未和太平天国当局就商办学校、准备书籍、组织宗教慈善事业等方面起到任何作用。相反，罗孝全本人一再声称他乐于安全脱身，并返回上海。❶ 这些资料的整理和观点的梳理为美国学界对曾国藩的研究和解读构建了一个相对公平的起点，也在一定程度上抹去了美国学界对曾国藩在宗教情感方面的歧视与敌对，为 20 世纪美国学界曾国藩的研究构建了一个良好的开局。

卫三畏的这一观点强烈地影响了后来美国学界的研究者，如马士和黑尔博士，他们的研究成果在 20 世纪前几十年逐渐加深了美国学界对于中国各方面的认识，特别是黑尔博士于 1921 年完成的博士论文，直接将曾国藩定义为一个拯救国家和民族后而功成身退的英雄，认为其历史功绩和影响力足以媲美美国国父——华盛顿总统。

第二节 19 世纪美国学界
在恢复曾国藩军功方面的努力

如果说关于太平天国正义与否的评说，尚未触动美国学界展开对曾国藩的全面研究。那么，在成功镇压了太平天国之后，英美两国掀起了一股"抢功"

---

❶ WILLIAMS S W. The Middle Kingdom［M］. New York：Charles Scribner's Sons, 1883：1519.

热潮。到底谁在镇压太平天国中立了头功？是曾国藩的湘军？还是洋枪队的新式武器和西洋武装力量？这一场争论从英美政界延伸到英美学界，其核心目标都是在抢夺对中国和平局面的话语权与主导权。无论是英国学界的"戈登说"，还是美国学界的"华尔说"，都异口同声而又出奇一致地将矛头指向了曾国藩及其领导的湘军。有人批评这支队伍战斗力不足，有人抨击曾国藩据守不前、管理混乱。最初，英美学界一致认为，清政府在和太平天国的军事对垒中一直处于下风，直到"洋枪队"的介入，才彻底扭转了战争的整体局势，所以，最后成功取得对太平军作战胜利的是外国的洋枪与智慧。这样的观点在19世纪一直延续，直到卫三畏明确指出曾国藩及其领导的湘军在战争中的绝对贡献，美国学界才渐渐从这场纷争中拨开挡在曾国藩面前的迷雾，逐渐开始正面肯定曾国藩的历史功绩。

一、英媒主导的"戈登说"

20世纪之前，英国学界对于太平天国与曾国藩交战的学术研究资料，大多取材于回忆录，这成为美国学界此领域研究的重要参考资料。最典型的便是英国海军军官吟利的个人回忆录，极大地影响了美国学者。1864年回国后，吟利将自己的亲身经历记录成《太平天国革命亲历记》2卷本，对太平军习俗和当时双方战争的重要人物都有很多珍贵的一手资料（前文已详述，此处不再重复）。同时期还有另外两本著作对常胜军的领导人戈登进行了述评——威尔逊的《"常胜军"：在戈登将军领导下镇压太平叛军的历史》（1868年）和布尔杰的《戈登生平》（1896年），这是在19世纪广泛获得西方学界赞誉的两部重要作品，贡献了不少珍贵的研究资料。同时，研究中也体现了较强的西方殖民主义色彩，使作品带有较明显的局限性。另外，密迪乐的《中国人及其叛乱》也是当时比较重要的研究作品（前文已叙），然而由于作者英国领事的特殊身份，致使这部专著的帝国主义色彩十分浓厚。19世纪60年代，布赖恩的著作《太平军起义》问世了，这些作品都为19世纪研究太平天国运动和被镇压始末提

供了重要史料与研究成果。❶

在这段时期，美国学界一直对曾国藩、华尔和戈登三人进行比较和研究。首先，学界认为曾国藩并非镇压太平天国的首功之臣，较之戈登，华尔似乎也没有那么受肯定，这无疑与当时外国媒体和中国学研究仍为英国学界掌控有密切的关系。其次，华尔自身品格上的缺点成为英国媒体一致批判的对象。这种舆论导致在很长一段时间内，华尔都是外国媒体抨击的对象，列强政府尤其对他在官方立场明确之前就组织雇佣军阻击太平军表示了强烈的不满。最后，以《北华捷报》为代表的英国媒体大肆宣传了这些观点，并造成了对华尔的评价一直走低。如《北华捷报》于 1860 年 8 月报道，称华尔在青浦大败为第一则，也是最振奋人心的消息：

> 华尔这个声名狼藉的美国人已经奄奄一息了，当他被抬进上海租界范围时，还剩下最后一口气。当时他遍体鳞伤、苟延残喘，他的部下也是伤痕累累，非死即伤。华尔身受重伤却还能保住性命，似乎上天还没有下定决心对他进行审判，这真是令人觉得奇怪。❷

同时，《北华捷报》也并不回避华尔在镇压太平天国中的重要贡献，如该报报道华尔因为收复松江而奠定了对太平天国战争的转折点。❸ 早在 1861 年，该报就曾报道了华尔担任上校时指挥帝国军队，阻击了太平天国进攻松江的部队，尤其描述了在广富林镇被击败的情境，并赞誉华尔所率部队勇敢、纪律严明。❹ 华尔本人也因为打了一些胜仗，被擢升为相当于少将的一个军职，晚清帝国的当权者还因此特意颁下"常胜军"这个荣誉称号。❺ 从 19 世纪末到 20

❶　梁怡. 国外研究中国革命史的历史考察——英国部分 [J]. 北京联合大学学报, 1997（4）: 36—44.

❷　North China Herald, Aug. 9th, 1860.

❸　North China Herald, Mar., 15th, 1877.

❹　North China Herald, Feb., 7th, 1862.

❺　North China Herald, Mar., 22nd, 1862.

世纪初，学界为戈登先后出了 10 多本书。美国华尔将军虽然是常胜军的创办人，但甚至包括曾国藩，都被戈登掩盖了光芒。直到 1908 年，才有兰德尔给华尔写了一篇传记。❶ 然而，无论是"戈登说"还是"华尔说"，这些报道无一不将重点落在洋枪队对镇压太平天国所起到的无与伦比的正面作用。

二、曾国藩的战绩被首次肯定

随着美国传教士和学者的不懈努力，镇压太平天国首功之争逐渐从一边倒向英国的"戈登说"的局势中得到缓解，媒体和学者开始客观地看待常胜军的军功及曾国藩的战绩。

越来越多的学者开始对戈登在镇压太平天国中所取得的不可替代的功绩表示怀疑，从而引导他们在研究中逐渐形成客观的评价。如 1861 年太仓再次失守并被太平军重新占领之后，清政府直接授权华尔将他招募的军队扩充到 6000 人，饷银高达每年 90 万两。卫三畏评论说，华尔的死亡对于清帝国来说是惨重的损失。"华尔将军的死亡使帝国政府方面失去了一位能干的领导人物"❷，"华尔是一位勇敢而积极的领导者，一般人对他的死亡都感到遗憾，尤其是中国人，中国人曾经充分地信任他"❸，"中国政府对于像华尔这样一位委身于命运的军人的功绩，并不是没有感觉的"，"华尔是一位勇敢而富有精力的领导者，他对于他的军队和帝国政府官员都应付得好"，"无疑华尔是一个勇敢的人，他曾经为中国政府做过极好的工作。"❹

包括丁韪良在内的一众美国学者都认为：如果没有外国的干涉，太平天

---

❶ DETRICK R H. Henry Andres Burgevine in China：A Biography［D］. Polis：Indiana University，1930.

❷ WILLIAMS S W. The Middle Kingdom［M］. New York：Charles Scribner's Sons，1883：609.

❸ BOULGER D C. Life of Sir Halliday Macartney［M］. Whitefish：Kessinger Publishing，1908：62.

❹ WILSON A. The Ever Victorius Army：A History of the Suppression of the Taiping Rebellion［M］. Edinburg：Edinburg Blackwood，1868：90.

国运动会将罗孝全教士的学生——洪秀全推上中国的皇帝宝座。❶ 直到美国传教士卫三畏的传世巨作《中国总论》问世，第一次正面解读了太平天国运动得到民间广泛响应和支持的原因。这种局面的形成主要是由于当时清政府中央权力涣散，以及对地方政府约束力极其虚弱和官僚集团的腐败无能。同时，卫三畏也对太平天国历经 5 ~ 6 年还未取得大规模胜利的原因进行了分析，指出他们军事领导阶层存在着巨大分裂和力量匮乏，当然也将曾国藩及其领导的湘军列为阻止太平天国发展壮大的核心因素。这是美国学界第一次正面评价曾国藩在镇压太平天国中的功劳，明确指出外国观察家们被一支优秀的小部队（常胜军）所享有的名声所迷惑了，以至于让镇压太平天国运动的真正主角长期淹没于历史的尘埃中。

另外，卫三畏也正面肯定了常胜军在镇压太平天国中的历史功绩，夸赞常胜军在与太平军对峙时不畏困难、勇敢杀敌的英雄行为。常胜军也因为接二连三的克敌制胜而轻易取得了清政府和列强联盟的信赖；华尔作为最具代表性的洋人首领，其能力也通过和英法队伍的联络、光复宁波政府而得到完全展现。❷ 同时，威尔逊也评价戈登的部队具有高度严密的组织性，部队士兵相互配合度高、行动力强、武器装备精良、指挥军官英勇无敌、士兵行动整齐划一，将帅能适应不同地形来进行有效的调度和指挥，并且以不倦的干劲加以实施。❸ 但是，卫三畏对于镇压太平天国的首功之绩，也有着清醒的认识。他在《中国总论》中提到，在常州之战取得胜利以后，常胜军基本上就退出了对太平天国的作战阵营。此时的曾国藩和湘军已经取得对太平天国战争的绝对优势，太平天国一方仅剩下首府南京城还在做最后的苦苦对抗。而此时的曾国藩为了取得最后决战的胜利，早已充分布置好了对南京的最后一击。为了避免他一直担心的外国军队可能想要瓜分战争胜利果实的情况出现，曾国藩在做好一

❶ MARTIN P W. A Cycle of Cathay [M]. New York: Columbia University Press, 1897: 14.

❷ WILLIAMS S W. The Middle Kingdom [M]. New York: Charles Scribner's Sons, 1883: 1505.

❸ WILSON A. The Ever Victorious Army: A History of the Suppression of the Taiping Rebellion [M]. Edinburg: Edinburg Blackwood, 1868: 92.

切准备工作之后，及时解散了戈登领导的常胜军。❶ 所以，从参战时间和重要性来说，镇压太平天国的首功都不应该落到常胜军的头上。

综上所述，对于镇压太平天国的首功问题，美国学界在 19 世纪末已经渐趋形成一个统一认识，并在认识这个问题的过程中逐渐对曾国藩和以他为代表的中国传统思想产生了浓厚的兴趣。越来越多的美国学者开始正视中国地方军事力量的崛起，关注中国在经历了内外交战之后的同治中兴和近代化发展之路，以及中西文化思想在这片古老大地上的交锋。

第三节　19 世纪美国报刊对曾国藩的其他报道

虽然曾国藩是因为镇压太平天国而进入美国学界的视线之内，但他之后领导洋务运动、处理天津教案，也令他多次出现在美国主流媒体上，引起美国学界的频频关注，为 20 世纪美国学界对他的深入研究奠定了基础。

在成功镇压太平天国的过程中，以曾国藩为首的军事首领也在战争中有感于西方军事科技的"鬼斧神工"，痛下决心并成功说服清政府引进西方先进的军备力量和技术成果，从而开始了中国近代化进程中第一次大规模引进西方科技的运动——洋务运动。以美国传教士林乐知为代表的热衷于在华传播西方文化的人士，纷纷在自己创办的报刊上报道了当时的盛况。林乐知在《上海新报》上记述了曾国藩领导初建江南制造局时的概况，特别报道了中国自制的第一艘自制的机器动力轮船——"恬吉"号下水的情境，同时表达了对中国人以开放的态度吸纳和学习西方先进技术、自主制造新轮船并顺利试航的高度赞扬："本馆闻此喜信焉，应观察道贺，第一次所办轮船如此快……力甚大也。"❷之后，他还多次就洋务新兴事业进行连载报道，尤其是将李鸿章、曾国藩等

---

❶ WILLIAMS S W. The Middle Kingdom［M］. New York：Charles Scribner's Sons, 1883：1515.

❷《上海新报》新式第 101 号，1868 年 9 月 22 日。

"因机器局承办轮船并上海通商洋务事件"而保奏请奖中外人员的名单全部登载在《上海新报》上 ❶，还对曾国藩提倡的留美出洋计划进行了正面报道 ❷，旨在呼应洋务派"必先富而后能强"等主张。❸

　　与领导洋务运动获得西方一致好评不同，对天津教案的处理一度将曾国藩长期积累起来的良好形象摧毁殆尽。当时《纽约时报》（*New York Times*）对天津教案密切关注，有学者统计，1870年7—12月，《纽约时报》刊登的和天津教案有关的报道就有60多篇 ❹，主要是引导读者相信天津教案的"预谋性"和中国人的"排外性"，尤其抨击了以曾国藩为代表的清政府官方顽固排外的态度与不作为。❺ 当时《纽约时报》的报道多以英国媒体报道为依托，存在着大量的谬误和不实，也完全采用了西方视角：一味偏袒法国，对华歧视严重。天津教案在当时对西方世界影响巨大，不仅为曾国藩的戎马一生留下遗恨，也让后来的美国学者直接将这一事件划定为同治中兴的终点。

　　综上所述，20世纪之前，美国学界已然注意到曾国藩其人，并逐渐对他产生了浓厚的研究兴趣。然而和偌大的晚清帝国、庞大的中国人口和复杂的地理环境比起来，19世纪的美国学界对曾国藩的认识还长期停留在浅表层面。但是不得不肯定的是，信息的滞后和交通的不畅并没有阻止以卫三畏为代表的美国传教士们不遗余力地"塑造中国"，他们逐渐为美国学界勾勒了一个模糊的曾国藩形象——一位勇敢而坚毅的老儒者，他保守而顽固，诚直而笃定，为了坚守自己的信仰举起了卫道的旗帜。然而，对于大多数美国学者来说，曾国藩的存在对于美国在中国的事业发展并没有起到多少实质性的帮助，所以在20世纪之前的很长一段时间内，曾国藩研究尚未走到台前成为美国中国学研究的中心。

---

❶ 《教会新报》第26期，《奖赏功能人员》；常贵环.林乐知与《上海新报》[D].济南：山东师范大学，2011.

❷ 《教会新报》第174期，《上海西学堂章程》跋。

❸ 《教会新报》第204—205期，《富国说》。

❹ 杨帆.《纽约时报》视野中的天津教案 [J].东岳论丛，2016（4）：97-106.

❺ The Massacre in China, The New York Times, August 24, 1870.

第二章 "大一统卫道士": 20 世纪前 30 年 美国学界的曾国藩形象

　　进入 20 世纪，美国史学的专业化转型促进了美国中国学的进一步发展，美国学界对曾国藩的研究也迅速呈现出从传教士视角向近代专业视角进化的明显特点。

　　19 世纪末 20 世纪初，美国史学完成了专业化转型，实现了从传统到现代的跨越：从最初的描述性史学进阶到分析性史学，之后又经历了进步主义史学、新保守主义史学、社会冲突论、新左派史学、多元文化主义等理论的新陈代谢。❶进入 20 世纪的第 2 个 10 年，美国全面进入工业化时代，随之而来的社会变动和由之引发的社会弊端异常剧烈。全国上下思潮澎湃，矛盾冲突激烈，也引发了人们对于改革的热烈讨论，于是，"进步主义运动"的改革浪潮荡涤全国。以弗雷德里克·杰克逊·特纳（Frederick Jackson Turner）、查尔斯·比尔德（Charles Beard）、弗农·帕林顿（Vernon Parrington）为代表的新一代专业史学家恰逢其时，积极投身到当时如火如荼的改革浪潮中。20 世纪前 20 年还出现了一批史学著作，为当时的时代改革提供了理论基础和思想基石——建立在社会进化论和社会冲突论基础上的经济和政治冲突论，他们自

---

❶ 李剑鸣.关于二十世纪美国史学的思考［J］.美国研究，1999（3）：17–37，3–4.

已也因此被后人称为"进步主义史学家"。❶ 美国中国学研究的转向也在这一时期开始了，当时最明显的标志便是 1925 年太平洋学会（American Council of Institute of Pacific Relations）的成立，这个学会在之后很长一段时间内发挥了重要作用，逐渐打破了古老而传统的仅以古典语言文学、历史、思想文化为对象的欧洲汉学纯学术研究的壁垒，推动了传统意义上的东方学、汉学研究逐渐转向现实问题和国际关系，让美国中国学走出了一条不同于欧洲汉学的学术新路。❷

　　20 世纪前 30 年是美国学界开始全面、正式研究曾国藩的重要阶段，研究焦点也逐渐从曾国藩镇压太平天国转移到对他本人的研究。越来越多的学者开始关注这个在晚清政府中拥有旷世功业的儒者，如何一步步成为主宰中国近代命运走向的关键人物。这段时期的代表性研究成果有马士的《中华帝国对外关系史》和黑尔的博士论文《曾国藩在镇压太平叛乱时的戎马生涯》。作为通史性研究著作，《中华帝国对外关系史》自 1910 年第一卷出版以来，一直是美国甚至西方学界研究近代中国的基本读物，被誉为研究中西关系的经典著作。黑尔博士大量采用了马士的研究成果，在 1921 年以曾国藩镇压太平天国为主线完成了他的博士论文，并于 1926 年出版专著《曾国藩与太平天国》，后又在 1927 年出版了在此基础上改编和完善的《曾国藩传》，被视作美国学界第一部关于曾国藩研究的专著。本章主要以马士与黑尔博士的作品作为主要研究对象。

第一节　黑尔博士对曾国藩人物品格的探索

　　在黑尔博士之前，马士博士也对曾国藩的早年生活作出了简略陈述和研

---

❶　丁爱华. 论特纳"新史学"［D］. 淮北：淮北师范大学，2011（6）.
❷　杨静. 美国二十世纪的中国儒学典籍英译史论［D］. 开封：河南大学，2014（4）.

究，尤其对他镇压太平天国的历史功绩给予了充分肯定。但马士同时也认为曾国藩在天津教案的危急关头，表现出犹豫不决和力不从心，破坏了他作为行政长官的声誉；濮兰德（J. O. P. Bland）和巴克斯（Edmund Backhouse）对曾国藩的人品和事迹进行了高度赞扬，并评论说曾国藩的言行都严格遵循着儒家正统学术体系的要求，虽然这种体系常常被各界所诟病，然而正是在这种古老而稳固的体系模式下，才培养出了曾国藩这类践行英雄行为的人物。这种情况虽然在中国历史上时有发生，但是曾国藩在这些杰出人物中仍然是名列前茅的，他会为了儒家的正统地位和人民的巨大利益而不断激发出自己的潜能，创造一个又一个奇迹。所以，按照濮兰德和巴克斯的说法，"用忠诚而明智的爱国主义这个家喻户晓的词来描述他是恰如其分的" ❶。

美国学界第一次为曾国藩著书立传的黑尔博士，虽然也是传教士出身，但是他愿意吸纳中文资料，而且更多地采用历史学术研究的方法，对曾国藩本人的性情品格进行了深入分析。黑尔博士称曾国藩是一位从孔夫子或柏拉图时代一直存活到维多利亚时代中期的典型人物。那些源远流长的儒家经典规范，在曾国藩的成长、教育和为人处世中都发挥了重要的作用，尤其是曾国藩对于自己家族的高度认同和家乡习俗的充分尊重，这些都说明了他是一个重视传统的典型儒家文人。黑尔博士采用了中国学者萧一山的说法，认为曾氏家族的家系表可以回溯到中国思想史的发端，上溯到曾家的源头——孔夫子最伟大的弟子之一、著名哲学家曾子。黑尔博士这样来介绍曾国藩的家庭背景：

> 70 个世代之后，曾国藩的直系先人定居在距离长沙百公里的湘乡。虽然家境贫寒，但是这个家族一直希望通过学习经典来继承学术传统，以确保文字贵族的地位。比父亲更幸运的是，他在 1833 年考中了秀才，1834 年中举，1838 年通过会试，进入翰林院，从此踏上了仕途。1843 年他赢得了去四川担任考官的机会，1847 年最后的殿试让他跻身内阁，

---

❶ 濮兰德，巴克斯 . 慈禧外纪［M］. 陈冷汰，译 . 上海：中华书局，1914：64–65.

*成为37岁就获得清政府如此高位的湘籍第一人，被任命为礼部侍郎。从礼部开始，曾国藩在短短9年时间在六部都做到了侍郎，之后在出任山西考官的过程中回乡丁忧。在家乡遭遇太平军攻击时，在朝廷授命和保卫乡梓、守护名教的敦促下组建湘军抗击太平军，最后建立大功业。*❶

黑尔博士分析了曾国藩的成长环境，认为他深受祖父的影响，并综合当时的文献和民间传说，指出他的诞生伴随着祖父的美梦和吉兆，曾国藩在成长中也受到了祖父的格外关照和精心培养。曾国藩对于祖父也是极其尊重的，他继承了祖父的八字真言，并时时用这些家训来规范自己和兄弟们的生活习性，还时常发表有关财富和居家道德的理念。❷ 这些观念伴随了曾国藩一生，并多次被他作为教育弟弟和子侄的金科玉律。

黑尔博士对于曾国藩所代表的中国传统文化和民间信仰十分感兴趣，他注意到曾国藩十分重视祖先祭祀，并将之位列家庭职责中最核心的位置。与其他同时代的传教士不同，黑尔博士正面研究了曾国藩家族的祭祖传统，并在研究成果中不带任何宗教色彩和偏见地作出评价，认为祭祖可以说是以曾国藩家族为代表的儒家学者阶层的全部宗教。曾家人牢记着天道，这促使他们孝顺父母和祖父母的心愿，遵循中国人对祖先力量的古老信仰。黑尔博士指出，在这样的家庭教育和传统熏陶下，曾国藩相信秦汉以来，周公与孔子式微，其他虚伪的教义时衰时盛，但周公与孔子为后人树立的行为规范是经得起时间考验的。在这些经典信条的指导下，中国人建立了一个有效管理的政府机制，敦促中国的百姓能遵照约定俗成的规范友好相处，并在中国文明的传承与发展中使儒家礼仪和教育发挥最大效能，经久不衰。黑尔博士也指出，尽管百年来西方人千方百计想让中国人抛弃这些教义，但至今仍毫无功效。曾国藩忠诚拥护祖父坚

---

❶　HAIL W J. Tseng Kuo-fan and the Taiping Rebellion［M］. New Haven：Yale University Press，1927：109.

❷　HAIL W J. Tseng Kuo-fan and the Taiping Rebellion［M］. New Haven：Yale University Press，1927：252-256.

守的儒家信仰及孔子等思想先驱，这种信仰附带着对普通人相信鬼神所持的不可知论的态度，只有对家庭及已故先人的信仰除外。然而，对于上天及其意旨，曾国藩却没有采取不可知论的态度。总之，他是明显地反对遵循外国信仰的。❶ 黑尔博士对于曾国藩儒家信仰的源头探索，让他能在之后的研究中透彻地理解曾国藩镇压太平天国的决心和处理天津教案的矛盾与纠结，从而得出与其他研究者不一样的结论。

黑尔博士指出，在曾国藩的记忆中，祖父是一位有英雄主义色彩的有责任心的乡绅，他对家族的影响惠及三代。曾国藩从小在他身边长大，受到祖父的精心栽培和引导。黑尔博士认为曾国藩还从祖父那里继承到了强烈的家族意识和团结感，并分析了他将祖父的谆谆教诲运用到对弟弟们的教育中的轶事：曾国藩与胞弟们的相处并不总是很愉快，他往往以家族整体利益为核心，希望兄弟子侄能在井然有序的家庭氛围中成长、进步并贡献自己的力量。黑尔博士对"曾国藩家书"中有关家事的篇章进行了梳理和分析，指出他对家庭的观念首先建立在孝敬父母和兄弟和睦的基础上。曾国藩一直希望能生活在团结紧促、积极向上但又单纯轻松的家庭氛围中，他希望家族成员之间的关系是纯粹并不掺杂利益纠葛的。所以，他除了坚持要求弟弟们务农，保持对农业的兴趣外，还希望他们能在地方上远离麻烦纷扰，不与乡县官员就家乡事务牵扯不清，进而影响到自己在京的仕途，同时也尽力避免他们打着自己的名号在家乡作威作福、滥用权力，更担心他们因与贪腐的低级官吏结交而败坏家族声望。同时，曾国藩也总是热衷于了解地方上发生的族务，熟人的生老病死与嫁娶等，他一直希望在家的亲人们能全面而谨慎地履行好邻居的所有义务。在处理家族内部事宜时，曾国藩常常希望自己能真正肩负起长子在家中的责任，他不希望弟弟们因为体贴他远在北京，而代替行使他身为长子应该承受的责任与负担。这种过于强烈的责任感和掌握欲在黑尔博士眼中恰恰成为家族矛盾的源头：曾氏家族的五个兄弟经常发生争执，他们之间的误会甚至一度严重破坏了原本融洽的

---

❶ HAIL W J. Tseng Kuo-fan and the Taiping Rebellion [M]. New Haven: Yale University Press, 1927: 256-261.

兄弟感情；有一次，由于曾国藩的直言不讳，造就了他与曾国荃一生的紧张关系，甚至令人怀疑他们从未彼此谅解过。黑尔博士记载了 1844 年曾国藩抱怨自己的指示和忠告总能得到身边所有人的执行，唯独他的弟弟们不愿从中受益的事件。而从其他资料我们也能轻易得知，曾国荃确实是通过他人的举荐（而非曾国藩）才开始军事生涯的。黑尔博士在研究中指出，站在一个局外人的立场，人们往往认为曾国藩尽到了一位长兄有可能承担的一切责任，甚至甘愿冒着被朝廷重责的大不韪来保护、力挺胞弟。然而，曾国荃终其一生都无视兄长对自己的关心，反而误会他将保全国家的利益、自己的名声和宗族的脸面置于他的安危之上，从而一生都执着于与长兄作对。

此外，黑尔博士对于曾国藩的个人品性推崇备至，认为他完全没有沾染到清政府官员的普遍致命弱点——贪腐。美国中国学家对当时清朝政府官员的贪腐现象有很多细节描述，马士更对此进行了猛烈攻击。他就曾在评价黑尔作品的文章中指出，在东方，甚至是在整个亚洲，一般情况下，官员和将帅们都长期依赖于寻求各种方法来征收苛捐杂税和搜刮民脂民膏，这被西方人视作贪污和偷窃；而东方则普遍把这看作是他们发展所需的能力与机遇，把这作为他们为官应有的自断力的一种回报。❶ 所以，黑尔博士认为曾国藩不但自己在这一点上自律甚严，而且还苦口婆心地劝诫和要求自己的家族成员不要靠攀附权贵来获得任何利益。在社会关系的处理上，曾国藩更是兢兢业业，他小心翼翼地避免依靠别人的帮助与荫护，同时也时刻注意不要让别人对自己怀揣感恩之心，更不鼓励他们向自己求助。他不结党不逢迎，不接受好处也不轻易助人。因此，他一直以在财政事务上格外清廉而著称，同时还谨慎地避免家人接受小恩小惠。黑尔博士指出曾国藩在书信中往往直言不讳，但措辞总是比较谨慎。他非常蔑视许多官员虚报胜仗、隐瞒败绩的陋习。❷

❶ MORSE H B. Review on Tseng Kuo-fan and the Taiping Rebellion by William James Hail [J]. The Journal of the Royal Asiatic Society of Great Britain and Ireland, 1928（4）：462-466.

❷ HAIL W J. Tseng Kuo-fan and the Taiping Rebellion [M]. New Haven：Yale University Press, 1927：262-263.

　　黑尔博士尤其关注曾国藩的"八德"，即"勤、俭、刚、明、忠、恕、谦、浑"。他坚信书本的巨大价值，总是耐心劝诫弟弟们刻苦学习，他本人即使遭遇人生中最恶劣最困难的窘境，或者是任职于极其险恶和繁复的职位时，也时刻鞭策自己不能放弃儒家精英的自律和追求。他为自己定下了每天悉阅历史书籍、典籍文章和诗歌创作的学习任务，甚至在流离失所和险象环生的战争中还坚持写日记。曾国藩不仅在自己的修习之路上坚忍不拔，而且还不忘教育后辈。他曾叮嘱家中子侄千万不能放弃传统的耕读习惯，务必要培养自己勤劳钻研的精神，时时严格要求自己，坚持培养自己的文学素养和修炼自己的品性。为了让他的后辈能得到最好的教育，曾国藩亲自挑选家中老师，并时刻关注他们的成长和进步，为他们的成才之路送上祝福和鼓励。即使曾国藩在临去世之前，仍不忘将自己的人生智慧和学习经验分享给后辈，鼓励他们自立自强、不卑不亢。他将自己修炼进阶的心得总结成了 4 条准则：首先，第一次阅读书籍时应该要快速完成，这样有利于大量获取新鲜知识，迅速拓宽自己的知识面；其次，看过的书一定要及时温习，最好能够背诵，这样能在巩固中加深理解，促进自己多思考；再次，应该定期坚持练习写字，写得一手好字不仅能提升自己的表现力，也易于打开和人交往的大门；最后，撰文时应该谨慎多思，力求表达顺畅，淋漓尽致。❶ 黑尔博士认为，曾国藩的学习心得和人生智慧具有现代意义，比如他就强调阳光与新鲜空气的价值，并制定了 6 条养生之道，并强调后人应该学会锻炼体魄。

　　曾国藩曾被冠以"曾剃头"的野蛮称号，这让后人觉得他是一个残酷嗜杀的刽子手。黑尔博士也曾表示，曾国藩主张严惩鸦片战争中战败的乌兰泰和赛尚阿，这位镇压太平天国的伟人给他留下严厉的印象。❷ 然而，在进一步的研究中，他也作出了以下分析：

---

❶ 曾国藩.曾国藩全集 [M].长沙：岳麓书社，1986：1424.

❷ HAIL W J. Tseng Kuo-fan and the Taiping Rebellion [M]. New Haven：Yale University Press，1927：109-112.

太平天国战争对交战双方都是残酷的，中国人民对战争有着深刻的记忆和超于常人的承受力，对于战争带来的痛苦，中国人早已习惯于默默忍受。太平天国战争和以往的历次战争一样，又一次加深了中国人对于承受战争的经验，这令我相信他们保留了中世纪的精神框架。而曾国藩虽然身处 19 世纪，但是他也是活在从孔夫子或柏拉图的时代一直延续到明清理学的精神世界中的典型人物。他的信仰让他对将俘虏的太平军斩首没有感到任何良心不安，我相信这并非由于曾国藩格外残忍，而是因为太平军在战争中劫掠百姓、无恶不作，他们的恶劣程度甚至超越了敌人的程度。他们不光像流匪一样四处作乱，而且还像造反派一样意图摧毁中央政权。更过分的是，他们打着洋教的旗号，四处破坏偶像，不仅玷污和诋毁各派的经典教义，而且还对抗儒家信仰，污蔑孔子的形象。在以曾国藩为代表的儒家文化精英的心中，他们早已跨越了人类的底线，是所有大清子民的共同敌人，必须除之而后快。❶

所以，经过仔细分析和对比，黑尔博士明显放下了认为曾国藩过于严苛和残忍的看法，并结合当时特殊的历史背景——战争客观分析了曾国藩对待敌人的态度与策略。

第二节　对曾国藩接受外援完成一统的研究

基于前期的研究成果，20 世纪前 30 年美国学界普遍已认定太平天国运动就是一帮打着洋教幌子的乌合之乱，甚至给中国人民带来了深重的灾难。以曾国藩、李鸿章为代表的汉族儒士在武力镇压各类叛乱的过程中拯救了垂危的清

---

❶　HAIL W J. Tseng Kuo-fan and the Taiping Rebellion [M]. New Haven: Yale University Press, 1927: 264-269.

政府，但也预示着地方军事割据、对抗中央政府这一历史大幕即将开启。正如马士所分析的，太平天国运动与以往历次农民革命的根本不同就在于西方势力的介入。不论是太平天国对基督教教义的滥用，以便抗衡清帝国的统治基础——儒家思想；还是曾国藩、李鸿章对西方先进武器装备的采用和外国军事人才的任用，太平天国运动的发展及其被镇压的始末都深深打上了西方文化的烙印。与之纠缠十多年的曾国藩、李鸿章、左宗棠等，也在作战中惊叹西洋武器的强大摧毁力，从而在深刻自省中转变思维，开始琢磨如何在不改变现有体制的前提下有效利用西洋先进技术来摆脱困境，逐渐走上了学习西方文化的道路。

一、对曾国藩继承晚清军事残局的研究

要研究曾国藩如何在对抗太平天国的过程中创立湘军和重振晚清军力，就必须深入了解在曾国藩出山之前，晚清留给他的是一个怎样的军事残局。不少来华的美国传教士和观察家都诧异于太平天国运动能在短期内一呼百应，进而占领长江以南的大片领土。在研究太平天国运动的过程中，美国学界对清末军力构建和战斗力量逐渐有了深入了解。同时，他们研究中国的政治制度和文化根基，从民族风貌和战争见闻等来进一步分析太平天国运动的起源及其能在如此短暂的时间迅速蔓延广大地区的深层原因。

在众多研究分析中，马士和黑尔博士的见解最为深刻。马士从满、汉两个军事组织评述了清帝国的军事建制，认为满军军事组织主要是为了监督和辖制，而汉军军事组织则承担着辅助的功能。满将军和八旗力量在以签订1842年《南京条约》作为结束的第一次鸦片战争中遭受了巨大挫伤，再也无法成为继续战斗的力量，还给世人留下在镇压太平天国战争中频频"被太平军从躲藏的地方搜索出来加以屠杀"的耻辱印象。❶ 而马士则将"军事当局指挥下没有

---

❶ MORSE H B. The International Relations of the Chinese Empire, The Period of Conflict 1834–1860[M]. Yokohama: Kelly and Walsh Limited, 1910: 25.

战斗力的正规军队"——汉军事组织中的绿营，比作花名册上的把戏，纯粹是当局为了检阅而临时招募来的一群穿上华丽号衣的群众。马士毫不留情地批判道：以上这两种军事组织都无力抵抗太平军，以至于晚清帝国面临着严酷的生死存亡之考验。"局势的严重，在北京很容易察觉出来，一个官跟着一个官被派去镇压叛乱，却一个个丧师辱命，弄得身败名裂。"❶

黑尔博士结合清朝初期的统治策略，分析了曾国藩所处时代的军政管理形势：清朝早期统治者为了达到以汉制汉和监视汉人的目的，将民政与军事分割成了若干小板块，这样的政策是为了预防再发生类似康熙时期吴三桂造反那样的大规模叛乱，所以清政府一直沿用这种分权分区的制衡政策，直到曾国藩出仕的年代。当时的清帝国其实早已经历了多次民间动乱，但是，在太平天国运动之前，清朝官方的八旗和绿营早已长期不战，而突然爆发的叛乱让清政府措手不及，其管辖下的任何一个将领都不可能在短期内统一指挥权的合并与完成，同时各级政府也无法立即动员大批军队抵抗太平军的侵扰。❷太平天国运动能在短时间迅速蔓延，其原因也在于朝廷在军事组织与文官政府中推行了分权制，以至于地方行政管理被隔离为两套完全迥异的军事组织和调度指挥形式，他们享有的权利和义务也是完全不对等的。❸这样的分化旨在针对随时有可能发生的地方汉族官员和督抚在驻地的举兵造反，但却无力对抗民间紧急爆发的动乱。因为兵力被分散成了各自的小股，完全无力扑灭随时发生的大规模叛乱，而要支持长期大规模正规军的正面战场作战则更是天方夜谭了。当需要大量军力应对紧急状况时，这种军事管理制度的天然缺陷便暴露无遗。此外，各区各线的官员为了保护自身安全和握紧手里的有限兵力，在面对危险时往往只顾向外省和中央发出军事和财政呼救；同时，为了不因渎职被革职查问，他

---

❶　MORSE H B. The International Relations of the Chinese Empire, The Period of Conflict 1834–1860[M]. Yokohama: Kelly and Walsh Limited, 1910: 497.

❷　HAIL W J. Tseng Kuo-fan and the Taiping Rebellion [M]. New Haven: Yale University Press, 1927: 273.

❸　HAIL W J. Tseng Kuo-fan and the Taiping Rebellion [M]. New Haven: Yale University Press, 1927: 6.

们还会尽量隐瞒军事失误和动乱造成的严重影响。所以，这样的军队是不可能抵挡太平天国运动的。即便如此，也未见清政府采取任何有效的措施来弥补这一体制的弊陋，而各级政府也早已无力组织一支可靠的部队来维持抗战。根据黑尔博士的分析，当时的清朝政府急需组建一支具有战斗力的队伍来应付眼前的困局，而这一历史使命就落到了曾国藩的肩上。❶ 当时江忠源组织的 2000 人小部队是唯一战胜太平军的官方军力，之后这支部队同罗泽南与王鑫组织的百人队伍联合，成功扑灭了当地土匪，这让当时的曾国藩对江忠源、罗泽南和王鑫在湖湘大地上组织的乡村志愿兵部队有了最初的深刻印象。根据黑尔博士的表述，曾国藩看到了这种团练组织在守护地方安全和维持乡野秩序方面发挥的奇效，但是如何利用此种军事组织形式来整改既有的官方军队，继而发挥出它原有的功效来对抗太平天国、振兴儒家信仰，这时的曾国藩还没有足够的信心与把握。❷

二、对中外逐渐走向合作的研究

（一）对列强放弃中立过程的研究

根据马士的调查研究，英、法、美三国列强对于太平天国的态度是"最初惑于太平天国的伪基督教而最终决定严守中立"，他将三国态度的转变详细记录了下来。起初，英、美和西方世界极度关注在遥远东方的中国大地上，基督教得到了上百万人的追捧，它的信徒不光有宗教信仰，而且还有政治抱负，立志要将已统治上百年的现任政府推翻，重新建立一个纯汉人政府的拳拳之心。西方人士纷纷听说东方的中国要建立一个基督教国度，他们接纳了西方文明孕

---

❶ HAIL W J. Tseng Kuo-fan and the Taiping Rebellion [M]. New Haven: Yale University Press, 1927: 19.

❷ HAIL W J. Tseng Kuo-fan and the Taiping Rebellion [M]. New Haven: Yale University Press, 1927: 113.

育的基督教教义，甚至邀请外国传教士们进入太平天国属地宣讲宗教。❶ 于是
这三个强国的代表从上海前去研究太平天国的政策和宗教观念，试图探清太
平天国已控制的势力范围和对基督教教义的推广情况。1853 年 4 月乘坐皇家
海军军舰"汉密斯"号前往金陵的队伍中有一位乔治·文翰爵士，他曾仔细研
读过介绍太平天国运动的书记，并在与太平天国大臣交谈和翻阅他们的书籍之
后，得出结论：

> "叛军"对于他们目前的教义有过分夸张的倾向；他们的教义从严格
> 理论上来说确是基于基督教的伦理原则，但是因为过分渲染了神人同形
> 论，以致性质大变；军队中的核心人物似乎是完全坚守着这些教义的，但
> 军队中的广大群众却并不如此；能够代替满人征服的一个事实政府，似乎
> 还没有建立起来。❷

文翰在经过亲身考察之后，宣布将放弃与太平天国政权建交和取得更多
接触的机会，并代表英国政府表示了要严守中立的态度。在对英国政府的报告
中，他对于太平天国是否真正领悟了基督教的核心教义、是否真正传播了基督
教的精神产生了怀疑，文翰爵士认为比起太平天国的宗教性，可能还有巨大的
政治倾向隐藏在其中，其目的是要通过宗教宣传来凝聚力量，为领袖们实现政
治野心提供动力。当时担任文翰爵士中文秘书的麦都思博士也几乎要发掘出太
平天国运动的真正政治企图了，他用充满描述性和假设性的语言勾勒了这场运
动对宗教和政治两个命题的混搭。麦都思的发现几乎与之后黑尔博士的结论高
度吻合了，可以肯定的是，麦都思的这种判断影响了英国政府的决定。按照黑
尔博士的分析，如果这场运动胜利了，麦都思认为将会获得对基督教的信仰自

---

❶ HAIL W J. Tseng Kuo-fan and the Taiping Rebellion [M]. New Haven：Yale University Press，1927：273.

❷ MORSE H B. The International Relations of the Chinese Empire，The Period of Conflict 1834-1860 [M]. Yokohama：Kelly and Walsh Limited，1910：510.

由，贸易交往也许会得到鼓励，但是鸦片会被严厉禁止。太平军有可能赞成自由主义，但他觉得清政府一方在获胜的前提下肯定会比以前更加排外和傲慢，因为他们会记住对自己不利的事实。太平天国宗教在思想上跟西方大有瓜葛，不过，他还是赞成采取中立政策。❶

法国政府在宗教信仰上虽然对基督教新教的态度是排斥的，但是中国境内的法国教士对局势十分关切，总是详细具体地向法国当局汇报太平天国在中国取得的一系列进展，这一度扰乱了法国官方对于基督教新教的常规态度，不由得对太平天国抱有希望；法国当局决定派遣使者深入腹地去了解太平天国的真相，然而当 1853 年法国大使来到金陵时，也没有见到太平天国当局的高层领袖，仅仅只是带回了与英国大使相似的观点。他们认为太平天国行事十分荒诞，宗教立场既不纯粹，也不稳固；并判断太平天国政权想要取得在全中国的胜利并非易事，现在就承认它实在为时过早。一年之后，美国传教士罗伯特·麦克兰也奉美国政府之令来到南京，见证了太平天国更荒诞的宗教剧——杨秀清封圣事件。此时太平天国更加倨傲排外，断然拒绝了麦克兰先生的求见，加之麦克兰先生并未携带觐见礼物，所以遭到了太平天国方面的拒斥，导致了双方关系一度十分紧张。这些行径让麦克兰先生毅然否定了美国政府可能提供给太平天国的任何援助，并一再告诫自己的政府，千万不能被太平天国的宗教外表所迷惑，从而做出不理智和于己不利的决定。

20 世纪前 30 年美国学界对太平天国宗教性质的反复确认，对推动曾国藩研究的深入发展起到了关键作用。然而，曾国藩却比当时的美国学界更早就开始了对太平天国宗教性质的探索和揭露，并在此基础上充分利用了太平天国的"异教"外衣，为自己筑建起堪称当时最广泛最坚固的统一战线。

在《讨粤匪檄》中，曾国藩声情并茂地控诉洪秀全初为名教之学子，却不负科举之艰难，中途变节而"窃外夷之绪"，举起"拜上帝教"之异族信旗，令"我孔子孟子之所痛哭于九原"，实属"开辟以来名教之奇变"；他接着细数

❶　HAIL W J. Tseng Kuo-fan and the Taiping Rebellion [M]. New Haven: Yale University Press, 1927: 187.

了太平天国行军中的桩桩罪行，最愤恨其"焚郴州之学官，毁宣圣之木主"，尤不齿其"无朝不焚，无像不灭"的邪恶本性；至于太平天国的宗教性，曾国藩也毫不犹豫地戳穿其对"佛寺、道院、城隍、社坛"等其他宗教和民间习俗皆不相容的狭隘行径；最后，他号召全天下"读书识字者"和受恩于"数千年礼义人伦诗书典则"之士，联合起来"卧薪尝胆、殄此凶逆"，以"纾君父宵旰之勤劳，慰孔孟人伦之隐痛"。❶

曾国藩对太平天国宗教排他性的无情鞭挞为他赢得了天下士子的广泛支持，然而，这一篇揭露太平天国异教立场的檄文也引起了美国学界的高度关注。他们对太平天国"拜上帝教"的宗教本质产生了怀疑和警觉，如黑尔博士就仔细研究了曾国藩这篇檄文，不断从中提炼曾国藩的儒学信仰和政治策略，同时还对太平天国和洪秀全的宗教性进行了彻底研究，并在这方面取得了突破性进展，第一次全面系统地解开了隐藏在太平天国面纱下的政治野心（将在下文详述）。

他们在外表上用基督教《圣经》包装自己，而本质上却将儒教本质和佛教宗旨当做基督教教义来宣传。太平天国境内满是圣灵的化身和使者，而他们却具有强烈破坏偶像的精神，为了保持军队充实甚至不限制抢掠。在进一步分析中，文翰爵士明确地指出英国政府在处理清朝政府和太平天国关系时，最理智的做法就是严格保持中立，只要自己的利益受到攻击，就应该对双方一直保持绝对的平衡；除非英国商人、传教士或外交人员被以上任何一方攻击或导致英国损失较大利益，英国当局出于保护本国利益的需要，不得不对其中一方做出攻击甚至是公然支持；马士用极具讽刺的语言论述了美国政府在这场对峙中的态度：华盛顿政府曾经宣称，自己已被这场中华大地上的宗教革命所感动，为了支持太平天国运动中那些具有高尚品质领袖的锐意进取和破旧立新，美国政府允诺自己的使者麦克兰，一旦判定太平天国和美国当局的方向一致，便能立

---

❶ 曾国藩．曾国藩全集·诗文［M］．长沙：岳麓书社，2011：140.

即与这个新政权建交。❶ 然而，亲临其境的麦克兰大使没能使美国政府美好的愿望成真。马士评价美国政府在这次事件中的预判是不理智的，既被普遍宣传的谣言所迷惑，又在这一基础上作出了不理智的思考和判断；法国使节布尔布隆也曾于 1853 年 12 月造访南京，为其秩序和纪律所感动；但和其他大使一样，最终都建议他们的政府保持中立。❷ 大多数列强政府都按照他们的宣言在以后几年中维持着对交战双方的静默态度，只有 1855 年 2 月 17 日法国领事馆调动海军针对攻击上海城内的太平军采取了军事行动，而当时的英国和美国司令官都没有施以援手，不愿因一时的轻率而放弃他们早已宣称的中立立场，以免造成清帝国或太平天国的误解，即使是出于道义上的责任。

黑尔博士认为洪秀全亵渎神灵的宣言疏远了 1853—1854 年来到金陵的外国代表们，甚至一度设想，如果他们在金陵会见了另一种类型的领袖，这类领袖具有政治抱负和宗教情怀，或者他们碰巧没有被太平天国中下级官员表现出的宗教鲁莽与放纵所惊吓，他们还是有可能承认并扶助这个政权的。❸ 但是历史没有如果，也没有巧合，在当时的特殊环境和际遇的共同作用下，黑尔博士觉得即使美国官员得到了充分授权，他也仍然会拒绝接受太平天国，更不会代表自己的政府与之建交。正如黑尔博士所描述的，不论当时西方文明世界对中国的太平天国运动曾抱有过怎样的幻想和期待，到 19 世纪 50 年代的前几年，以英、法、美三国为代表的列强政府在多次接触太平天国后，已经认定他们既不真正懂得基督教本质，更没有正确地宣扬和推广基督教宗旨。同时，他们也对太平天国的宗教纯粹性和政治目的产生了极大怀疑。在当时浮躁的国际环境和胶着的战争相持中，各国政府都纷纷宣布中立，撇清了和太平天国的一切关

❶ GRISWOLD A W. The Far East Policy of the United States ［M］. New York: Harcourt, Brace & Co., 1938: 208.

❷ MORSE H B. The International Relations of the Chinese Empire, The Period of Conflict 1834–1860 ［M］. Yokohama: Kelly and Walsh Limited, 1910: 511.

❸ HAIL W J. Tseng Kuo-fan and the Taiping Rebellion ［M］. New Haven: Yale University Press, 1927: 81.

系,特别是宗教上的关系,否定了与之建交或者保持交往的可能性。❶密迪乐
后来在论著中说明了自己对于太平天国的洞见,认为与他们有接触的太平天国
人士并非态度恶劣,文化误解也在很大程度上导致了双方的隔膜与敌意,以至
于在不能达成有效沟通和理解的基础上,走到了对立的境地。❷但是各国业已
形成的对于太平天国的印象和态度,已经促使他们转而寻求与清政府的和解,
走上了中外合作镇压太平天国之路。

马士对那些同情太平天国运动,甚至对太平天国伸出援助之手的外国人
士进行了归纳,得出了以下几种类型:大部分非官方的同情都建立在太平天国
运动以基督教为信念源头这一脆弱的基础之上;另外一部分商人是出于推销武
器、汽船和粮食的盈利目的。将中国作为原材料来源市场和产品倾销市场是来
华商人的最终目的,自由贸易成为他们的终极目标,也成为来华官员的唯一责
任。特别是在上海,贸易终于在太平天国和清帝国长期对峙的无政府状态下,
不可避免地走向被限制甚至严格管制阶段。❸

马士反复强调,列强政府在中国的任何外交辞令和行为方式,无一不是出
于保护他们贸易利益的目的。"越来越多地在镇压太平天国的各种措施中进行
干涉,特别是在与清政府达成新的合作条约之后,明确支持帝国征服而抵抗太
平军。因为从各国列强的利益出发,即使清政府犯下了让人印象深刻的过错,
但却仍然是中华帝国的官方政府,是和他们有条约捆绑关系的合作方,而太平
天国起义却给他们带来了不利于国际贸易和物资掠夺的动乱、劫掠和荒凉。贸
易是西方国家在中国所追逐的最终利益,也差不多是唯一利益;为了达成这一
既定目标,对清政府统治下的和平与秩序的恢复与维持是至关重要的。"马士
为列强那赤裸裸的利益追求扯上了一块遮羞布,声称"善意的中立是不够的",

---

❶ HAIL W J. Tseng Kuo-fan and the Taiping Rebellion [M] . New Haven: Yale University Press, 1927: 81.

❷ HAIL W J. Tseng Kuo-fan and the Taiping Rebellion [M] . New Haven: Yale University Press, 1927: 189.

❸ MORSE H B. The International Relations of the Chinese Empire, The Period of Conflict 1861-1893 [M] . Yokohama: Kelly and Walsh Limited, 1918: 51.

以至于"终于采取了用于抑制遍布帝国各处纷乱状况的各种措施。"❶

马士重点描述了上海从保持中立到逐渐倒向支持清帝国一方的过程。1860年之后,列强用足以保持上海中立的武力,表现出肉眼可见地对"叛军"的对立,到1862年,对交战双方雇佣外国人服役作战的限制已然对帝国政府单方面松绑,但对太平军却仍然保留。❷ 这些明显的转变一方面来自清政府权力操纵者对于列强的态度缓和,另一方面也是因为太平天国对于外贸的封锁使外国人的利益重新受到了威胁,这加紧了他们对太平军采取有效军事行动的步伐。1862年春,英国海军提督何伯同意将曾国藩部下的近万名士兵用英国轮船从安庆运送到上海;而且,他和法国海军提督卜罗德达成一致,将上海方圆30英里之内的地区划为肃清区,对这一地区的"劫掠者"进行了大范围的彻底清扫。此次行动得到了英法公使们的赞成,之后还允许天津的军队也调到上海。❸ 清政府的态度也在软化,为了尽快剿灭太平天国叛乱,统治者对于英法在上海的同盟军所提供的援助明确表示感谢。❹ 最后西方列强代表们提议将保护上海免受叛军袭击的原则推广到宁波,并坚持将这种保护政策进一步巩固,形成一个坚定的防线。❺ 各国列强政府的官方态度逐渐达成一致,纷纷在行动上支持清帝国完成统一。到1862年,随着太平军进攻势头的加剧,外国武力干涉逐渐明显、军事行动也愈发正式、纳入保护范围的区域也更加宽广。同时,列强政府对本国民间力量暗中卷入交战双方的阻挠,明显对于清帝国一方

❶　MORSE H B. The International Relations of the Chinese Empire, The Period of Conflict 1861-1893 [M]. Yokohama: Kelly and Walsh Limited, 1918: 70.

❷　MORSE H B. The International Relations of the Chinese Empire, The Period of Conflict 1861-1893 [M]. Yokohama: Kelly and Walsh Limited, 1918: 74.

❸　MORSE H B. The International Relations of the Chinese Empire, The Period of Conflict 1861-1893 [M]. Yokohama: Kelly and Walsh Limited, 1918: 104.

❹　MORSE H B. The International Relations of the Chinese Empire, The Period of Conflict 1861-1893 [M]. Yokohama: Kelly and Walsh Limited, 1918: 106.

❺　MORSE H B. The International Relations of the Chinese Empire, The Period of Conflict 1861-1893 [M]. Yokohama: Kelly and Walsh Limited, 1918: 121.

松弛了，但对太平天国雇佣外国军力作战的限制仍然存在。❶

严格中立的政策逐步转变成了武装干涉，这在 19 世纪—20 世纪前期的众多美国中国学家的研究成果中都有明确记载。特别是在 1860 年 6 月，当时曾国藩代理了两江总督，上海方面的富商组织起来，共同雇用了著名的美国冒险家弗雷德里克尔·汤森·华尔。由于当时各国政府仍未完全转变中立的态度，所以华尔组建的洋枪队因破坏了中立，仍被认定是非法组织。不久之后，清帝国一方正式承认了华尔洋枪队的合法性，继而英国官方转变了态度，甚至任命了英国上校戈登为洋枪队的新任司令官。❷另外，忠王在江苏的出现使上海陷入了恐慌，最终他被英法官方的联合武装赶走了。外国联军的共同行动致使保持中立的领土被延拓到租借周边步行所及范围，在这些地域，外国势力事实上已经完全倒向晚清政府。有史料认为外国势力是在见证了太平军残暴肆虐后，在租借地区留下的荒凉痛苦的可怜景象，使他们对于上海日益增多的人口将会导致供应匮乏引起了担忧，促使他们将这个反太平天国的中立进一步推广到上海方圆百里之内。他们在针对内地和金陵所作的情况报道中对双方不偏不倚，但特别谴责了太平天国一方，因为在他们占领的城市发现了极度悲惨的状况，而在官军占领的城市里，情况要好一些。黑尔博士指出，不论是何种愿意导致外国人决定辅助清政府镇压太平天国，溯江而上汉口的行军肯定是最重要的一个因素。❸直到 1863 年，英国承认本国军官戈登正式接管常胜军，成为华尔之后最著名的公开镇压太平军的外方军官，这标志着英国当局已经采取与清政府合作的态度，不惜调动必要的军力来公开支持晚清帝国完成大一统。

马士还补充道，虽然以英国为代表的各国列强势力直到太平天国运动爆发十多年后才明确他们的态度，但是他们一直无力阻止本国各方势力与当时中国

---

❶　MORSE H B. The International Relations of the Chinese Empire, The Period of Conflict 1861-1893 [M]. Yokohama: Kelly and Walsh Limited, 1918: 98.

❷　HAIL W J. Tseng Kuo-fan and the Taiping Rebellion [M].New Haven: Yale University Press, 1927: 186.

❸　HAIL W J. Tseng Kuo-fan and the Taiping Rebellion [M]. New Haven: Yale University Press, 1927: 192.

大陆的交战双方取得联系。华尔组创的洋枪队最初也属自发行为，而与之类似的外国援助也一直源源不断地送达太平军和湘军手中，西方当局并不能劝阻。在上海城内和租界内都发现了他们的外国密谋者通过走私武器弹药和鸦片来援助他们。综上所述，无论列强政府或民间人士对于太平天国运动的态度如何转变，他们的出发点和目的都是为了维护自己的经济利益。他们最初对太平天国运动表现出的友好，从本质上来看，并非为了能得到更优惠的条约，而是他们眼中保守透顶的清政府与儒家统治阶层暂时还不能满足他们的贪欲而已。他们给予的这种援助是建立在保护自己在华利益的基础上的，是符合西方国家在中国的共同目标的。但是在客观上也必须承认的是，这种援助对于稳定晚清帝国的秩序和恢复生产、保证人民生命安全也是有帮助的。❶

（二）对曾国藩有限接纳外国军事援助的研究

黑尔博士研究了曾国藩对中外合作镇压太平天国的态度。他大量采用了中文资料，并仔细考察了曾国藩对朝廷屡次咨询他接纳外国军队援助的回复。

起初，曾国藩早在祁门被围时就委婉拒绝过外国干涉的提议。当时俄国使节伊格拉基耶夫曾建议为清政府提供 300 ~ 400 人的海军部队，与曾国藩的湘军水师交汇并合作攻打南京。作为交换条件，俄国希望清政府准许他们在受到太平军袭扰的大运河航线使用悬挂美国和俄国国旗的船只进行运送漕米到北京的贸易。当这份秘密文件被辗转送到曾国藩手中时，他并没有直接拒绝这份咨询，而是委婉提出此时采用外国援兵的时机还不成熟。他的理由是此时中方的水师兵力已十分充足，并不需要俄方援助，而湘军目前最缺乏的是强有力的陆军。所以，曾国藩提议，与其现在吸纳俄国水军力量，不如将重点放在己方陆军战局的谋略上，等到湘军收复浙江、安徽与江苏重要地区之后，再思考是否需要启用外国军力，对金陵发出最后的猛烈一击。但是他同时提出，要实现中外联军镇压太平天国，必须要事先对这样的军事改革进行全盘考虑，对每一

---

❶　MORSE H B. The International Relations of the Chinese Empire, The Period of Conflict 1861-1893 [M]. Yokohama: Kelly and Walsh Limited, 1918: 143.

个合作细节都进行深思熟虑, 特别是人员的调配和薪酬与供给。曾国藩也并未全盘否认俄方提供援助的建议, 他多方思量之后, 认为利用海上的外国船只来运输漕米是完全可行的, 但前提一定是要和外国当局签订清晰明朗的约定与合同。黑尔博士认真分析了曾国藩的回复, 认为曾国藩虽然考虑周全、措辞恰当, 但曾国藩那著名的排外情结亦可从中窥见一二, 后世普遍认为曾国藩为了保持中国名誉与体面而不愿轻易启用外国军队的想法, 并非不合理的偏见。根据黑尔博士的观点, 虽然曾国藩在1860年之前都从未与外国人有过正面接触, 但是基于当时中国的历史背景, 曾国藩应该早就已经形成了对于外国人的最初印象。这一印象可能最早来自于鸦片战争, 两次鸦片战争及之后的谈判与签订条约, 让曾国藩对英国产生了强烈的抗拒, 并视对方为西方无信义国家之尤; ❶ 法国次之; 而欧洲众国以俄国最为强大, 以至于能制衡英国; 美国由于并未参与最初的瓜分战争, 在中国牟利的时间尚短, 也因为美方总是显得彬彬有礼, 给曾国藩留下了优于各国的良好印象。黑尔博士认为, 不论曾国藩对各国列强的态度来自何方, 有一点值得肯定的, 那就是当时的中国精英阶层已经不再把所有西方人混为一谈, 像祖先一样统称他们为"蛮夷", 而是开始针对他们的特点进行分析类比, 尝试从他们不同的秉性采取不同的态度。❷ 这直接影响了李鸿章、曾纪泽后期在外交上形成试图利用列强之间的利益冲突来求取平衡、保护自己的策略。

1861—1862年, 上海官绅考虑雇佣外国士兵, 以协助收复内地重要据点。绅士和朝廷先后就此事垂询了曾国藩, 曾国藩回复指出, 在上海甚至宁波地区考虑接受外国军事援助是可行的。原因是依照当时的条约, 上海和宁波属于对外开放的港口城市, 身处这两个城市的外国人出于保护自己利益不受太平军侵扰的立场, 采取武力维护自身权益是必要的。但是在上海和宁波以外的城市如

---

❶ 据笔者分析, 这有可能与京城官圈流传的对英态度有关, 这种态度来自林则徐的自辩, 认为鸦片战争中英国利用琦善来替代林则徐, 最终取得了胜利。

❷ HAIL W J. Tseng Kuo-fan and the Taiping Rebellion [M]. New Haven: Yale University Press, 1927: 172.

果也这样做，就会让中国政府和军队置于尴尬的境地。倘若中外联军取得胜利，则难以避免外方势力借机寻求利益共享或割让的请求；一旦战败，中国军力将被全世界鄙视。曾国藩一如既往，心细如发地对雇佣外国军力进行了全盘考虑，认为即使是在开放的港口城市，也必须在中外双方达成一致意见的前提下才能进行，而且必须时时处处对合作细节详加思虑、反复推敲。1862 年年初，上海方面考虑接受英法援助，让他们的军力参与筹划对上海的防御措施并允许外国部队参与攻夺苏州的计划引起了曾国藩的注意，并让他惴惴不安。对于战后外国军队可能向中方索取巨额回报的担忧让他寝食难安，黑尔博士认为曾国藩在本质上仍然秉承着对"蛮夷"品性不良的固执，认为中外合作在各层面都会引发危机，并形成不安定因素，导致中国再次陷入地区格局和四分五裂。❶

　　曾国藩第三次考虑接受外国援军是在江浙绅士的请愿下发生的。面对英法主动提供的援助的请求，江浙富豪与当地绅士组成请愿团赴北京呈递请愿书，希望朝廷准允英法军力参与稳定江浙的战争。当时在租界和开放港口居住的各国民众也纷纷请愿，要求本国政府放弃一直坚持的中立态度，对太平军直接出兵，保护本国商人和民众的利益。晚清政府此时既不敢拒绝江浙代表团的请愿，深恐一旦战败不仅无力维持江浙地区的局势，而且会失去富豪士绅的拥护；又担心外国势力借机干预中方军事布局，为战后的统一埋下隐患。朝廷将请愿书发给曾国藩，要求他与多隆阿核准情势，作出应对，于是曾国藩第三次提出了和以前相似的建议。黑尔博士认为，曾国藩再一次重申了自己对于中外军力不等的担忧，而这层考虑正好和朝廷的担忧不谋而合。曾国藩指出，中外合作应该在势均力敌的情况下发生，否则，一旦外方军力超过中方，则会造成他们的为所欲为，甚至难以遏制。曾国藩分析了当时的军情，指出了军力布局存在实际的弱点，无法与外国军队展开合作。当时鲍超、曾国荃和多隆阿部队仍然在金陵上游苦苦鏖战，曾国藩陈述自己实在分抽不出更多的军队来与英法

---

❶　HAIL W J. Tseng Kuo-fan and the Taiping Rebellion [M] . New Haven: Yale University Press, 1927: 181.

组成势力相当的联军，共同攻击苏州、常州和金陵。勉强为之，只会导致外方军力强压中方，让中国军队被置于窘境。同时，由于洪秀全对外国人的态度不明，太平天国对是否借助外国军力一事也持犹豫的态度，曾国藩便将此事也列为劝说朝廷暂缓接受外国援助的理由之一，提出既不拒绝也不接受，而是保持接触，继续积极与外方势力展开对话的方案。黑尔博士还提出，曾国藩此时已向总理衙门表示，希望他们能向外方暗示，自己此时没有多余的兵力与外国军队合编，联合对太平天国展开围剿。但在不久的将来，待自己完成对芜湖和东西梁山的军事行动之后，便会着手准备中外联军的事宜了。黑尔博士认为，曾国藩在中外合剿太平军一事上一直采取拖延的态度，在一定程度上反映了他对外国军力的推拒和排斥。❶

至此，黑尔博士认为曾国藩对于有限使用外国援助的看法是十分确定的。当外国联军于 1862 年从嘉定和青浦两个战场退军，有谣传说英国方面会派遣印度大军镇守上海，曾国藩表达了自己对此事的抗拒态度。他在清政府问询的奏折中，借左宗棠之口，表达了对这个计划的否定态度。黑尔博士在著作中全文引用了曾国藩的回复，清晰地陈述了曾国藩的理由。

中国之盗贼，其初本中国之赤子，中国之精兵，自足平中国之小丑，所以发逆无能久之理，中华之难，中华当之，皇上有自强之道，不应艰虞而求助于海邦，臣等有当尽之职，岂轻借兵而贻讥于后世；其次，西兵进攻内地，臣处无会剿之师，若克城池，臣处无派防之卒；最后，彼以助我而来，我若猜忌太深，则无以导迎善气，若推诚相与，又恐其包藏祸心。❷

❶ HAIL W J. Tseng Kuo-fan and the Taiping Rebellion [M]. New Haven: Yale University Press, 1927: 182-183.

❷ HAIL W J. Tseng Kuo-fan and the Taiping Rebellion [M]. New Haven: Yale University Press, 1927: 194.

　　曾国藩对洋人的防备之心一直存在。黑尔博士参阅了曾国藩的书信，找到曾国藩在无奈之下允许常胜军援助胞弟曾国荃时，写给李鸿章的信件：经过反复协商，最终曾国藩同意了李鸿章的提议，决定派出白齐文和常胜军前去援助，同时附加上了两个行军限制：①关于常胜军的行军范围。曾国藩认为常胜军必须时刻与清军保持一定距离，而且活动范围应限制在某几个特定地区，如金陵城上游或者下游的下关、九洑洲；②对常胜军分割战利品的限制。成功占领城镇之后，常胜军不能任意进城抢劫，更不得将战利品归为己有。攻占过程中所俘获的战利品都应该悉数上交，由官军决定如何分配。按照常规，战争中缴获的战利品一半被送往北京政府，另一半留归以做军队给养。常胜军因军功彪著，可优于其他部队而获得双份战利品，但具体分配细节必须明确写入协议，以避免日后发生任何纠纷。除了以上两点明确的限制，曾国藩还在给胞弟的信中多次叮嘱，要其小心使用并时刻提防这支外国军队，避免湘军各支与常胜军产生任何不必要的接触。他在信中说："白齐文部下名为洋兵，实皆广东、宁波之人，骄侈成俗，额饷极贵，弟军断不宜与之共处，总须主兵强于客兵。"❶ 当与白齐文谈判拖延下来时，曾国藩表示怀疑他是否真的会来。基于以上史料，黑尔博士认为常胜军在当时的中国上层非常不受欢迎，觉得中国人表现出对常胜军花费太过的担忧，同时也极其反感常胜军对松江地区民政、军政和经济的干预及骑在中国人头上作威作福的恶相。❷ 当然，曾国藩的满满戒心也是十分确定的，黑尔博士认为曾国藩之所以会同意白齐文代替程学启将军去援助曾国荃，实在是因为战况太危急，曾国藩十分担心会再次失去胞弟，在丧失理智和正常判断的情况下才放弃原则而做出的无奈之举。❸ 之后白齐文带领常胜军因欠饷闹事，让曾国藩憎恨不已。黑尔博士在查阅了《书札》《奏议》

❶　HAIL W J. Tseng Kuo-fan and the Taiping Rebellion [M]. New Haven：Yale University Press，1927：196.

❷　HAIL W J. Tseng Kuo-fan and the Taiping Rebellion [M]. New Haven：Yale University Press，1927：197.

❸　HAIL W J. Tseng Kuo-fan and the Taiping Rebellion [M]. New Haven：Yale University Press，1927：207.

等史料后，更正了当时许多外国资料中的记载，并在著述中引用了曾国藩对于此事的叙述：

> 查洋将白齐文常胜军，于九月中旬定议来援金陵，屡次衍期。厥后奏明十月十九日启程，吴煦先带轮船两只赴镇江齐队。乃白齐文索饷迁延，迄未入江。十一月十四日，在松江闭城滋闹；十五日带洋枪队数十人至上海毒殴杨坊，刃伤其戚属，抢夺洋银四万余两而去。如此跋扈横行，毫无纪律，不特中国不能资其力以剿贼，亦为外国之所公恶。应有李鸿章奏明知会驻京公使，严行惩办。❶

三、对中外镇压太平天国功绩的研究

19世纪末，美国著名中国学家卫三畏认为曾国藩领导的湘军才是镇压太平天国的首功势力。但是进入20世纪，美国学界仍然反复对镇压太平天国的各方势力进行详细分析和讨论。兰图尔（Rantoul）、克劳福德（Crawford）忙着为戈登、华尔抢功立传，否定曾国藩镇压太平天国的军功；英国中国学家约翰·濮兰德（John Bland）则赞成中国历史学家将平息太平天国的功劳归于曾国藩、归于他的领军才能和过人勇气这一观点；❷戈登作为亲身经历镇压太平天国战争的重要人物，对曾国藩领导的军队给予了高度的肯定与信任；马士、黑尔也就这个问题进行了详细论述，并提出了独到见解。

（一）对帮助镇压太平天国的外国势力的分析

马士对常胜军有一个综合评价和总结，他将华尔描述为一位冒险家和军事领导者，组织了中华大地上的一场伟大胜利；而戈登被定位成一个常常出尔反

---

❶ HAIL W J. Tseng Kuo-fan and the Taiping Rebellion [M]. New Haven：Yale University Press, 1927：197.

❷ 濮兰德，巴克斯. 慈禧外纪 [M]. 陈冷汰，译. 上海：中华书局，1914：64-65，41.

尔、没有操守之人。在他们的领导下，常胜军虽然有时会反叛，但是仍无负于他们的管带。在外国军官中，有 48 人阵亡，73 人受伤，130 人出缺甚至脱离军营。这支部队前后共存在了 3 年，其中两年半打了接近百次仗，只有三四次挫败，攻陷了五十多个县城，它的存在有力地遏制了叛乱的狂潮，这个胜利单凭帝国军队自己的努力是办不到的。❶ 对于常胜军的战功问题，黑尔博士给予了客观的分析与肯定，认为这支小部队为克服宁波周边的一些小城镇提供了援助，并提出常胜军之外的一支由法国人训练的 1500 人的中国部队在诸多战争中也表现不俗。一直到镇压太平天国的最终阶段，这支被称为"常捷军"的部队发展到了 2500 人，指挥官由勒伯勒东和日意格担任，代表战役是帮助左宗棠攻克了上虞。❷

关于华尔，马士认为他是帝国政府方面雇佣的最杰出的外国人，但是勇猛如华尔，也反复遭受过失败的打击，并不总是如许多学者评述的那样无坚不摧。如 1860 年 8 月 2 日华尔就曾被太平军雇佣的一支外国军队打败，这支部队据说是英国人萨维奇（Savage）组创的。不仅如此，李秀成率领的大军在进攻上海的途中也曾逼迫华尔军队退回松江，他在这里招编了军队，在以后一年多的时间里并未取得任何卓越的战绩❸，华尔在广富林镇的成就曾经获得何伯的嘉许。❹ 受到华尔的鼓舞，法国也成立了一支由中国人充当兵力的法华联队，就是上文提到的"常捷军"。❺ 马士总结道，作为常胜军的第一位杰出领袖，华尔在平叛太平军的战争中起到了无与伦比的作用。所以，中国人一直没能全然

---

❶ MORSE H B. The International Relations of the Chinese Empire, The Period of Conflict 1861-1893 [M]. Yokohama: Kelly and Walsh Limited, 1918: 141.

❷ HAIL W J. Tseng Kuo-fan and the Taiping Rebellion [M]. New Haven: Yale University Press, 1927: 195.

❸ MORSE H B. The International Relations of the Chinese Empire, The Period of Conflict 1861-1893 [M]. Yokohama: Kelly and Walsh Limited, 1918: 100.

❹ MORSE H B. The International Relations of the Chinese Empire, The Period of Conflict 1861-1893 [M]. Yokohama: Kelly and Walsh Limited, 1918: 105.

❺ MORSE H B. The International Relations of the Chinese Empire, The Period of Conflict 1861-1893 [M]. Yokohama: Kelly and Walsh Limited, 1918: 108.

忘却他，并于 1877 年 3 月 10 日在松江为他修建了专门的祠堂，用中国最具象征意义的儒教经典仪式来供奉，以纪念他在松江做出的重要军事贡献，奠定了对太平天国战争的转折点。直到今天，清帝国为美国冒险家华尔所立的记功碑前仍是香烟缭绕的。❶

而黑尔博士对于当时在通商口岸的外国观察家们每周通过"常胜军"的捷报而形成的印象进行了辨析，驳斥了他们认为戈登及其部队承担着积极对敌作战的主要任务，同时批驳了马士在《中华帝国的对外关系》中关于常胜军及其征战的记录，指出它几乎全部取材于英语资料，得出的结论必然是片面的。黑尔博士指出，以常胜军、常捷军为代表的外国军事武装力量在镇压太平天国中起到了重要的作用。在英、法、美三国军官的共同配合与牵制下，清政府的军队得以顺利地攻城略地，占领了很多关键地区，并大大拉动了双方战势的进程。如果没有外力的辅助，清政府将会面对许多困难，甚至陷入长久的对峙甚至险境。这些困难和险境得到了避免，也是因为得到外力的帮助而早日结束了战争。常胜军与常捷军在武器装备和人员军事素养方面肯定比曾国藩的湘军要先进得多，他们对战争的干预不仅增强了清政府的军事实力，而且还提高了相关地区的税收，为曾国藩、李鸿章解决了军饷给养方面的难题，同时，还避免了上海遭受太平军的攻占。综合以上所有因素，黑尔博士认为当时的外国军力对清朝成功镇压太平天国运动是至关重要的，因为在某些战役上他们确实起到了牵制敌军和创造优势的关键作用。但并不能因此就判定是戈登指挥的"常胜军"战胜了太平军，而把清政府方面的多股军事力量和功绩抛诸脑后。据黑尔博士的记载，从华尔到白齐文，再到戈登，常胜军的规模从未超过 3 千人，他们虽然也取得了辉煌的战绩，但也总是时时需要依靠清军大部队的援应来夺取最终的胜利，这些军功应该分享给那些为他们提供支援的清朝部队。❷

---

❶ MORSE H B. The International Relations of the Chinese Empire, The Period of Conflict 1861—1893 [M]. Yokohama: Kelly and Walsh Limited, 1918: 88.

❷ HAIL W J. Tseng Kuo-fan and the Taiping Rebellion [M]. New Haven: Yale University Press, 1927: 203.

在这个问题上，黑尔博士认为应该原原本本接受研究"常胜军"的首席历史学家威尔逊作出的公正而不倚的评价：

> 戈登及其部队如果得不到援助，是不可能肃清该省的。当他在战斗中首当其冲时，他会要求清军守住他夺占的地方，当程将军和其他将领们指挥下的清军和他并肩作战时，为他的胜利作出了重大贡献。更重要的是，太平军之所以被驱赶到江浙的沿海地区，是因为清政府一方的曾国藩及其将领们所取得的胜利。清政府似乎指望英法联军为他们保住上海、宁波这些城市。如果他们（常胜军）没有这么做，他们（清政府）或许会采取不同的办法，我们的同胞在太平军逼近他们的富有的贸易殖民地时表现了惊慌，他们似乎认为这预示着太平天国事业将在中国取得总体胜利，但实际情况并没有那么严重，可以肯定的是，如果容许太平军占领上海和宁波，几乎就能无止境地获得外国的汽船、武器与兵员，那么他们给外国人带来的麻烦，将会比带给中国政府的麻烦大得多。而且，如果容许他们这么做，我们就放弃了根据条约对中国政府所承担的义务。因此，清政府有双重理由不费很大力气去防止太平军进取这两个驻有外国领事的港口城市。他们料想我们的利益和义务会引导我们阻挡太平军对这两个港口的进攻，他们的推算没有落空。他们在其他情况下会怎么做，我们只能推测，但是，如果根据形势和结果来判断，可以肯定的是，清军放任太平军的进兵，并不能证明他们没有能力按照他们缓慢而按部就班的方式来镇压太平天国运动。❶

在采纳威尔逊研究成果的同时，黑尔博士也强调，从另一个角度看，西方列强的态度是一个决定性因素，因为他们在 1853 年和 1854 年坚定不移地拒绝承认太平天国政府，对清政府是有利的。但是，黑尔博士也承认，只要外国人

---

❶ WILSON A. The Ever Victorious Army: A History of the Suppression of the Taiping Rebellion [M]. Edinburg: Edinburg Blackwood, 1868: 257.

不援助太平军，而是让中国独立镇压太平天国运动，清政府也有可能获胜，只不过可能需要更长的时间，而列强直到战争结束时所提供的积极援助则为战争的最后胜利作出了双重保证。❶

（二）对曾国藩镇压太平天国的肯定与挑剔

马士对于曾国藩是否应该在镇压太平天国运动中居首功这一问题一度表现出模棱两可的态度。一方面，他极力贬低清军的作战能力，特别对清帝国的作战能力和虚报战功极度苛责。如马士嘲笑曾格林沁曾经奏称他的蒙古骑兵已将在阜城的太平军全数歼灭，"但是在五月二日他们还仍然从阜城做了一次突围，真不知是他们自己还是他们的鬼魂"❷。而马士在评述曾国藩军队抵抗太平军的战况时，措辞虽然谈不上激赏，但在字里行间已经对其所率部众取得的积极战果持明显的肯定态度。马士对曾国藩最初的论述是关于他在湖南原籍守制时组织乡勇，在长沙抗击太平军时所做的巨大贡献，并正面肯定曾国藩作为两大功臣之一，保全了皇帝的权位。"曾国藩曾经带领了他的本省人——湖南人——解救帝国的危难，他在湖北和江西得胜以后被奉派为钦差大臣兼两江总督，正率领着攻打南京的军队。"❸马士在《中华帝国对外关系史》（第2卷）中第一次正面描述了曾国藩，极力肯定了他在保卫湖南战役中的杰出贡献和军事才能，也认为正是这一战为他之后的军事建树奠定了基础，他正是在这一基础上组建了最初的湘军，乘势收复了武昌和汉阳、扫荡了湖北，在进军江西中也胜了一场。胜利之后，他恢复了浙江的秩序，进入江西并将战败的"叛军"逼入湖南、广西和贵州。同时，他的官阶也一路晋级，继1860年受命为两江总督兼钦差大臣之后，1861年他的辖区扩大到浙江。后来马士在作品中又提到他研

---

❶　HAIL W J. Tseng Kuo-fan and the Taiping Rebellion［M］. New Haven：Yale University Press，1927：204.

❷　MORSE H B. The International Relations of the Chinese Empire，The Period of Conflict 1834–1860［M］.Yokohama：Kelly and Walsh Limited，1910：502.

❸　MORSE H B. The International Relations of the Chinese Empire，The Period of Conflict 1861–1893［M］. Yokohama：Kelly and Walsh Limited，1918：67.

读了京报上登载的关于曾国藩历次胜利的报告，如 1855 年 9 月 4 日九江附近之役，10 月 6 日湖北东部和安徽西南部之役等❶，也承认曾国藩于 1855 年在湖北为最终胜利打下的扎实基础。❷马士强调，曾国藩的军队在没有外国人援助（除了"常胜军"炮队的援助以外）下在围攻南京的战役中实现了中华帝国的自我拯救。❸马士也多次指出曾国藩、李鸿章二人凭他们的组织能力、政治才干及他们的军事本领把这个帝国给拯救了❹，声称曾国藩以湘军为后盾、李鸿章以淮军为后盾，平定了太平军叛乱。❺

虽然马士充分肯定了曾国藩和李鸿章率领的帝国地方军队在镇压太平天国中的功劳，但是在另一方面，他对于这支部队仍有诸多抨击。马士认为曾国藩的军队和帝国其他军队如绿营、八旗等一样，以攻占并控制城镇乡村等行政区划来展开军事攻势。他们跟匈奴人、歌德人和汪德罗人一样对待占领地区的人民和人民的财产。❻另外，马士对于常胜军的表现极力推崇，甚至认为超越了曾国藩所部军队在镇压太平天国中的表现。

综合来看，马士认为拯救清帝国的力量来自两方面，一是替她打仗的外国人，另一个就是两个伟大的中国人——曾国藩和李鸿章。他赞扬曾、李二人发展了前辈都没有的将才、组织能力和品质。与之前评价清帝国将领的挖苦讽刺不同，马士第一次称赞这两位文人拥有军人一样的"在进军之时所需要的勇气和在失败时需要的镇定"，称他们"虽然没有忽略中国政府制度所提供的那些

---

❶ MORSE H B. The International Relations of the Chinese Empire, The Period of Conflict 1834–1860 [M].Yokohama: Kelly and Walsh Limited, 1910: 502.

❷ MORSE H B. The International Relations of the Chinese Empire, The Period of Conflict 1834–1860 [M].Yokohama: Kelly and Walsh Limited, 1910: 512.

❸ MORSE H B. The International Relations of the Chinese Empire, The Period of Conflict 1861–1893 [M].Yokohama: Kelly and Walsh Limited, 1918: 116.

❹ MORSE H B. The International Relations of the Chinese Empire, The Period of Conflict 1861–1893 [M].Yokohama: Kelly and Walsh Limited, 1918: 227.

❺ MORSE H B. The International Relations of the Chinese Empire, The Period of Conflict 1861–1893 [M].Yokohama: Kelly and Walsh Limited, 1918: 227.

❻ MORSE H B. The International Relations of the Chinese Empire, The Period of Conflict 1834–1860 [M].Yokohama: Kelly and Walsh Limited, 1910: 534.

致富机会，但他们优先考虑的确实是他们所需要尽的责任和国家的福利。他们用他们的组织能力来为国家服务，恢复已经气馁的军队士气"。❶

与马士截然不同，黑尔博士认为镇压太平天国的首功毫无疑问应该记在曾国藩的头上。他和他所率领的部队在 11 年抗战中克服了种种困难，最后终于攻克金陵，取得了绝对胜利。针对包括马士在内的其他美国学者的评述，黑尔博士表示：西方的著作家和观察家们从曾国藩头上摘走了桂冠，他们对他在征战中遇到和攻克的各种棘手的麻烦与问题知之甚少。❷黑尔博士对曾国藩评价颇高，也是因为他一力镇压了太平天国运动，使国家免于陷入四分五裂的状态。❸

针对其他中国学家夸大常胜军功劳的现象，黑尔博士提出绝不能抹杀坐镇安庆的那位总司令应得的荣誉，他的目光注视着战场，动用其一切权力来排除我们现在已经能够评估的严重障碍。黑尔博士明确地指出，江忠源击毙冯云山的著名一战让清政府看到了胜利的机会，为他们有可能战胜太平天国、结束这场长期混战探索到了一种可能存在的有效路径。黑尔博士记录了蓑衣渡战役的重要作用和地位，这支看起来毫不引人注意的民兵队伍最终坚守在自己的阵地上，不仅有效地驱逐了乘胜追击而来的太平军大股部队，而且还为长沙的驻守和防御赢得了宝贵的时间。这场战争的胜利让此类军队受到曾国藩的重视，最终在他的全盘布局和谋划下取得了进阶式的发展，并掀开了全面胜利的帷幕。❹同样，受江忠源启发，曾国藩按照同样的模式创立了中国近代水师，在华中的水道上作战，为扫平太平军和奠定中国近代海军的基础发挥了重要作

---

❶ MORSE H B. The International Relations of the Chinese Empire，The Period of Conflict 1834－1860［M］. Yokohama：Kelly and Walsh Limited，1910：535.

❷ HAIL W J. Tseng Kuo-fan and the Taiping Rebellion［M］. New Haven：Yale University Press，1927：3.

❸ HAIL W J. Tseng Kuo-fan and the Taiping Rebellion［M］. New Haven：Yale University Press，1927：2.

❹ HAIL W J.Tseng Kuo-fan and the Taiping Rebellion［M］. New Haven：Yale University Press，1927：64.

用。❶黑尔博士对于曾国藩所率军队的战斗力是十分认可的，他在分析中指出，如若太平军在初期遇到曾国藩的湘军，早就已经在 1 ~ 2 年内被消灭殆尽了。而 1854 年才出征的 1300 人的湘军，当时却只能作开路先锋。❷曾国藩和其他将领们部署在安徽、江西和天京周边的众多部队进行的作战，虽然没有常胜军作战那么精彩，却具有同等的重要性，这些作战行动令太平军一天天焦虑不安；而在更远地方的湖北和河南，还有其他部队防止捻军与太平军联手作战，他们也对镇压太平天国起到了重要的作用。❸

至于"常胜军"，黑尔博士引用了戈登的评论来总结：

> "常胜军自从建军以来即充斥着乌合之众……盲目无知、目不识丁，甚至不服从管束，他们不适合领军作战……我认为，即使置于英国军官的指挥之下，这支军队仍然是危险分子的集合，他们不值得信赖，并耗费民脂民膏。依我之见，应有中国人领导的中国军队取而代之，只要指挥得宜，中国军队照样可以英勇作战……千万不要让洋人指挥中国部队，而只需要让洋人担任教官，让中国人自己培养自己的军官"。❹

戈登作为亲自投身战争的关键人物，长期以来对中国军事力量的恢复与发展抱有信心，他默默配合着中国军队培养壮大，表现出与其他 19 世纪在华洋人很大的不同。除此以外，他还深感"假若我们逼迫中国人进行剧烈的变革，他们会顽强抗拒、抵抗……但如果我们引导得法，我们会发现他们愿意接纳渐进改革。他们乐见有选择的余地，嫌恶替他们开道，好似他们一无是处。即使

---

❶　HAIL W J.Tseng Kuo-fan and the Taiping Rebellion［M］. New Haven：Yale University Press，1927：72.

❷　HAIL W J. Tseng Kuo-fan and the Taiping Rebellion［M］. New Haven：Yale University Press，1927：131.

❸　HAIL W J. Tseng Kuo-fan and the Taiping Rebellion［M］. New Haven：Yale University Press，1927：203.

❹　HAIL W J. Tseng Kuo-fan and the Taiping Rebellion［M］. New Haven：Yale University Press，1927：172.

我们给他们提供援助，中国人也没有理由爱我们，因为中国的叛乱是我们间接促成的" ❶。

第三节　对曾国藩创建湘军恢复大一统的研究

20 世纪之前，许多外国传教士将晚清帝国塑造成一个军事力量衰竭、政府官员贪腐和文化保守顽固的耄耋老翁，政府军在鸦片战争中的节节败退和对战太平军时的城城失守使得各国列强政府都相信了中国军力的不堪一击。而 20 世纪前 30 年美国学界的研究，则全面展示了曾国藩是如何在这种历史环境下创建湘军，并将它发展壮大，为恢复大一统、稳定政局、为"同治中兴"创造和平稳定的历史环境的。

一、对曾国藩创立湘军背景的分析

马士在晚清政府的汉军事组织中重点分析了民政当局指挥下的有战斗力的非正规军队，认为这种武装力量也是以省为单位且置于文官统辖之下的、与帝国或省的正规军事组织不同的军事力量。这支兵力始创于太平天国时期，是省当局为了保卫乡梓，不得不建立的非正规军和志愿兵的组织——勇。马士用法国大革命或莱比锡时代的志愿兵来比喻这种组织的性质，认为这支军队在它组成以后的 40 年中（直到 1894 年甲午战争中溃败）构成了中国的武力担当，甚至是"新军"建立的基础。❷

---

❶ HAIL W J. Tseng Kuo-fan and the Taiping Rebellion ［M］. New Haven：Yale University Press，1927：205.

❷ MORSE H B. The International Relations of the Chinese Empire，The Period of Conflict 1834-1860 ［M］.Yokohama：Kelly and Walsh Limited，1910：26.

黑尔博士分析了曾国藩能建立地方武装的客观原因，认为每个作为独立领域的省份都能在自给自足的基础上持续发展，每个省在军事、民政和社会等方面都有自己的完整体系和特点。如果无须依靠清朝政府要求富省调拨银子来获得财政支持，各省之间的独立性可以一直被保持，除了偶有因为盐政、贸易、税收等事宜需要在朝廷的调解下与邻省进行协商与妥协，各省督抚都可在自己管辖的范围内高枕无忧。❶这种行政设置的出发点是为了分散各地的权力，避免地域之间联合造反，确保皇室能安享太平与权力。然而，这种体系只能及时扑灭和平时期的地方官吏作乱，却不能支持大规模征战。在战争时期，由于联合过于困难，导致自救系统完全瘫痪。黑尔认识到，这样的情况让各个省份都能享受相当程度的自主，但却很难产生称霸一方的势力，因为中央政府的人在各省悄悄监视着高级官吏。同时，知县及以上的官员不能在出生的省份任职，以免导致官民利益巩固，让皇室受损❷，这样就使文官政府在军事组织上极其涣散与无能。而曾国藩组建湘军时正值在家丁忧，这给了他有利的条件，组织起身边和他有共同信念的人，一起投身到维护名教、阻击太平天国的战争中。

对于曾国藩创建湘军的动机，黑尔博士也补充了除阻击太平天国之外的因素。早在鸦片战争时期，曾国藩就在京城密切关注这场战争，他几次写信回家谈及事件的进程。当英国人在金陵时，他写道："英夷在江南，抚局已定。盖金陵为南北咽喉，逆夷既已扼亢而据要害，不得不权为和戎之策，以安民息兵……自英夷滋扰，已历二年，将不知兵，兵不用命，于国威不无少损。"❸而在太平天国运动爆发之后，曾国藩也密切注意形势的发展变化，如在 1851 年 5 月的家书中，他形容广西首脑们如坐针毡。❹当时正值鸦片战争初败，军队

❶   MORSE H B. The International Relations of the Chinese Empire, The Period of Conflict 1834—1860 [M]. Yokohama: Kelly and Walsh Limited, 1910: 23.

❷   MORSE H B. The International Relations of the Chinese Empire, The Period of Conflict 1834—1860 [M]. Yokohama: Kelly and Walsh Limited, 1910: 24.

❸   HAIL W J. Tseng Kuo-fan and the Taiping Rebellion [M]. New Haven: Yale University Press, 1927: 28.

❹   HAIL W J. Tseng Kuo-fan and the Taiping Rebellion [M]. New Haven: Yale University Press, 1927: 39.

日益无能、货币贬值、金融破产逐步临近、海盗与陆匪增多，各督抚对于自己所辖省份追求独立呼声的干涉越来越无力，一度使得地方行政和国家政权管理体系普遍失灵，对于任何一个有能力独树一帜、光复汉人王朝的人来说，这都是一个绝佳机会。密迪乐预测"中国正在进入一个无政府状态的动乱时期，迟早会让清王朝走到穷途末路"❶。

黑尔博士认为曾国藩最初对于乡勇的认识来自江忠源的楚勇，他们在守护长沙和之后的扫平土匪、保卫乡梓之战中给他留下了深刻印象。1853年初，曾国藩反复权衡利弊，最终冲破思想束缚，决定接受上谕，投身到创建湘军的事业中来。❷曾国藩大规模采用这种民兵，将之编练成类似于江忠源率领的勇队，助他最终成功地镇压了太平天国运动。❸当时江忠源的湘勇也为曾国藩的湘军打下了良好的基础，在天平军围攻桂林期间，当官军发出十万火急的求援信时，江忠源率领在湖南招募的1200人的私兵和刘长佑率领的军队赶来应援官军，与太平军在桂林一带展开激战，并多次取得胜利。湖南兵勇在这场大规模作战中表现出众，赢得了世人称赞，并为湘军的创建打下了基础。❹

二、对曾国藩初建湘军的研究

黑尔博士梳理了曾国藩在创建湘军的初期遇到的三大困难：一是军队纪律的制订和实施，二是创建经费的筹措，三是曾国藩出湘抗击太平军的时间。黑尔博士也详细分析了湘军最初创立的始末，起初罗泽南率领三个营的力量来到长沙，成为曾国藩新军的核心，这便是中国历史上号称"湘军"部队的雏形。

---

❶　MEADOWS T T. The Chinese and their Rebellions [M] .London：Academic Reprints，1856：122.

❷　HAIL W J. Tseng Kuo-fan and the Taiping Rebellion [M] . New Haven：Yale University Press，1927：113.

❸　HAIL W J. Tseng Kuo-fan and the Taiping Rebellion [M] . New Haven：Yale University Press，1927：31.

❹　HAIL W J. Tseng Kuo-fan and the Taiping Rebellion [M] . New Haven：Yale University Press，1927：44.

曾国藩接下来制定了一系列制度，用来约束和训练这支部队。他尤其注意严格执行纪律，避免所制定的制度如同在八旗和绿营等正规军中一样形同虚设，所以他大量参考了江忠源的楚勇编制，出湘后还重点学习、借鉴了戚继光的行军组织形式和纪律约束方法。黑尔博士反复指出，在长达11年的征战岁月中，湘军的全部开支就只有接近2130万两银子，这也解释了为什么镇压太平天国的时间会拉得如此之长。❶最初曾国藩只是依靠朝廷对湖南总督和巡抚的上谕和命令来获得维持部队的资金，但是随着湘军规模的逐渐扩大，曾国藩后来不得不采用发放空白官位执照和征收厘金等办法来维持行军的庞大开支。而对于何时出湘绞杀太平军这一问题，曾国藩前后遇到了很多阻碍。黑尔博士分析说，从朝廷下旨令曾国藩帮练地方军的宗旨来看，曾国藩应该及早出湘，以阻止太平军在全国各地的肆虐，但是地方土匪的蜂起、建立水师和筹措军费等眼前的困局一再拖延了他出湘的脚步。先保乡梓还是先出征绞杀太平军，这个两难的选择让曾国藩一度在圣意和地方感情中徘徊纠结（和马士一样，黑尔博士也发现了曾国藩深厚的家乡情结。出于对中国士绅阶层的研究和了解，马士认为曾国藩作为典型的士绅阶层的一员，对于家乡，总是不愿意丧失或者放弃的。尤其是士绅出生和成长的县所在地，往往是士绅阶层的求学和宗祠所在地，是所有中国人祖先的故居。中国人崇尚落叶归根的理念，到了晚年，文臣一律愿意回乡归隐耕读，武将盼望解甲归田，即使不幸身死异域，骸骨也要归于本土。在中国人尤其是读书人的心目中，他与他的县总是密不可分、休戚相关的。❷而黑尔博士也特意强调，曾国藩的所有士兵及其将领都是湖南人，当时中国人的地方情结和同省情结都是非常强烈的）。❸经过多次上疏，朝廷终于批复认可了他彻底镇压当地土匪的必要性。而来自江忠源的联合江西、湖北、

---

❶　HAIL W J. Tseng Kuo-fan and the Taiping Rebellion [M]. New Haven: Yale University Press, 1927: 273.

❷　MORSE H B. The International Relations of the Chinese Empire, The Period of Conflict 1834–1860 [M].Yokohama: Kelly and Walsh Limited, 1910: 18.

❸　HAIL W J. Tseng Kuo-fan and the Taiping Rebellion [M]. New Haven: Yale University Press, 1927: 138.

湖南和安徽四省共同建造上千艘战船和建立强大水师的建议，也让曾国藩一再与朝廷交议，最后终于获得了皇帝的许可。黑尔博士认为曾国藩能在做好万全准备的前提下再开拔行军，这来自他性格中的稳健和明智，也让他避免了遭遇如江忠源一般的悲剧命运，充分体现了他善于抓住问题本质的优点。曾国藩洞察问题的能力，加上少见的耐性，使他能一一清除所有的障碍，坚持到最后。

三、对曾国藩冲破困境发展湘军的研究

根据黑尔博士的记载，1854 年，曾国藩和湘军终于出湘讨伐太平军，但首战失利，仅仅开拔四周就不得不退回长沙，所幸在同年 4 月的湘潭之战中获得首功，漂亮地收复了湘潭。在这段时间曾国藩做了细致的复盘工作，以坚定的信心开始修造战船，并修改和完善军营制度。黑尔博士总结了曾国藩军营制度的四点：①规定部队官兵必须在黎明前起床并吃完早餐；②军营必须扎牢固，要有高厚的围墙，周围有深壕沟、浅沟、尖竹签等；③全军必须合作；④逮捕并严厉处置行动可疑之人，绝不宽宏大量。黑尔博士也归纳了曾国藩带兵的一些弱点：没有受过军人训练，完全缺乏军事行动技巧等。而事实上，曾国藩自上述一役失败后，便再也不实际指挥部队的行动。对于他的优点，黑尔博士也多次肯定，认为他并不缺乏坚定的意志，有天赋、有耐性、有毅力，能经受许多人无法忍受的羞辱和敌对；思路清晰，有能力把握任何局势的长远意义，这些都有助于他以审慎的方式部署作战。❶ 之后，曾国藩在同年7—9 月的大战中大获全胜，10 月得以将大本营迁往岳州。这时曾国藩的湘军人数虽少，但训练有素、将领优秀，并推广了新型的陆军和水兵。一年后，曾国藩的湘军实际上已将太平军赶出了湖北。

黑尔博士指出，在湘军大步推进的过程中，曾国藩又碰到了更突出的军队给养问题，他被迫不断发明一些榨取新税收的方法，竭力排除万难，获得足够

---

❶ HAIL W J. Tseng Kuo-fan and the Taiping Rebellion [M]. New Haven: Yale University Press, 1927: 127-128.

财力去维持他雇佣的人数并不多的军队，并向朝廷请求保证广东、四川和江西的协饷。黑尔博士非常关注曾国藩面临的困局和他心理的变化，在出湘镇压太平军取得首胜之后，黑尔博士分析了曾国藩的烦恼，认为他此时最大的焦虑在于日益延长的交通线上的增援和补给难以维持的问题；另外，财政来源的不稳定也逐渐影响了军心，增加了民众为摆脱穷困而投身太平天国的机会与可能；同时，曾国藩的湘军规模不断扩大，他也时刻处于清政府的猜忌之中。黑尔博士分析道，如果他有一个强大的对他深信不疑的朝廷，给他撑腰，他就能轻而易举地召集一支大部队，甚至 10 倍于他实际招募的数量，以最快的速度歼灭太平天国。❶ 但是，在镇压太平天国的过程中，皇帝的顾问们往往只顾眼前事，奉行临时有效的政策，对曾国藩的窘迫和需求采取忽视甚至无视的态度。这种种原因再次解释了为什么镇压太平天国需要这么长的时间。❷

　　黑尔博士认为，曾国藩在思虑如何获得更多财政支持的过程中，不自觉地推动了省与国家当局之间的力量博弈与平衡体制的改革。太平天国能在很多年连续取得胜利，与国家权力的分散有着密切的关系。如果政府有足够的中央集权，太平天国运动最多只能存活 1 年。但如若曾国藩想动用全国的主要财政来抗衡太平天国，势必要进一步推动地方势力的崛起；❸ 而这一目标也不可能在短时间内达成，这也就注定了太平天国要持续多年，造成无数破坏。

　　黑尔博士在著作中反复论证的就是曾国藩面临的最大困难——缺钱：

　　　　他的 13000 名士兵完全能够以少胜多。然而，他们很难敌过那些溯长江而上的太平军。曾国藩在九江的失利终究是因为缺乏资金，当时他无法前进，是因为他穷得招募不起兵员，让他能够在恰当的规模上进行战争，

　　❶ HAIL W J. Tseng Kuo-fan and the Taiping Rebellion [M] . New Haven：Yale University Press，1927：133-134.

　　❷ HAIL W J. Tseng Kuo-fan and the Taiping Rebellion [M] . New Haven：Yale University Press，1927：164.

　　❸ HAIL W J. Tseng Kuo-fan and the Taiping Rebellion [M] . New Haven：Yale University Press，1927：135.

也就是在既有部队进攻，又有足够预备队守营，还有大批驻军守卫已经攻取的城市。只要有了人，有了钱，曾国藩就会觉得战争能够打赢；而没有这两样东西，一切都会失去。他面对的局限性的确令他烦恼，他渴望缩回他那安宁的家乡，此时，唯有永久的忠诚支持着他一直执行这一项毫无希望的任务。❶

长期被军饷不足问题困扰的曾国藩不得不想尽一切办法找到饷银，这引起了他与地方政府的多次争执，黑尔博士记载的曾国藩与巡抚之间就招募与管理新兵、提供给养所需资金方面的摩擦越来越多。❷1855 年年底，他被困于南昌，他的部队被拖欠了几个月薪饷，与外界的交通都被切断了。面对湘军的财务危机，朝廷通常只发上谕，却从未拨款，连黑尔博士都抱怨皇帝又要马儿跑，又要马儿不吃草。❸ 同时，几位将才的逝世和太平军对正常税收的阻挠使得曾国藩的江西军务受到了御史们的参奏。黑尔博士记载了曾国藩开始注意到新的国内商品贸易和运输税，即所谓的厘金❹，是所有现存税种中最快也最有利可图的办法，他请求将在上海针对商品征收的厘金放到与上海通商的各地，并将税收所得交给他。与此同时，他也请求从上海的海关财政拨款协助。❺1855—1856 年，浙江、湖南和湖北的省级财政在采用厘金的情况下有所增加，这种税制也

---

❶ HAIL W J. Tseng Kuo-fan and the Taiping Rebellion [M]. New Haven：Yale University Press，1927：138.

❷ HAIL W J. Tseng Kuo-fan and the Taiping Rebellion [M]. New Haven：Yale University Press，1927：139.

❸ HAIL W J. Tseng Kuo-fan and the Taiping Rebellion [M]. New Haven：Yale University Press，1927：148.

❹ 海外学者对于支撑曾国藩军营的厘金制度进行了相应的研究。帕克在《中国》一书中声称该税种首先于 1852 年用于山东，没有成功。而与此同时，湖北巡抚胡林翼在该省采用了该税种，1854 年，两江总督在运河以东的推行，逐渐使厘金得到推广。但是黑尔博士对帕克研究厘金推广的年代进行了考证，认为 1852 年采用厘金的应该不是胡林翼，而是在扬州附近的高官雷以诚，他在 1853 年用这项收入给当地招募的兵员支饷。

❺ HAIL W J. Tseng Kuo-fan and the Taiping Rebellion [M]. New Haven：Yale University Press，1927：148.

在四川、广东和广西得到了推广。❶

　　黑尔博士认为曾国藩克服了前所未有的苦难，完成了几乎不可能完成的任务。据黑尔博士的记载，曾国藩只有 100 名没有拿到薪饷的官兵，而他对抗的是石达开与胡以晃这般很有潜力的指挥官，他们主要靠抢劫为生，而曾国藩作为朝廷官员不能这么干，所以他无人、无钱、无依无靠。他筹集资金的努力没有得到其他官员的积极响应，因为关税问题关系到外交，而厘金是否有用也值得怀疑。对于湖南、湖北、安徽与江西的财政及其他需求，皇帝将曾国藩对于资金的请求交给户部，其实际效果相当于否认他的请求。❷之后援军的到来将曾国藩与巡抚赶到了更绝望的边缘，他们再次请求朝廷每月从山西和陕西拨付 3 万两银子，以供养瑞州城下的湘军和鄂军。❸

　　黑尔博士对于曾国藩的窘困进行了详细记载和分析，认为他面临的这种困局直到 1856 年才稍有转机。当年皇帝根据湖南巡抚的建议，批准了在曾国藩的故乡湘乡县增加 3 个秀才的名额，这是赐予曾国藩的象征性荣誉，让人们认为他从前受到的斥责终于得到了足够的补偿。❹根据黑尔博士的总结，曾国藩利用 3 个月的丁忧反思了他的建军经验教训：①空有内阁官级和总司令头衔，但实权小于一省提督；②所有财政收入都要通过常设官员之手，而他无法插手，更无法将之用于维持部队。❺所以当曾国藩 1858 年重新出山时，黑尔博士认为他面貌一新，他坚信需要一种比过去给他领导的军队提供军饷的随机办法更强的手段。他试图让朝廷相信，他在每个关头的每一个举动，完全被他面临

❶　HAIL W J. Tseng Kuo-fan and the Taiping Rebellion［M］. New Haven：Yale University Press, 1927：142-147.

❷　HAIL W J. Tseng Kuo-fan and the Taiping Rebellion［M］. New Haven：Yale University Press, 1927：149.

❸　HAIL W J. Tseng Kuo-fan and the Taiping Rebellion［M］. New Haven：Yale University Press, 1927：150.

❹　HAIL W J. Tseng Kuo-fan and the Taiping Rebellion［M］. New Haven：Yale University Press, 1927：152.

❺　HAIL W J. Tseng Kuo-fan and the Taiping Rebellion［M］. New Haven：Yale University Press, 1927：153.

的各种障碍牵掣，所以他建议组建一个机关来为他的部队筹集必需的给养和金钱，使他能专注于军务，而无后顾之忧。❶黑尔博士详细陈述了1863年围攻金陵的过程，太平军向江西的撤退立刻对曾国藩赖以为支柱的厘金财政产生了影响。根据他请求援助的奏疏，可以得知他的部队主要靠什么支撑。湖南尽了一切力量支援曾国藩，其贡献是常规性的，该省通过一个特殊机构，转让其厘金税收的一半。而当年广东只送来了9万两银子，来自江苏的厘金收入也下跌至3万两，四川和湖北一无所供（湖北承诺每月提供5万两，湖南2.5万两，四川5万两，江西3万两，另两个省份承诺提供不定的数额），他们未能提供规定的款银令曾国藩大为困窘。❷

　　纵观20世纪美国学界，黑尔博士是第一个全面分析曾国藩在时刻面临经济窘局却仍然坚韧不拔并取得最终胜利的学者，也是唯一一个将曾国藩的功业提升到与华盛顿总统比肩的传教士和中国学家。他认为，曾国藩之所以能够在没有足够经济支持的情况下打赢这场仗，主要是由于曾国藩的伟大人格。黑尔博士于曾国藩的众多优良品性中，最推崇的便是他坚韧的稳健之道。他对于合理战略的看法，虽然听上去根本算不上豪言壮语，但却展示了永久性的前景。黑尔博士列举了在江西被太平军控制时的例子来说明这一点，也提出正是这种策略使他在南昌度过了许多危险难熬的日子。❸而在1860年12月祁门孤立之时，他坚持抗战，在战争中付出了很多常人无法承受的牺牲。几乎在每一个生死存亡的关头，他都能沉着冷静地面对，后人对他的大无畏精神和儒家名仕格局颇多赞扬。❹黑尔博士也多次赞美曾国藩在众多困境中表现出来的特殊天赋。在1861年攻打安庆时，他没有漂亮的战略来对抗忠王，但他保持头脑

---

❶ HAIL W J. Tseng Kuo-fan and the Taiping Rebellion［M］. New Haven：Yale University Press，1927：154.

❷ HAIL W J. Tseng Kuo-fan and the Taiping Rebellion［M］. New Haven：Yale University Press，1927：215.

❸ HAIL W J. Tseng Kuo-fan and the Taiping Rebellion［M］. New Haven：Yale University Press，1927：167，169，170.

❹ HAIL W J. Tseng Kuo-fan and the Taiping Rebellion［M］. New Haven：Yale University Press，1927：170.

冷静，拒绝从安庆调开围攻部队。他可以预判，安庆的防守正在不断削弱，因为太平军拼命想把围攻的敌军调走。所以他必须占领这座城市，因为太平军害怕失去它。他同样意识到，他必须保卫江西，以及他深深扎根的湖北和湖南两省，那里是他的人力、金钱与军火的来源。如果有人抱怨他顽固地执着于几个固定不变的想法，从而造成了严重的拖延，指责他采用了僵化的策略，那么黑尔博士提醒众多美国学者必须记住一个事实：他并不能掌握一个强大中央政府的资源，而是时刻处于权力分散的状态，时刻有机会成为官员们对他的发明采取冷漠或抗拒态度的牺牲品。所以，黑尔博士的观点是：用他国的或现代的标准来评价他是不恰当的，而应该把他放在他所处的环境中来考察。按照这样的标准，不论在清政府还是在太平天国的阵营，他在他那个时代的人们当中都是首屈一指的，有能力承担责任，并以毫不退缩的果毅与执着的意志走向了最后的胜利。❶

四、对曾国藩建立湘军水师的研究

黑尔博士对于曾国藩建立水师的过程也略有记载，认为这推动了中国近代军事建制的完善和发展，但究其源头，其实是为了在长江水面上阻击太平军。最初建造战船和建立水军的想法来自江忠源，目的是攻打金陵、扬州和镇江的太平军。初时，曾国藩迫于朝廷的催战，不敢对建立水师表示首肯，但是经过仔细权衡，考虑到对远征的有力扶持，曾国藩认为没有理由不耽搁一会儿，来给当时的湘军更多充分的准备。同时，来自江忠源的多次提醒令他下定了决心，与湖南巡抚联合向皇帝提出请求，准备筹建中国近代的第一支水师。❷

黑尔博士描述了曾国藩创立中国近代第一支水师的全过程：曾国藩首先

---

❶   HAIL W J. Tseng Kuo-fan and the Taiping Rebellion [M]. New Haven：Yale University Press，1927：175-176.

❷   HAIL W J. Tseng Kuo-fan and the Taiping Rebellion [M]. New Haven：Yale University Press，1927：117.

在广东开始建造大型战舰，计划通过海上开往长江，在那里与快蟹和拖罟船会合，后又在衡州造船，试图造出能装载千斤大炮的战船。为了加快进度，曾国藩在湘潭又设了造船厂，来补充衡州的不足。1853 年 2 月，船厂终于建成了一支包括 1 艘大旗舰、360 艘其他船只和 4 种类型的船队，配备了水手和炮手。随后，曾国藩又投入了烦琐的招募和训练水兵的工作，终于在 1854 年年初完成了水师的初步建设。❶ 刚刚踏上征程的水师在同年 4 月 4 日战备，战况惨烈：24 艘战船沉没，几十艘战船被损坏；4 月 28 日曾国藩的水师又遭到新的失败。接二连三的受挫并没有令曾国藩气馁，而是又建了新的船厂，并培训了新的水兵，于 1854 年 6 月 10 日再次开拔，顺流而下。1854 年 10 月曾国藩事业的初始阶段已经过去了，这种新型的陆军和水师的实验结果是一场决定性的胜利。❷12 月 2 日田家镇大捷，是湘军水师取得的标志性胜利，之后虽也遭遇了一些失败，但也算是中国近代水师的第一次成功亮相，为曾国藩积攒了宝贵的作战经验。1855 年他在江西订造了几艘更大的战船，将军队的建设力量更多投入到水师方面。

曾国藩建立水师，是中国军事走上近代化道路的重要标志。20 世纪前 30 年美国学界仅有黑尔博士在研究中对此稍有提及，但他的论述启发了包括中国学者在内的大批研究者，他们开始将目光转移到中国军事建制的逐渐完善上来，并将曾国藩创立的水师认定为中国近代海军的源头。

五、对曾国藩筹军剿捻的研究

曾国藩并未在剿灭捻军的战争中坚持到最后，但是他在备战初期奠定的基础和路线策略仍然受到了肯定。20 世纪前 30 年美国学界并未过多关注曾国藩

---

❶ HAIL W J. Tseng Kuo-fan and the Taiping Rebellion [M]. New Haven: Yale University Press, 1927: 117.

❷ HAIL W J. Tseng Kuo-fan and the Taiping Rebellion [M]. New Haven: Yale University Press, 1927: 131.

在剿捻方面取得的成绩，黑尔博士对曾国藩剿捻的研究重点也放在了他的内心感受和应对外界局势的变化上。

黑尔博士分析了曾国藩的内心世界，认为他经历了多年艰苦动荡的战争，好不容易取得了胜利，已经安顿下来，得以在一个安宁的都市里进行和平治理。而此时朝廷上谕要求他组织抗捻，这对他来说是一个打击。他很清楚摆在他面前的是一个艰巨的任务。他手中兵力不足，无论是已被解散的湘军还是正在发展的淮军，人数都远远不够。捻军骑兵强盛，而他没有骑兵。他需要几个月来做准备，以组建骑兵增强兵力。准备就绪后，还要占领 13 个作战基地，战线长达 500 千米，而他自陈已精力日衰，不愿担此重任。❶但是为了作好出征讨伐捻军的准备，朝廷授予他在山东、直隶、河南三省的最高指挥权。曾国藩秉持他一贯的行军风格，在出征前做好了周全的准备。他计划率领 9000 名湘军和 200 名淮军，于 1865 年 6 月 18 日启程，把部队分布到 4 大基地。黑尔博士认为曾国藩做好了战前的所有准备，然而在之后的军事交战中，捻军还是突破了官军的严密封锁，杀出重围，在山西与大运河之间肆意游动，再次造成了混乱的局势。

面对这样的挫折，曾国藩非常沮丧。黑尔博士根据他收集的中文史料，发现曾国藩的首战不利令御史们很高兴，他们关注他的失利，打算弹劾他，并计划让他革职。人们指责他无能，还有人说他刚愎自用，鲁莽从事，希望皇帝将他罢免。虽然朝廷没有听从，但是黑尔博士分析人们敢于攻击不久前刚刚获得崇高荣誉的勋爵这一事实，表明曾国藩的命运已经越过了巅峰。他递交了辞职书，朝廷不但没有批准，而且将他调回金陵的原职。曾国藩返回金陵时，受到民众的热烈欢迎。此时的李鸿章为执掌钦差大臣，指挥实际作战，成为事实上的总司令，摘下了曾国藩花了差不多两年时间准备才结出的果实。李鸿章在 8 省财政支持的前提下最终成功剿灭了捻军，而曾国藩在前一年只有现在一半多

---

❶　HAIL W J. Tseng Kuo-fan and the Taiping Rebellion [M]. New Haven：Yale University Press，1927：224.

一点的财政支持。❶

黑尔博士相信，曾国藩在剿捻计划中的万全准备延续了他一贯的稳健作风，而李鸿章则沿着曾国藩已经设计好的路线继续抗战，在得到远比曾国藩获得的支持多得多的情况下，最终成功剿灭了捻军。黑尔博士对曾国藩是偏爱的，这也许是来自长期居住长沙的耳濡目染，也许是有感于曾国藩的人品气度；然而，无论如何，不得不承认的是，黑尔博士为 20 世纪美国学界的曾国藩人物研究拓宽了视野、丰富了资料，特别是对曾国藩领导近代中国军事力量崛起的分析和研究深刻而具体、全面而生动，为这一领域的持续研究发展作出了杰出贡献。

第四节　对曾国藩战后卫道与稳定和平的研究

成功镇压太平天国之后，中外势力逐渐走入稳定的合作关系，这段时间战乱减少、政府多采用休养生息的政策，社会各方面逐渐得到恢复，一度被称为"同治中兴"❷。曾国藩作为炙手可热的汉人侯爵和叱咤一方的封疆大吏，一直在中外合剿太平天国的过程中小心谨慎地限制西方势力对中国的掌控，他的态度在很大程度上也左右着清政府对西方势力的接受与依赖程度。20 世纪前 30 年美国学界从曾国藩兴办实业、联合练军、改革教育、处理天津教案等方面入手，研究了他在战后涉外态度的转变。

---

❶ HAIL W J. Tseng Kuo-fan and the Taiping Rebellion [M]. New Haven: Yale University Press, 1927: 226.

❷ 国内学界多称"同光中兴"。美国学界对这段中兴的称呼来自芮玛丽的研究作品《中国保守势力的最后抵抗——同治中兴》（WRIGHT M C. The Last Stand of Chinese Conservatism: The T'ungchih Restoration, 1862-1874 [M]. New York: Atheneum, 1965），书中将之命名为"同治中兴"，根据芮玛丽的研究，中兴随着曾国藩处理天津教案的失败而告终，与国内学界将"百日维新"作为同光中兴的终点有着明显的不同。由于美国学界一直采用"同治中兴"的说法，将天津教案作为中兴的结束性事件，所以 20 世纪美国学界大多数学者都认为曾国藩在"同治中兴"中的功劳和作用大于李鸿章。

一、积极开放地向西方学习

根据马士和黑尔博士的研究，出于战争军力的需要，曾国藩一直对采用西方的武器和作战方式兴致勃勃。战后，他所做的意义最为深远的贡献，以及他与中国未来战争的关联，在于他在上海建立的铁厂，这也是后来伟大的江南制造局的诞生地。❶根据黑尔博士的记述，1863 年末，容闳作为在外国接受教育回国的第一个现代中国人，来到安庆总督衙门，劝说曾国藩在中国建厂，生产汽船和各种机器。曾国藩思想开放，表示愿意支持新鲜事物，并给予容闳财政上的支持。1866 年，容闳从国外带着百种机器归来，1867 年 1 月底安装完毕，1868 年这座新铁厂已经在中国制造出大小不论的汽船。这个事业的成功使曾国藩相信，到那时为止，他在军事作战中使用的船只注定马上就会过时，被汽船所取代，作为整体而言的中国水师，特别是海上的那一部分，应该进行现代化建设。曾国藩为第一艘汽船取名"恬吉"❷，这艘汽船的制造成功，被称为中国进步史上的里程碑，这也令曾国藩进一步意识到他们缺乏一座修船的船坞，更迫切需要从外文翻译过来的技术书籍。

黑尔博士还就曾国藩再次担任两江总督时做的一件对中国近代特别重要的事情进行了详细叙述，他与李鸿章一起联名奏请皇帝，在国内挑选合适的学子到西方国家学习先进的工业技术与理论知识，回来投身国内工业建设和军事实业。这种构想在当时那个时代是非常开明的，也将极大推动中国近代化的进程。❸所以，黑尔博士高度评价了曾国藩的这一计划，认为就其目的而言，是走在了当时的时代前沿，而且曾国藩的这一举动充分体现了他潜在的对自由解放的向往，他无畏的性格特点足以让他被认定为勇于创新和接受挑战的改革

❶　HAIL W J. Tseng Kuo-fan and the Taiping Rebellion［M］. New Haven：Yale University Press, 1927：228.

❷　船名取自于"四海波恬、公务安吉"。

❸　HAIL W J. Tseng Kuo-fan and the Taiping Rebellion［M］. New Haven：Yale University Press, 1927：244.

者。黑尔博士感慨道，一个在青年时代就表达了希望洋人永远离开中国这一强烈愿望的人，构想了这个计划并直率地向皇帝提出，这就足以证明曾国藩绝不是顽固人士。与他所处的时代甚至下一代相比，他表现出了明显的开放性和先进性。他意识到中国在行政管理和技术层面的落后，如果不能在短时间对这些痛处进行有效改进，国家将面临危险。❶同一时期，曾国藩对国家的全盘发展也进行了谋划，他在给皇帝的奏章中提出了几点构想：首先，需要改变首都过于靠北带来的危机；其次，要改变官僚集团的贪腐之风，有效优化行政管理系统；再次，在军队的设置上要健全水路配置，调度指挥权全部归于中央；从次，统一税制，将纳税和贩盐等权力收归中央；最后，优化官员选任制度，对任职官员进行优胜劣汰，并加强官员的专业化训练和引导。这些改革建议涉及当时中国所存体制的所有基本弱点，即使如黑尔博士这样信任并赞美他，也对曾国藩能否改变中国的发展之路，实现从保守到开放的过渡这个美妙的构想产生严重的怀疑。黑尔博士结合他那个时代中国学界对曾国藩的述评与研究现状，指出了曾国藩的功过：他针对中国的病况对症下药，这是他值得肯定的方面。就曾国藩本人的发展历程来看，他年纪轻轻就身居高位，已经是对他那个体系传统官员任命程序的严重打破。这也说明了他应该被放在进步人士之列，而不是归于反动。在被任命为两江总督之前，曾国藩本人从未正式拥有任何省份的官位，其他如曾国荃、李鸿章、左宗棠、彭玉麟等也是那个时代越过低级官吏的任职而直接跃升高官的典型代表。在这样传统而保守的国度，能打破固定程序而大胆起用他们，不仅是由于当时的战争环境，也表明了曾国藩和他领导的行政力量早已跳出了传统的条框束缚，充分显示了自己的进步性。❷

　　虽然黑尔博士大力肯定了曾国藩兴办实业的时代进步性，但他也无法否认曾国藩改革行政、促进向西方学习并兴办近代实业的这一系列的举动或者改

❶ HAIL W J. Tseng Kuo-fan and the Taiping Rebellion [M]. New Haven：Yale University Press，1927：245.

❷ HAIL W J. Tseng Kuo-fan and the Taiping Rebellion [M]. New Haven：Yale University Press，1927：246.

革,都是为了保存旧制度和恢复旧文化而不得不采取的措施。在攻克金陵之后,曾国藩在这座被军法统治了多年的城市里建立了文官政府,设法对总督衙门进行了必要修缮,并制订了一系列民政管理计划。当提及在金陵城恢复废除已久的科举制时,黑尔博士两次用到了"愉快地"来形容曾国藩的迫不及待,并将这一举措称为"他最关心的事情之一"。除此之外,曾国藩还制定了各项重建任务,修建省级学院并恢复考试,重新评估田赋、划分瘠田,对肥沃土地征收每亩400钱的战争税以振兴省级财政。

二、坚定不移地拒绝全盘西化

成功镇压太平天国之后,中外势力在同治中兴中走上了一度合作与繁荣的阶段。20世纪前30年马士和黑尔博士都对曾国藩的中外合作态度进行了研究。马士认为他一直秉持着排外的顽固态度,而黑尔博士则认为曾国藩虽然难以消除内心对洋人的防备,但是却存在一个逐渐转变的过程。

马士提出,在开明的曾国藩和李鸿章的领导下,中国官员们在每一个转折的时机都不断求助于西方列强,特别是当他们没有得到援助也无力阻止叛变的狂潮之时。中国与西方世界看似建立起了千丝万缕的联系,甚至在很多方面实现了真正的合作与谅解,但在马士看来,中国并没有从本质上改变自己的顽固立场和保守态度,中西之间也从来没有真正达成过统一与共识。❶ 英国公使卜鲁斯曾促请恭亲王采用如华尔招编和统帅洋枪队作为军事组织的核心与开端之类的建议来保全清王朝,但是这样的建议他是不敢向曾国藩与李鸿章提出的,因为众所周知,曾国藩和李鸿章对于中外合作一直存有戒心,这种戒心或许是来自于对汹涌袭来的西方文化和军事威胁的下意识抵抗。但是"常胜军"在助剿太平天国的过程中时刻表现出的哗变和反客为主,已经足以让他们记忆深刻,并牢牢埋下了要在中外合作中抓紧主动权的担忧和思考。所以马士对曾

❶ MORSE H B. The International Relations of the Chinese Empire, The Period of Conflict 1861−1893 [M]. Yokohama: Kelly and Walsh Limited, 1918: 115−124.

国藩呈奏的关于创办夷务的奏折非常关注，并在《中华帝国对外关系史》中大段引用了原文。他认为曾国藩用一个坦率军人的语调，而不是一个外交家的说法，提出了外交应最重信义和果决——"与外国交际最重信义，尤贵果决。我所不可行者宜与之始终坚执，百折不回；我所可行者宜示以豁达大度，片言立定"。对列强要求出让和贸易的诸多要求，他逐一进行了驳斥，仅仅支持了开矿，并对传教持调和态度。据马士分析，曾国藩对西方经济模式进入中国市场一直持踌躇和拒绝的态度，究其原因，主要是他认为欧洲各国之间常常发生战事，为了经济利益互相倾轧，如今在中国市场上也是互为竞争，目的是在中国境内得到更多的地盘和权益。中国方面的进一步开放与妥协只会让西方列强胃口越来越大，不仅会威胁中国传统的经济与社会稳定，还会给中国的农民、商人、工人等带来更多的冲击和威胁：外国商人来华行盐将会造成中国传统盐税的紊乱；在中国腹地进一步对外国人开放贸易则会摧毁中国传统商业；而内河航运与铁路的让与会剥夺传统沙船和舵工们的谋生手段，让车夫、骡夫和脚夫等沦为乞丐，从而滋生社会的流民，让清帝国的统治动荡不安。曾国藩唯一支持的只有开矿而已，似乎从他的认知来说，开矿有利于增强清政府的军工实力，对于其他各项，曾国藩态度坚决地表示反对，甚至不惜诉诸武力来捍卫自己的观点。另外，站在儒家实用主义的礼法高度，他并不纠结于朝觐问题，主张"不必强以所难，庶可昭坦白而示优容"。他同意建立近代模式的外交关系，支持志刚和孙家谷出使西方国家，认为"彼虽倔强诡谲，当亦知真理不可夺，众怒不可犯。或者至诚所感，易就范围"❶。马士认为曾国藩的奏章弥漫着抵抗和战争的精神，❷这种精神不止明显地体现在曾国藩身上，还能时刻从清帝国上下难以动摇的旧观念中体察出来。据马士分析，自从太平天国"叛乱"伊始，北京政府就一直处于孤立无援的状态，它对任何省份都不能有效地控制。很多省份的权力甚至超越了中央政府，即使北京方面宣布革职或斩首某位巡抚，但

❶ 曾国藩. 曾国藩全集·奏稿 [M]. 长沙：岳麓书社，1985：9.

❷ MORSE H B. The International Relations of the Chinese Empire, The Period of Conflict 1861–1893 [M]. Yokohama: Kelly and Walsh Limited, 1918: 253.

命令却得不到推行，地方行政时时都处在一种缺乏管束和效率的无政府状态。马士反复提出，大多数外国来华人员始终保持着希望中国能改变保守态度的梦想，有朝一日能从长期闭塞自满和骄傲自大的梦境中醒来，接受那些为清帝国提供友好建议和帮助的外国友人。马士列举了赫德作代表，指出赫德对于各个总督、巡抚和道台们的重大影响，并认为他在出谋划策方面是处在最好的地位的。赫德不厌其烦、坚定不移地朝着西化的改革方向进行推动，但是也清醒地看出清帝国各个官僚阶层的自私自利，以及由此形成的难以动摇的障碍，这些都对任何远大的改革产生着非常严重的阻碍。同时，马士也指出，清帝国从上而下的官员并非不欣赏外国友人们提出的劝告和建议，只不过中国人一向自视甚高，更愿意参照自己独一无二的经验与智慧，按照自己的节奏来进行探索和改革。以至于从成功镇压太平天国之后的中外和局时期，一直到 19 世纪后半叶，都没有采取任何前进的步骤。❶

马士始终秉持着西方的视角，从外交层面来检视曾国藩的立场，认为他顽固、保守、排外，是当时中国落后势力的典型代表。马士的观点也代表了当时大部分西方来华传教士的想法，认为中国只有全盘西化才能打破残局，得到拯救。

与马士不同，黑尔博士认为曾国藩对于外国军队插手中国事务的态度表达得十分明确，但是他没有孤立和片面地看待曾国藩的对外思想，而是将他的外交思路发展过程作了一个比较完整的分析，并认为曾国藩的外交思路有一个萌芽、发展和成型的过程。

首先，曾国藩在北京期间并没有和外国人打过交道，他对外国人的了解主要来自当时的京圈汉族知识分子，当时北京的精英阶层普遍认为应该将外国人拒之门外。在他开始领兵打仗之后，他对大炮十分热心，迫切需要借助汽船、汽艇的现代作战装备来武装自己的水师部队。他对容闳提议在上海开设铁厂给予了肯定与支持，他还否定自己之前的态度，对来福枪和其他一些能增强中方

❶   MORSE H B. The International Relations of the Chinese Empire，The Period of Conflict 1861-1893［M］. Yokohama：Kelly and Walsh Limited，1918：288.

军事实力的先进技术成果都表示热烈欢迎。但是，对于外国军队的使用，曾国藩一直坚持保守态度，排斥将外国军队用于防御以外的任何场合。但是正如黑尔博士强调的，曾国藩的想法也随着他与外国人的深入接触而逐渐改变，到他逝世之前，他曾一度设想将外国的经济和文化建构在中华大地上推行，所以，黑尔博士称曾国藩为中国近代最有远见、最大胆的政治家之一。❶

另外，黑尔博士还提出，不应该以曾国藩拒绝外国武装这一点来代替他所有的外事态度。早年，曾国藩的确对以英国为代表的西方人和西方礼仪抱有顽固的敌意，但随着他与西方的接触进一步深化，对西方文化和科技力量的了解让他放下了以往的成见。晚年，曾国藩就如何与洋人打交道写下了"夷务本难措置，然根本不外孔子忠、信、笃、敬四字"。他认为"与洋人交际，要有四语，曰言忠信，曰行笃敬，曰会防不会剿，曰先疏后亲。忠者，无欺诈之心；信者，无欺诈之言；笃者，质厚；敬者，谨慎。此二语者，无论彼之或顺或逆，我当常常守此而勿失"❷。曾国藩认为中国传统对于夷夏之辨的态度不适合用在此时的外国人身上，他们不应该被等同于中国历史中的蛮夷。与之恰恰相反的是，外国人和中国人种族、信仰、生活习惯和经济模式上都存在着巨大的差异，要跨越这两个文化系统的鸿沟，唯有遵守儒家的"仁"与"道"。黑尔博士总结道，在与外国人交往的过程中，曾国藩始终坚持了以下几点：首先，儒家对诚信的坚守始终是曾国藩对外关系的原则和宗旨，他认为欺诈和哄骗都是短视的行为，即使能换来一时的利益，但终将对两国关系产生严重的破坏性后果；其次，基于这样的信仰，曾国藩虽然愿意接触外国人，也认为有必要接受外国对中国的援助，但是他始终坚持保持中国传统经济模式，拒绝完全敞开国门接受外国经济模式，以避免对本国的冲击及让原有的经济角色被外国人取代或排挤；再次，曾国藩认为中国人在接受外国人援助时，应尽可能保持自主权，比如让中国人担任外资商船的底层工作，以便于促进他们从基础层面了解

---

❶ HAIL W J. Tseng Kuo-fan and the Taiping Rebellion [M]. New Haven：Yale University Press，1927：269.

❷ 曾国藩. 曾国藩全集·书札 [M]. 长沙：岳麓书社，1985：222.

外国的技术与管理模式，为以后自主经营和管理做好准备；最后，尽管曾国藩不抵触外国文化，尤其是外国军事技术，但是他也不能接受中国的全盘西化，他和其他中国传统文化精英一样，偏爱用老办法解决一切问题，并以此为基础来驳斥西洋行为方式。例如，他将西方人的贸易方式定性为各国间弱肉强食、企图夺取彼此利益的丑恶行径，并认定他们来中国寻找贸易市场的目标就是为了摧残中国百姓的传统生计模式，损害中国利益。曾国藩细数了中英战争以来百姓的生活遭遇，认为通商口岸的贸易越是如火如荼，下层人民群众的生活质量就越是每况愈下。由此，曾国藩判定中国内部对外开放的程度与其经济利益受损的程度息息相关，在众多开放项目中，他认为唯有采矿是利用外国的技术来开发中国自己的资源，是对国计民生有益的，其他则百害而无一利。❶

基于以上分析，黑尔博士认识到曾国藩企图维护中国根本利益的宗旨和原则，他对任何外来力量和经济模式的引入，都始终围绕着这一本质前提：是否会将中国引向被动受控的深渊。曾国藩不愿将中国的自控权交到外国人手中，尤其抵制将中国核心资源置于外国势力的控制之下，更排斥向外国资本借钱，而以朝廷财政收入做担保并支付利息的非理性行为。❷ 曾国藩的一生都与外国人接触不多，他的外交思想也是基于儒家思想基础上形成的。早期他的确对欧洲人没有留下过好印象，但是随着他人生阅历的逐渐丰富与时间的推移，他对外国人的态度明显转变了。他曾因为不想限于中外利益的分割不清，而将常胜军的功能限制在既定范围内，也因为不想改变中国古老的生产模式而拒绝贸易与交通的发展。但是他注重军工建设，提倡学习海外的教育与技术，他身边精通西方文化科技的能人比比皆是，甚至他还鼓励他的儿子曾纪泽学习洋人的技术。他在文书中多次表示了对西方科技的赞许，这些都表明了他早已比他那个

❶ HAIL W J. Tseng Kuo-fan and the Taiping Rebellion [M]. New Haven: Yale University Press, 1927: 270-271.

❷ HAIL W J. Tseng Kuo-fan and the Taiping Rebellion [M]. New Haven: Yale University Press, 1927: 271.

时代的大多数人都更倾向于接纳西方的文化与技术。❶

三、勉力维持和平局面的勇者

（一）马士对当时宗教矛盾的背景研究

马士认为，外国商人、传教士和鸦片最不受中国人欢迎。外国商人通过它的条约权利去干涉官员的征税权力；传教士是一个酵母菌，不仅传来了对人权、裁判不公的愤慨及对管理腐败的憎恨之情，也带来了对中国传统文化中对于家庭、祭祖等行为仪式的粗暴干预，基督教的排外性还要求中国民众将早已融入儒教思想中心的佛教和道教视为异端邪说，这些宗教行为令他们成为中国民众眼中厌恶的革新者。❷1869 年英国驻上海领事阿礼国来北京辞行，恭亲王便幽默地要求他将鸦片和传教士一并带走，并保证从此以后他们将在中国大地上受到尊敬与欢迎 ❸，因为这两者都是以外洋武力为后盾的两种祸患，干涉了各省的正常行政，而且破坏了秩序。所以中国民众在 1859 年就掀起对基督教排斥的浪潮，这股浪潮在 1868 年再次复起，渐成不可压制之势。

马士也研究了普通民众普遍排斥传教的原因，他们认为传教士的说教否定先师孔子的"圣"业，为了一个不见得比中国流行的各种宗教更好的"外国宗教"，而被要求停止一切已成习惯的宗教信仰活动。传教士在中国的传统官吏眼中是一种无事生非和搬弄是非的存在；在普通民众眼中，又是一个喋喋不休而惹人讨厌的革新者。❹

如果说 1842—1860 年是传教早期的研究和准备时期，1860 年合约以后，

---

❶ HAIL W J. Tseng Kuo-fan and the Taiping Rebellion［M］. New Haven：Yale University Press, 1927：275-276.

❷ MORSE H B. The International Relations of the Chinese Empire, The Period of Conflict 1861-1893［M］. Yokohama：Kelly and Walsh Limited, 1918：243.

❸ MORSE H B. The International Relations of the Chinese Empire, The Period of Conflict 1861-1893［M］. Yokohama：Kelly and Walsh Limited, 1918：266.

❹ MORSE H B. The International Relations of the Chinese Empire, The Period of Conflict 1861-1893［M］. Yokohama：Kelly and Walsh Limited, 1918：267.

特别是 1867 年后，传教士们开始进一步向广大乡村发展，孜孜不倦地寻找对帝国亿万人民传播福音的机会。❶ 这也让普罗大众与传教士的矛盾愈发激化，马士列举了不少中国官吏和民众早年抵抗传教活动的案例，如早在 1859 年 10 月，江西庐陵县的知事就曾利用一道布告来警告基督教传教士和当地的中国信徒，宣称将用传统的法律来对付他们，对他们要么去偏远地区戍边，要么处以极刑。❷ 这个事件不仅没有受到当局管控和惩罚，而且还被广为流传，作为地方政府与基督教传教行为不屈抗争的典型案例。各省官吏受到这种抵抗精神的鼓励，纷纷效仿这一行为，将帝国政府准许的基督教传教视为无效。❸ 传教工作一直遭遇强大的抵抗力，从很多事例中分析原因，大都是来自于各国传教士对于他们从事的宗教事业过于热情，导致了他们无法忍受对于他们工作的任何限制甚至干预。马士觉得中国的普通民众并非从一开始便对基督教没有好感，他们中的大多数是因为受到了误导和蛊惑，而官吏们对于保护传教士工作一贯冷淡。❹1867—1869 年，在广东、大庸、柳州、直隶、台湾等多处都爆发了对传教士和教会的攻击。

曾国藩与基督教的冲突由来已久，早在洪秀全宣扬拜上帝教时，基督教就已经是曾国藩心中的一根芒刺。在马士研究基础上，黑尔博士进一步解读了洪秀全的思想，并提出曾国藩掀起讨伐太平天国大旗的充分理由。在黑尔博士看来，洪秀全对孔子与中国思想形象的定位大致包括：西方传教士与中国经典中宣扬的神的概念都是指上帝，而孔子背离他被赋予的责任，未向国人启示上帝的智慧与教导，导致中国的信徒都背弃了上帝，甚至改变了上帝的称谓。由于中国的情况毫无希望，上帝再次介入到这里，叫我（洪秀全）在此地从事耶稣

---

❶ MORSE H B. The International Relations of the Chinese Empire, The Period of Conflict 1861-1893 [M]. Yokohama: Kelly and Walsh Limited, 1918: 267.

❷ 卜鲁斯. 关于中国基督教问题通信汇编（corr. Resp. Christianity in China）[M].1860: 3.

❸ MORSE H B. The International Relations of the Chinese Empire, The Period of Conflict 1861-1893 [M]. Yokohama: Kelly and Walsh Limited, 1918: 269.

❹ MORSE H B. The International Relations of the Chinese Empire, The Period of Conflict 1861-1893 [M]. Yokohama: Kelly and Walsh Limited, 1918: 269.

为全世界所做的工作。❶ 洪秀全这样将基督教置于孔教之上的依据，本身就足以引起全国学者的反感。❷

（二）对曾国藩处理扬州教案的研究

1868年8月扬州教案爆发，其源头是因为传教士意图强制实现自己受保护的内地居住权，而与当地群众产生了一系列矛盾。

马士描述了曾国藩对扬州教案的处理过程。恭亲王和总理衙门大臣训令曾国藩立即解决。驻上海的英国领事麦华佗（W. H. Medhurst）对曾国藩迟迟不能做出决断显然相当不满，最终以抢夺一艘新汽船（用来接曾国藩赴直隶就任总督）为要挟，向曾国藩提出了有礼貌而又断然的最后通牒，并声称"这种夺取的效果是神速的……这位总督本人简略但坦率地保证接受我的一切条件，这些条件他认为是完全合理的"。马士将曾国藩的这次妥协描述成投降，并且被马新贻以一份"联名信"的形式肯定下来。❸

黑尔博士在著作中更加详细地描述了这件事情的处理始末：由于外国侨民们始终相信是士绅们有预谋地策划并组织了这次案件，所以当地官员们为了保护士绅们的利益，不愿正面处理该案，甚至采取拖延甚至回避的态度来敷衍在华外国人的要求。受到朝廷的委派，曾国藩调来了布政史李宗羲和另外两名官员负责对案件进行详细审理。当时北京政府的态度是积极的，甚至还许诺愿意对此案的受害者给予一定的合理赔偿，并严惩肇事者。然而，由于案件的审理过程相当拖沓，以英国为代表的列强当局为了尽快得到审理结果，开始采取军事行动，以逼迫曾国藩加速对案件的审查。当英国炮船进入南京，曾国藩收到了最后通牒，同时他新近造成并成功下水的汽船被英国海军扣押，这让曾国

---

❶ HAIL W J. Tseng Kuo-fan and the Taiping Rebellion［M］. New Haven：Yale University Press，1927：82.

❷ HAIL W J. Tseng Kuo-fan and the Taiping Rebellion［M］. New Haven：Yale University Press，1927：78.

❸ MORSE H B. The International Relations of the Chinese Empire，The Period of Conflict 1861-1893［M］. Yokohama：Kelly and Walsh Limited，1918：250.

藩立即采取了有效行动，审结此案并全力满足英方的需求。❶

由于曾国藩就扬州教案呈给朝廷的奏疏未见于出版物中，黑尔博士对于扬州教案的记叙主要取材于马士的《中华帝国对外关系史》，他认为包括马士在内的大多受学者和史家所提供的都是比较不友好的、起码是片面的外国资料，这些议论使得曾国藩的声誉在外国人眼中降低了。但是黑尔依据 2 年之后曾国藩对天津教案的处理方式提出了自己的想法，他认为曾国藩在处理扬州教案时，最有可能秉持的态度是小心翼翼地揣摩和试探。他尽量用自己所能采用的一切方式确保中外和局，保护王朝的统一与稳定。❷

（三）对曾国藩处理天津教案的研究

在风起云涌的抗教活动中，天津最终站上了风口浪尖，将全国范围的传教积愤推向了顶峰，这与当地长年累积的宗教憎恨不无关系。自从鸦片战争打开国门，传教士就带着西方宗教意识迅速渗透到中国社会的每一个角落，也带来了长达近半个世纪的思想冲突、种族厌恶、民族隔阂与怨恨。各地方政府、士绅阶层乃至民间对基督教的对立情绪一直没有停歇，反而逐渐滋长。这一方面是由于对来自外族的宗教不认同，另一方面也是来自于谣言、误解和迷信，所有的因素共同合力逐渐将矛盾引向一个共同焦点与导火线——天津教案事件。马士详细地论述了法国人在天津的一系列遭人唾弃的行为，特别是法国人用来修建法国罗马天主教大会堂的庙宇旧址——这个在天津人民心中象征着皇宫与庙宇双重神圣意义的地方——引起了天津民众的愤愤不平，甚至强化了他们对法国传教士的恨意。这股仇恨随着五月中旬流传到天津各处的谣言而更加引起公愤。

天津教案（6 月 20 日）发生后，外国公使发动了集体抗议照会。马士认

---

❶　HAIL W J. Tseng Kuo-fan and the Taiping Rebellion［M］. New Haven：Yale University Press，1927：229.

❷　HAIL W J. Tseng Kuo-fan and the Taiping Rebellion［M］. New Haven：Yale University Press，1927：230.

为清政府的做法是明智的，它于第二天发布了谕旨，命令总督前往天津调查和惩办罪犯，并承认道台、知府和知县的错误。一个月后，政府发出谕旨公布曾国藩和崇厚联名奏报的调查结果。8月3日法国公使罗淑亚伯爵写信非难曾国藩办事不力，要求逮捕罪犯。❶

据马士评论，大部分的外国人都在天津教案中丧失了自己公允的判断力，将偏见和苛责一股脑儿抛向中方的官员。不仅对他们审理此案的效率感到不满，而且还有意忽略他们所处的尴尬境地，随意指责和评论他们的审理结果。马士指出，即使最公正的观察者也只表现出最微小的情感，完全无法抗衡那些严酷的评论，对恭亲王和他的同僚们都进行了猛烈批评，甚至是辱骂，完全不顾他们形势的危难和困窘。马士明显对于曾国藩迟迟不从保定来天津处理问题感到不满❷，也对曾国藩在调查之后与崇厚联名奏报的内容提出疑问——调查结果证明了育婴堂并未涉及拐骗或剜目剖心的罪行，指出民众对育婴堂的指责完全是捕风捉影，但是同时也试图解释人们是在受蛊惑的前提下，才歪曲了事实真相，甚至做出了过激行为，马士认定曾国藩意图通过这种说法让调查停顿。❸12月17日曾国藩启程就任直隶总督，金陵城的群众纷纷走上街头，在人们的交口称赞中，他高兴地享受着自己的声望。就像马士所说，曾国藩是当时的"无冕之王"，然而他的盛名却毁在天津教案的不善处置下，成为中外一致蔑视的对象。❹国内外舆论对于曾国藩的评价在天津教案发生之后产生了大逆转。曾国藩的"整个倦怠、他对人民的恐惧、他的优柔寡断，曾使人们对于他怎样取得他以前的声望，很普遍地发生了怀疑，并认为他是一个被评价过高

---

❶ MORSE H B. The International Relations of the Chinese Empire, The Period of Conflict 1861−1893 [M]. Yokohama: Kelly and Walsh Limited, 1918: 279.

❷ 马士在《中华帝国对外关系史》第2卷第301页中写道："直到7月8日——屠杀案发生后的第18天和他奉到命令后的第13天，都是崇厚在处理案情。在这之前，曾国藩都尚未从保定来到天津，就是他到达之后，也没看出有多大进展"。

❸ MORSE H B. The International Relations of the Chinese Empire, The Period of Conflict 1861−1893 [M]. Yokohama: Kelly and Walsh Limited, 1918: 302.

❹ MORSE H B. The International Relations of the Chinese Empire, The Period of Conflict 1861−1893 [M]. Yokohama: Kelly and Walsh Limited, 1918: 304.

的人物，才能不过平庸而已"，这是赫德 1870 年 9 月 28 日写给杜德维的信函中的一段话。❶

最后，马士用卫三畏的话为这次暴动做了总结：与众多其他文化冲突一样，发生在天津的这次民间暴动的起因、经过、高潮、结局和处理方式，暴露了中西文明在长时间误解和对峙中遇到的严重障碍。❷

而在黑尔博士看来，1870 年的天津教案，对中西方之间的关系极为重要，在破坏程度和国内外影响上均大大超出之前的扬州教案及其他地区由于传教摩擦而引发的动乱。国外观察家的一致观点是：战争引起的动荡、国内的排外情绪及官僚集团的放纵和教唆，都直接导致了教案事件的发生，最终这股在宗教信仰方面交锋已久的势力与矛盾，在天津达到了顶点。当时外国评论中最典型的就是科迪埃的观点，他将天津地区民众在 1868—1869 年针对罗马天主教传教会进行攻击的案例作为引证 ❸，试图说明当地知县与知府对于即将发生在传教士身上的危险持漠视的态度，不仅没有引起重视，而且还未在事件发生后及时维持秩序。对于这一点，法国人和法国当局也一直在强调，并一遍遍加重对他们的指控与责备。黑尔博士记载 ❹：曾国藩在 7 月 21 日的调查结果中明确指出，当地的基层官员并非没有对事件进行及时调查和处理，在事发之后，知府和知县亲自到教会，要求提审肇事者，但是外国领事却在教会向前去调查的当地官员和围观群众开枪，造成了场面一度失控。但是群情激愤的民众不仅要求法国领事和罗马天主教会必须承担责任，而且还砸毁了英美两国的财物甚至杀害了几个俄国人。❺ 两天后，曾国藩奉命前往天津与崇厚联合办案。这时的曾国藩

❶　MORSE H B. The International Relations of the Chinese Empire, The Period of Conflict 1861–1893 [M]. Yokohama: Kelly and Walsh Limited, 1918: 252.

❷　MORSE H B. The International Relations of the Chinese Empire, The Period of Conflict 1861–1893 [M]. Yokohama: Kelly and Walsh Limited, 1918: 309.

❸　科迪埃. 中国通史（第 4 卷）: 124.

❹　HAIL W J. Tseng Kuo-fan and the Taiping Rebellion [M]. New Haven: Yale University Press, 1927: 233.

❺　HAIL W J. Tseng Kuo-fan and the Taiping Rebellion [M]. New Haven: Yale University Press, 1927: 234.

已是久病缠身，天津教案发生之前曾国藩就已经告假一个月在家休养，教案发生的前一天，他也已再次请假。黑尔博士推论说，曾国藩当时实在孱弱不已，拖着虚弱的身体从病榻上赶往天津，去执行朝廷指派给他的棘手任务。他本人也十分担心此次天津之行将会有去无回，所以在临行离别前，郑重地给子嗣留下书信，不仅预判了此行的磨难与凶险，更是担忧民怨沸腾，会导致中外兵戈相向。

据黑尔博士的记载，曾国藩到达天津的时间是 7 月 8 日，他的部署是先就俄国大不列颠及美国的要求进行回复，因为他们的情况相对法国方面较轻；然后再重点解决与法国的纠纷与矛盾。黑尔博士在这里反复提出，曾国藩被朝廷传召去解决天津教案时已经患上了严重的眼疾，还有尚未痊愈的肝病。黑尔认为科迪埃嘲弄曾国藩的一番话语是经不起推敲的，科迪埃讽刺曾国藩在接到朝廷诏令后迟迟未能出发，并以自己的眼疾为托词，硬生生将行程推迟了 17 天。黑尔博士在考证这段史实时，指出曾国藩早就曾在家书中提到自己两腿和腹部的旧疾长期折磨着他，让他不能正常阅读和写作，而此时的曾国藩更无须利用病情来拖延他从保定到天津的行程。黑尔博士对曾国藩上奏恭亲王的文书进行了分析，认为曾国藩一直是以避免战争为原则，尽量维持案件的公正性。然而，曾国藩因为肯定了崇厚的措施而遭到民众反对。黑尔博士提出，曾国藩在解决天津教案中始终以维护中外和平、避免开战作为宗旨，对外国人士实行保护政策，这种态度激起了民间与反对派的怒火，几乎所有的敌意都对准了他。❶

就黑尔博士的看法而论，曾国藩在整个天津教案的处理过程中都秉承着化干戈、避战争的原则。为了忠于他一直坚守的国家大一统论，他会尽一切可能让他的国家避免战争。黑尔博士对曾国藩作为最了解自己祖国军事战斗力和西方列强武装能力的政治家，作为中国传统文化的坚定守护者，在不可回避的中外文化摩擦边缘小心翼翼、举步维艰地将苟延残喘的清帝国从战争的边缘拉回来的决心表示了高度的敬意。

❶ HAIL W J. Tseng Kuo-fan and the Taiping Rebellion [M].New Haven：Yale University Press, 1927：236-237.

　　20 世纪前 30 年是美国学界拉开全面、正式研究曾国藩大幕的时代，这段时间的代表性成果有马士的《中华帝国对外关系史》和黑尔博士的《曾国藩与太平天国》。作为通史性研究著作，《中华帝国对外关系史》自 1910 年第一卷出版发行以来，就成为美国学界乃至西方世界研究和解读中国近代史和中西关系的重要经典著作。由于马士在中国海关任职达 30 多年，这本著述引用了大批与海关工作相关的原始档案，为后续研究提供了珍贵的文献资料，具有较高的史料价值；同时，将宏观和微观相结合、注意在宏大文化背景下陈述过程和描写细节是这部论著的显著特点。马士本人虽然不是专业历史研究者，但他在研究时总是尽力寻找和搜集特定历史事件发生的内在起因，以历史的学科视角与理论内容来解读历史规律，并给以它们应有的重要地位。正如马士自己所说，保证各种历史事件的可靠性和完整性是研究者应该秉持的重要原则。❶

　　马士在研究中国史的过程中提出了"停滞的中国需要西方唤醒"这一核心理论，代表了那个时代大多数西方中国学专家的普遍观点，费正清就是在这一观点的影响下开始走上研究中国沿海通商贸易史之路，并在此基础上形成了"西方中心主义"的研究观，将西方列强在中国的侵略与渗透视为自然与合理，认为中国自满的情绪必须要反复多次受到西方先进文明的震惊后才能发生变革❷，而在这些震惊中，西方对中国发起的多次战争就是典型的代表，并发挥了重要的作用，这无疑是对侵略者赤裸裸的强权辩护。

　　虽然马士的《中华帝国对外关系史》这一经典著作成为后世学界研究中国近代史的经典著作，然而就是这部被西方学界广泛参照的教科书级研究成果，却在运用和选择史料上存在很大的偏差与问题。专著中运用最多的材料是英国海关和议会档案文件，而对宝贵的一手中文资料却视若敝帚。马士不认可中文史料和档案的历史价值，认为这"未必能使我们对于所研究问题增加多少新了

---

　　❶　MORSE H B. The International Relations of the Chinese Empire, The Period of Conflict 1834–1860 [M]. Yokohama: Kelly and Walsh Limited, 1910: 1.

　　❷　MORSE H B. The International Relations of the Chinese Empire, The Period of Conflict 1834–1860 [M]. Yokohama: Kelly and Walsh Limited, 1910: 2–3.

解"。这种对本国语言记载的直接史料和一手资料的弃用，导致了他永远只采取单方面的立场和资料（有些甚至是孤证），很难全面概括历史事件的真实性。马士的研究主要按照"贸易体制——海关——冲突——战争——条约"的套路展开，因此，也被称为"蓝皮书历史"或"通商口岸史学"。

马士对于近代所有涉及曾国藩的历史事件都有论述，还对镇压太平天国、同治中兴和天津教案作出了具体评论，这些无疑都推动了美国学界对曾国藩研究的进一步发展。黑尔博士大量采用了马士的研究成果，在耶鲁大学教授威廉姆斯的指导下，完成了他的博士论文《曾国藩在镇压太平叛乱时的戎马生涯》，并于1926年出版专著《曾国藩与太平天国》，后又在1927年出版了在此基础上改编和完善的《曾国藩传》，这可以被看作美国学界第一部关于曾国藩研究的专著。首先，作者黑尔博士作为长沙雅礼学院的历史教授和导师，在中国生活了20年，其间娶妻生子，收集了很多来自于湘军家人的一手资料。国内学者尹飞舟在评述这本重要的曾国藩传记时曾提到，黑尔博士的导师威廉姆斯高度评价了这部作品，指出在中国长达20年的耳濡目染已经让黑尔对中国民众的遭遇抱有最大的同情心，也对中国文化和历史产生了极大的兴趣，这让他能在从事曾国藩与太平天国这项专题研究中取得巨大成功。❶他对这些中文资料的大量使用也是这部专著最重要的历史价值。其次，为了完成这本专著，黑尔博士收集了几百种不同语言和版本的史料和研究成果，并列了详细的史料清单，为本领域的研究提供了较为完整的研究资料。最后，这部论著在海外学界的评价相当高，很多相关研究都声称得益于这部著作。

黑尔博士摆脱了前期美国学者从通商口岸的角度观察这次中国土地上的伪基督教运动，他在作品中运用了曾国藩本人的丰富资料，扎扎实实地用中国人的观点来考察曾国藩镇压太平天国的全过程，也对"常胜军"作出了全面客观的评价。黑尔博士这本专著第一次全面、系统地对曾国藩和太平天国运动进行了述评，其优势首先在于对中外史料的使用，不仅采用宝贵的中文一手资料，

---

❶ 尹飞舟. 一个美国学者眼中的曾国藩—— W. J. 黑尔《曾国藩与太平天国》述评［J］. 湖南人文科技学院学报, 2007（1）: 56-59.

在外文史料搜集方面，他也大量采用了直接参与太平天国运动和镇压过程的历史人物掌握的一手资料，如 1853 年深入天京拜访太平天国王爷的密迪乐，亲自投身太平天国战争的吟唎、华尔、法尔思德、白齐文、戈登等。很多同时期的外国传教士、记者、旅行家和海关官员留下的见闻和记述，也被黑尔博士收入囊中。再次，黑尔博士这本论著的一大创新，就是进行了东西方历史人物的比较性研究。他并没有像李鸿章和薛福成那样将曾国藩比作诸葛亮，而是提出曾国藩是东方的会圣盾。在比较中，黑尔博士提出，两者都作为军事统帅立下赫赫战功，都是功成身退、自愿放弃君权。最后，值得被反复赞美的，是这本论著本身和开列的参考书目，为后世搜索和了解美英法德俄日等国学者有关曾国藩及太平天国的论著提供了极大帮助。他的研究让美国学界对曾国藩这一人物的认识，从西方文化圈对太平天国研究衍生物的次要地位中解脱出来，从幕后走向台前。正是黑尔博士对曾国藩这一人物进行了全方位的探索和研究，才让美国学界开始正视中国近代文化经典人物研究的重要性，并从中挖掘中国传统文化所蕴含的巨大力量。这也让美国学界一步步走向从中国文化本体内部去理解中华文明的延续力与创造性，特别是在面对内外交困时期的顽强生命力和自我蜕变的能力。也正是从黑尔博士开始，中国传统文化内部的解构力、突破力和恢复力开始被美国学界反复诠释与解读。

第三章 "儒学遗产继承人"：20世纪30—70年代初美国学界的曾国藩形象

　　20世纪之前，西方中国研究专家普遍认为中国学的研究前提必须是能娴熟阅读中国经典原著。但是中文理解力的培训往往需要长期而大量的时间投入，这种在欧洲汉学界普遍坚持的方式需要长期而耐心的等待，当时几乎所有伟大的中国学家都来自巴黎，所以研究者必须先掌握法语，再学习古汉语，最后才能做课题研究。而美国的中国学研究起步较晚，又面临着将学术研究成果快速转化为国家利益的迫切政治需求。到了20世纪三四十年代，美国越来越被卷入第二次世界大战的洪潮中，对于近现代中国历史和政治的研究需要越来越迫切，这些现实要求促使越来越多的美国中国学家从欧洲传统汉学的古典研究模式中抽离出来，将关注点和研究焦点投放到对近代中国的探索中。处于全然无知之中的美国人必须提出一个针对中国和日本的积极政策，所以，他们试图改变原有的英国式学院风气的研究方法，而创立一种显现美国独创精神的领域，建立一个远东研究学者公认的团体。这些团体为了确立自己的研究模式和方法，不断挤压传统欧洲汉学研究模式的生存空间，利用各种政治、文化和宗教机会促进美国中国学的显现，其中比较典型的案例就是叶理绥在1948年远东协会理事竞选中落选，这是美国中国学研究发展趋势的必然结果。美国不断在学术研究领域加大对亚太地区特别是中国和日本的比重，也是出于对第二次世界大战战略利益的考虑与调整。随着二战在全世界范围内的逐步扩大，美国的经济利益和在战争对峙中的力量维持越来越密切地与亚洲和环太平洋地区捆绑起来，对中国学的投入和关注度也越来越高。越来越多的组织机构、民间团体和学者来到中国，从搜集、求购中国文物、整理文献到分析研究、出版成果，美国中国学的价值逐渐得到全世界的肯定。太平洋战争爆发后，美国更进一步加强了对环太平洋地区经济利益和安全维护的控制，为了稳固美国在环太平洋地区的地位与优势，同时为美国政府的东亚政策与对华政策提供咨询和服务，美国将中国近现代研究作为中国学乃至东亚部分研究的重点。❶ 美国政府甚至开设了专门的中国学研究机构，为研究中国问题专门开发培训体制和项目，美国著名的中国学家费正清就是在二战准备阶段被美国政府征召到相关部门和机构接受系统的中国学训练，从此便走上了中国学研究之路。这些机构和培训为美国学界孕育第一代的美国中国学家打下了坚实的基础，也将美国对中国历史、政治和文化等的研究推向了学术化的道路，并进一步促进了美国中国学从欧洲汉学的影响和窠臼中脱离出来，呈现自己的特色和优势，有力引领着世界对中国的研究走向，并将对中国的研究逐渐提升到亚洲研究的中心位置，纳入"区域领域"的轨道。❷ 到 20 世纪 60 年代，美国中国学成为厘定西方中国学研究的理论、思想和范式 ❸，在两次世界大战的推动下，美国先后成立了卡内基基金会（1911 年）、洛克菲勒基金会（1913 年）和福特基金会（1936 年）等学术研究团体，他们与其他研究机构和中国学家一起相互促进，成就了美国中国学的崛起，奠定了美国中国学在世界范围内的学术地位和影响力。在那之后，一批批学术机构相继成立，特别是太平洋关系学会、哈佛—燕京学社和后来的远东协会，有力推动了有美国学术特点的中国学研究的形成和发展。美国政府和民间一直持续保持对中国学研究领域的资金和资源投入，美国中国学也

---

❶ 张裕立.《亚洲研究杂志》中的中国学研究（1980-2005）[D]. 长春：吉林大学，2011（4）.

❷ 侯且岸. 美国汉学史研究之反思 [J]. 国际汉学，2021（9）：120-128，210.

❸ 张扬. 冷战与学术——美国的中国学（1949-1972）[M]. 北京：中国社会科学出版社，2019：12.

取得了比其他任何国家都要大的进展。❶ 在这些机构和研究中心的支持下，20 世纪 30 年代至 70 年代初，费正清、列文森等中国学领军人物将中国近代看作中国从传统向现代化缓慢迈进的过程，这一核心观点深刻影响了美国学界对于 19 世纪中国的论述，当然也影响了美国学界对于曾国藩的研究。在这种认知引导下产生了三种研究模式。

（1）"冲击—回应"模式（Impact-Response Model）。这一模式主要由第一代杰出的美国中国学家费正清提出，在他看来，在西方武器、军队、宗教、贸易、条约等元素的冲击下，19 世纪的中国不得不围绕这些冲击而做出一系列回应。所以，这一模式的关键线索是西方的入侵，"西方冲击—中国回应"这一公式也是这种研究模式的主要史学观点与解读中国近代发展的理论基础。

（2）"传统—近代"模式。（Tradition-Modernity Model）。这一模式以列文森为代表，认为随着西方近代化的成功推广，西方国家的近代化模式应该成为全世界各国万流归宗的经典"模楷"。在研究中国的近代化历程中，列文森、芮玛丽等认为也应该遵循此模式，从"传统"向"近代"进阶。如果没有西方对中国"传统"的猛烈一击，中国历史则一直会停滞不前，只是在"传统"模式中循环回落，不足以在微小的变化中大步迈向"近代"。❷

（3）帝国主义模式（Imperial Model）。这一模式的代表学者有詹姆斯·佩克（James Peck），相信帝国主义是推动中国传统社会进步的主要动力来源，也是解释中国千百年儒家一体化社会分崩离析的主要理论基础，同时，这一模式也认为帝国主义是造成中国近代民族困难的根本祸根。

从发展的眼光来归纳，这一阶段的研究模式无一不将中国近代社会的转变归结为西方因素，普遍认为只有西方的敲击，才最终推动了古老的中华帝国进入世界一体化的进程。这种过分强调外因影响的理论基础和解读模式让美国中

---

❶ An International Committee on Chinese Studies, 1964, Rockefeller Archive Center（RAC）, Collection SSRC, RG Accession 2, Series Ⅰ. Committee Projects, Subseries 12. Committee on Contemporary China Files, Box 104, Folder 1151, p.4.

❷ 刘招成 . 美国的四代中国学家及其研究 ［J］. 许昌学院学报，2003（5）：118-121.

国学研究进入了一条线发展的死胡同，完全杜绝了从中国内部观察裂变的任何机会。中国文化体制内长期孕育的变革因素被这些研究模式彻底忽略了❶，这种模式将欧洲近代的崛起设立为全世界都应当效仿的楷模，认定世界各国都应该循着这种模式，沿着西方走过的道路、踏着西方前进的足迹向"近代"社会前进，完全忽视了中国内部在近代史进程中的核心内在因素。随着二战的结束，全世界进入冷战模式，美国学界的区域研究逐渐成为美国冷战的辅助工具❷，中国学研究也经历了一个从"资政"功能回归学术正轨的发展过程。

第一节　对曾国藩"礼"学形成的研究

曾国藩被誉为中国近代儒学思想的集大成者，其学问初为翰林辞赋，继以究心儒先语录，后又为六书之学，博览乾嘉训诂诸书。居京官时，曾国藩以程朱为依归，至出面办理团练军务，又变而为申韩。❸在儒家思想体系的框架内，曾国藩与倭仁、吴廷栋、何桂珍治义理之学，与梅曾亮及邵懿辰、刘传莹诸人，为词章考据❹，终其一生兼学宋汉、吸纳桐城，形成了以"礼"为核心的"经世致用"之哲学体系，被称为"孔孟之亚"。

一、沈陈汉音对曾国藩教育背景的探索

从研究成果的发表时间来看，虽然沈陈汉音对曾国藩在湘阶段的研究没有卫德明在 1976 年做得仔细和深入（将在下个章节中详述），但也整理和收集

---

❶　COHEN P A. Discovering History in China［M］. New York：Columbia University Press，1984：7.

❷　Bruce Cumings，Parallax Visions：Making Sense of American—East Asian Relations［M］. Durham and London：Duke University Press，2002：253.

❸　欧阳兆熊 . 水窗春呓［M］. 北京：中华书局，1984.

❹　赵尔巽 . 清史稿·本传［M］. 北京：中华书局，1914.

了一些珍贵的史料,为曾国藩的早期求学背景作了一个简要介绍。根据沈陈汉音的叙述,曾国藩于1811年11月26日出生在湖南省衡阳市一个低收入家庭。这个家虽然没什么显赫的官员,但子孙孝顺,邻里关系和睦,从而在当地享有良好声誉。曾国藩的祖父名叫曾玉屏,很遗憾自己读书不多,因此命令子侄跟随优秀的老师学习,并且非常严格地要求他们。他总是教育后代要遵守社会习俗,并认为无论生活多么困窘,礼和古代的纲常是绝不能抛弃的。祖父在性格和思维习惯方面深深影响了童年的曾国藩。曾国藩的父亲名叫曾竹亭,是一位勤奋的学生。他虽然在科学考试中屡次失败,但从没有放弃过,40岁时考取了县学的生员资格。曾国藩从5岁到20岁几乎都在私塾中度过,9岁时开始学习五经,15岁时研读《周礼》《仪礼》《诗经》《文选》。他和大多数同学一样,被强迫要求死记硬背琐碎的字句,却根本不理解它们的内在含义。曾国藩在20岁时离开了私塾,开启了他的书院生涯。在1834年他就读于岳麓书院,这所学校是经世致用思想的中心。同一年他通过了举人考试,然后开始了漫长的内在修养和提升过程。为了准备更高一级的科举考试,他仍然花费大量时间学习"八股文"。当他1835年第一次到首都参加最高级别的考试时,才意识到学术真正的意义,他对唐代伟大文学家韩愈(768—824)简洁、清晰的文风非常推崇,这成为他参与古文运动的发端。为了领会圣贤的精神,他开始兴致勃勃地研究经书和史书,这是他内在认知产生巨大发展的第一个重要阶段。1838年曾国藩进士及第,年仅28岁,这在他的家族中是前所未有的。当年6月他成为翰林院的一位翰林,之后便开始了他的京官生涯。❶

沈陈汉音对曾国藩早期在湘的教育背景虽然着墨不多,但是字里行间都透露出湖湘学究氛围和家族学风熏陶赋予他的深刻影响。这样一个普通的耕读家族是中国19世纪千万士绅家族的典型代表,中国精英文化和主流思想就是在这些根深蒂固地代表着农业经济模式和儒家政治体制的阶层中传递下来的。随着美国学界曾国藩研究的深入,越来越多的学者对曾国藩思想的发源地湖南产

---

❶ SHEN C H. Tseng Kuo-fan in Peking, 1840–1852: His Ideas on Statecraft and Reform [J] The Journal of Asian Studies, 1967(27): 61–80.

生了浓厚的兴趣。有位外国观察家因为曾国藩与太平天国战争产生了对湖南的兴趣，他这样描述这个孕育了伟大儒将的地域，"湖南人是个刚毅且独立的群体……尚武、急躁、顽强，同时又自尊心强、保守、倨傲。天生的冲劲使他们放弃了更平和的人生目标，从而使中华帝国的军队成员大概过半数是湖南人。许多文职也由这些人把持，他们的性格使他们投身峥嵘，成为国家自然而然的领导人"❶。

这种从历史人物的研究逐渐发展到对地方史和区域史的研究，不仅是下个阶段美国中国学的研究方向，也预示了美国中国学研究理论的革命性发展阶段即将到来。

二、中国学家对曾国藩所处时代儒家主导地位的分析

各国中国学家初识中国文化时，往往为中国人名目繁多的文化习俗而眼花缭乱。各民族长期混居，形成了各自迥异的生活习性、思想信仰和行为方式，这些相异性曾经让中国学家们一筹莫展，更加增添了中国文化的神秘性和复杂性。然而，经过长时间持续不懈地深入观察和研究，一旦他们了解并掌握到中国历史发展的窍门，他们就能轻易地发现，那个能联合中国各阶层各民族长达几千年、能支撑中华帝国循环往复生生不息的思想信条——儒家思想，它就是了解中华民族和中国文化的密钥。正如弗尔索姆所说，对于中华帝国的建设而言，儒家信仰是不可或缺的基石。无论中华帝国如何被一再打破、重组、更新，只要统治者在儒家文化前低头，帝国就可以继续。千百年来，儒家信条就这样和帝国统治紧紧捆绑在一起，在长达 19 个世纪的中华文明中一直占据核心地位，保持着勃勃生机。而儒家思想就是这众多思想流派中的主流，一直被看作指导人们生活的正统标准。❷

---

❶ WILFRID A C. Our Entry into Hunan［M］. London：Robert Culley. 1870：215.

❷ FOLSOM K E. Friend, Guests and Colleagues：the mu-fu System in the Late Ch'ing Period［M］. California：University of California Press，1968：4.

在众多美国中国学家了解清朝少数民族统治者固国之道的过程中，他们也逐步意识到：占人口绝大多数的汉族人——特别是汉族文化精英阶层——经过千百年的战乱洗礼，早就不把军事和政治征服当成威胁种族生死存亡的大事。只要征服者愿意接纳儒家文化，并将它运用到行政管理和人才任用系统中来，汉族精英阶层就会与征服者迅速整合成新的统治联盟，共同维持着儒教中国一体化的政治体制。而清王朝比中国历史上任何一个异族更愿意用儒家文化改良自己，他们对儒家信仰的推崇"比汉族人有过之而无不及"，所以当他们自愿披上儒家的外衣，他们也就自然而然地获得了广泛的号召力和行动力。❶ 在曾国藩这样的儒家精英看来，以儒家信仰为依托而构筑的国家政体，早已超越了民族间的嫌隙与仇恨。这是晚清一批优秀的汉族统治阶层以复兴"名教"为由，中兴清朝廷的根本原因；这也是让孙中山深恶痛绝、指责曾国藩终陷"以汉制汉"阴谋的主要原因；更是引领众多海外学者解读中华文化的核心线索，明白这一点就能理解中华文化源远流长数千年的真实本质。清朝统治和中国历史中的任何一个异族统治民族或者汉族统治者一样，坚信其统治之下应"使天下士绅悉入彀中"。为达到这一目的，他们非常注重法家的治理之序。相比而言，汉族士绅精英更看重礼仪教化。

不少中国学家都对中国的"礼"进行了解读，波特尔（Boddle D）认为"礼"是儒家核心概念之一，虽然行销数千年，但是仍深深植根于周朝这一久远的历史背景之中。中华帝国之秩序，自古而依靠的便是周朝的贵族统治者精心设计、以礼节和荣誉为内容的不成文法则——"礼"❷。"礼"通常被翻译成"Rites"（仪式；惯例）或"Ceremonies"（仪式；纪念），然而，这个词还能更加简易直接地翻译成"The proper conduct under any given social situation"（在任何特定社会环境下的行为规范）。曾国藩的言行思想正是紧紧围绕着"礼"这

---

❶ LANG O. Introduction to the Family [M] // In J. Serban (ed). The Family. Boston：Cheng & Tsui Company，1972：18.

❷ BODDLE D. Power and Law in Ancient China [J]. Journal of the American Oriental Society，1954 (7-8)：47.

一儒家至尊信条而展开的。同时他大力拓展了"礼"学的内涵，采取了一种融合的方法，在一个他称为"礼学"的广义哲学框架内，把他那个时代所有不同学派知识张力的要素都综合起来，形成极具个人特色的思想体系。

李约瑟（Joseph Needham）把"礼"解释为基于伦理道德和古代戒律的社会习俗，包括各种礼仪、祭祀仪式。他体悟儒家思想，认为"礼"在孔子心中等同于自然法，是圣人模仿自然规则而创立的行为规范。"礼是社会习俗的总概况，其道德约束力是通过人们的自觉行动来实现的。"❶ 弗尔索姆补充说，"礼"应该是人们用来指导自己行为方式的终极范式，在中国文化传统中起着标准和尺度的作用，人们的行为因为有"礼"而得到端正。❷

美国学者对于"礼"的理解基本上是准确的，与胡适对于"礼"的三分法十分接近。胡适认为，"礼"可以一次又一次地修改，指引人们一步步成为修养良好、自我约束、有教养、谦恭的君子。有了"礼"，中国人能在各种场合有礼貌地待人接物，"礼"引导人们尊重显贵，尊重老人和长者，尤其是对长者和上司，不管是活着的，还是去世的。是儒家的礼教使得中国比其他任何社会更加稳定，这种稳定主要是建立在法家崇尚的法律所不能提供的基础之上的。❸

用芮玛丽的一段话来总结儒家思想在当时的地位是比较恰当的：所谓的儒教国家一体化，便是要将整个社会按照儒家学说来划分，最终形成一个从上到下等级森严、秩序分明、联系紧密的社会体系。在这个结构缜密的体系中，每一个人、每一个阶层、每一个利益集团都被划分好了固定的功能，也会承担相对应的权利和义务。在儒教国家一体化的认知领域中，只要每个个体和团体都按照这些功能行事、普遍的权利将得到承认，基本的义务将得到履行，整个国

---

❶ NEEDHAM J. Science and Civilization in China［M］. Cambridge：Physics and Physical Technology，1956：519-520.

❷ FOLSOM K E. Friend, Guests and Colleagues: the mu-fu System in the Late Ch'ing Period［M］. California: University of California Press, 1968: 1.

❸ 芮逸夫. 中国民族自治文化论考［M］. 台北：艺文出版社，1972：667.

家政体秩序便悄然建立。❶

三、中国学家对曾国藩承多学而成"礼"学的研究

卫德明是最早对曾国藩思想源泉产生兴趣的重要美国中国学家，在他之后，沈陈汉音、恒慕义、邓嗣禹、芮玛丽、费正清、福尔索姆等纷纷对曾国藩儒家思想的形成发展进行了研究。他们在深入研究曾国藩儒家思想理论的形成过程中，不约而同地对曾国藩吸收继承儒家各主流学派、最终汇聚形成"礼"学的过程进行了比较和研究。

卫德明认为，如果不能对中国各种思想流派的变迁有足够的理解和重视，是不可能完整地分析中国政治发展的。一种流派总是受同时期的另一种思想的影响而成型，他们的发展总是平行的、镜像的。这种情况导致了学者们有广泛的参与机会，他们不仅在重要的军事、政治、社会事件中起到引领风尚的作用，而且在时代的呼唤下，一些派别甚至可以获得领导权。但是如果想将新的观念注入传统一派，那么其结果是脆弱和令人失望的。卫德明认为，试图反拨之前政治高压的思想被融入了新的统治集团，构成了重要的一环。❷沈陈汉音也认为，为了讨论曾国藩1853年出山镇压太平天国之前的政治思想，有必要大体了解一下当时几个主要儒家流派是如何看待时局问题的。卫德明注重从历史进程方面分析晚清的思想流派演变，特别关注了鸦片战争和西方冲击对于清帝国知识分子思想层面的影响；而沈陈汉音则对当时儒家四大门派（宋、汉、经世、桐城）一一论述，逐一分析他们对于曾国藩的思想塑造。

❶ WRIGHT M C. The Last Stand of Chinese Conservatism: The T'ungchih Restoration, 1862–1874 [M]. New York: Atheneum, 1957: 78.

❷ HELLMUT W. The Background of Tseng Kuo-fan's ideology [J]. Asiatische Studien, 1949 (3): 90–100.

（一）卫德明对曾国藩威权"礼"学的解读

根据卫德明的观察，在清朝的前半段各个学派悄悄地发生了永久的改变，这也是对实际权力地位的反映。外来的满族人发现他们正全方位地被当时几乎所有的学派反对。那些学者将自己置于窘境，因为他们不愿意和"侵略者"合作。两派学者的成长目标是不同的，观点像平时那样相互纠缠在一起，学者们自己却非常严格地同另一派隔绝。他们在政治舞台上不能占据主要地位，就把自己仅仅限制于评论时局；现实中他们没有主张结社的可能，就转而退回到精神上的指引。直到康熙帝末期，他们仍然毫不妥协，有的人挽起袖子成立或加入了反清的运动组织；有的归隐山林，谢绝了政治上的任何职位；还有的穿上道袍，皈依佛门，避免政治上的纠葛；有的甚至选择了自杀。❶

清政府不能容忍公开的叛乱或者广泛的批评。整个康熙朝都大兴文字狱，这使许多著名的学者都被牵连了进去。因为清圣祖康熙清楚地意识到，他的管理机器还需要杰出的学者，他所收买的学者们中的"叛徒"还不足以让整个国家都信服，所以他对文字狱进行了限制。1679 年朝廷恢复了博学鸿儒科的考试，学者们感受到了参加的压力，但绝大多数还是拒绝了。学者们远离政治中心的行为方式渐渐产生了结果，他们没有政治责任，所以有了再一次审视自己思想的可能。他们对学术转变了态度，有了一个全面重新评价的机会，并且创造了一套新的理论去评价，并逐渐发展出对权威宋学的全面否定。这时，一个大的流派产生了，学派的任务被重新确定为实际研究而不是投机。同时，学派还顺理成章地重新关注地方组织和实际事务。卫德明基于自己对顾炎武的研究所得，推测出这段时期的人们可能把顾炎武对过度中央集权的批评和黄遵宪反帝制的作品都作为典范来推崇，所以这场精神运动在政治上的表现就是士绅阶

---

❶ HELLMUT W. The Background of Tseng Kuo-fan's ideology［J］. Asiatische Studien，1949（3）：90-100.

层自我意识的觉醒。❶

卫德明进一步评论说，清朝在发展了几十年后，学派与朝廷关系并不是也不可能是完全敌对的。当满族巩固了自己的政权，建立了自己的王朝时，反清的传统态度逐渐走入低谷，只在一些秘密组织中继续保留着。学者们又一次开启了从政的大门，这个动向一直被朝廷称许，同时朝廷也从没有放松过对危险思想的警惕。文字狱在雍正朝变本加厉，同时展示了所有思想监控的罪恶，它由一个秘密的监督机构执行着。乾隆时期的文字狱产生了巨大影响，已经太臭名昭著，这是毋庸置疑的。面对这样的压力，卫德明认为这直接导致了桐城派的变化，使桐城派过分强调文章的体裁，并且忽视内容，这两个方面不断发展的结果直接导致了它的危机。这派学者禁止了那些合理的学术话题而仅仅流于对形式的锤炼。由于担心和朝廷反对独立思想的要求不一致，他们完全放弃了有活力的思想。因此，作为对清代早期传统的有思想内涵的汉学的反弹，桐城派学者显著增加了文章形式上的说教：一种由唐宋大家高度格式化的文体取代了前期比较自由的文体。桐城派提倡的文体很快盛行开来，他们使用过分细腻的文风蒙蔽了时人，使大家几乎彻底忽略了文章的内容和实质这两个重要方面。虽然姚鼐曾反复论证学者的主要任务有三个：思想、文体改革、研究，但是重视文体的改变完全超越了其他二者。这些任务中的第一个"思想"是向理想的同盟者（残余的宋学派）致敬，第三个"研究"是向他的对手们（汉学派）的迁就。桐城学派从来不擅长于创造思想，他们的研究仅仅局限于不断重复地注释，这些注释和宋学大师们的教义保持一致，而宋学正是历来备受皇家推崇的。❷

卫德明对中国19世纪中叶的思想流派序列描述如下：一派是强大的桐城派及其同盟——宋学。他们的学术光环的确在变小，但至少有两位代表仍然影

---

❶ HELLMUT W. The Background of Tseng Kuo-fan's ideology [J]. Asiatische Studien, 1949（3）: 90−100.

❷ HELLMUT W. The Background of Tseng Kuo-fan's ideology [J]. Asiatische Studien, 1949（3）: 90−100.

响深远，他们是唐鉴和倭仁。这两位的追随者都被戏称为"好好先生"，他们默认当下流行的风气，遵从朝廷对思想上的苛求。他们都激烈地抨击汉学。汉学是踏实做研究的，汉学可以自夸像戴震这样的原创思想家都属于他们的派别。桐城派对汉学的攻击非常刻薄，他们中有一位叫孙鼎臣的甚至离谱地指责汉学招致了太平天国的叛乱，曾国藩也认为他的某一篇诉状稍微言过其实。另一派是今文经学，当时的代表人物是龚自珍和魏源，这派是新近从汉学的主流中分离出来。但是这一派别只有当康有为和梁启超发展了其理论之后才变得知名。❶

这就是卫德明分析的曾国藩开启他的京官生涯时中国的学派情况，这是他必须处理的思想"素材"。卫德明认为，虽然曾国藩不是一位特别聪明的学生，他忍受了极大的痛苦才通过了科举考试，但是他在思想领域上是具有战略眼光的大师；他迅速分析清楚了现实的各种可能性，并对如何最大限度地利用这些条件采取了积极的措施。

曾国藩是在进入北京参加会试后，才真正理解学术的意义所在，卫德明兴致勃勃地描述了曾国藩入京后的有趣故事。有一个动人的故事是他如何借钱并典当了自己的衣服去购买一套丛书。他受到北京学术氛围的影响，急切地开始重塑自己。起初他非常憎恶自己，悔恨自己浪费了这么多年时间，但更加痛恨那些浅薄的官员。在宋学朋友的影响下，他制订了严格的日课，不仅包括大量的阅读，还包括情感和道德的修行。他为了专注于学问而不被打扰，有一段时间曾经隐居在京城南部一座庙中，但是碰巧的是这座庙正好对着顾炎武纪念馆。卫德明描述曾国藩就是在这个时期开始仰慕桐城派的，并自始至终认为自己是这一派的信徒。他在20年后的一封家书中总结的"八本说"，有两条是重复姚鼐关于读、写的经验总结。❷他在逝世之前的一封信中反复重申了桐城派的文风准则。他终其一生都在引用姚鼐和同时期的桐城派学者如吴廷栋的作

❶ HELLMUT W. The Background of Tseng Kuo-fan's ideology [J] . Asiatische Studien, 1949 (3): 90-100.

❷ 读书以训诂为本，作诗文以声调为本。

品。虽然他并不完全弃绝汉学，但是他欣然接受了这派对汉学的批评，尤其针对戴震。他说："我欣赏宋学，但是又不希望汉学消亡。"尽管他在咸丰初年所呈上的那些奏折的思想几乎都是来自唐鉴和吴廷栋，当时这让他崭露头角，有可能成为桐城派新的领袖。这些奏折的出发点是：端正世风、锻造人才。这也是桐城派一贯的主张。❶ 卫德明坚信在这些奏折中曾国藩并不局限于仅仅使用桐城派的观点作为攻击时弊的武器，而且还引用了清初的大师们关于陶铸人才的观点。顾炎武、黄遵宪、孙芝房所具有的毫不妥协精神，他们的坚定和刚正不阿，都给曾国藩留下了深刻的印象。这就是所谓的"匡正世风，启迪人天性中的良知"。他指出，只有这样才可以在处理具体事务时自律爱民、崇简去繁，面对困难不退缩，不贪利禄，"只问耕耘，不问收获"。由于接受汉学派的这些观点，他希望民众得到教化，认为人如果拥有这些态度，再加上完美的修行，就会带来机会和声望（器识），而这是成为政治领导集团成员的先决条件。❷

卫德明指出，曾国藩在内心中接纳这些思想的程度让人惊讶，但卫德明也再次提醒，不要忘记曾国藩的所有观念都具有浓厚的威权主义色彩。卫德明总结说，他找到了曾国藩思想精华是如何淬炼出来的，而这些思想精华在他后来的军事和政治紧要关头被证明拥有超级强大的能量和元气。卫德明反复指出，在清初顾炎武等人的影响下，曾国藩吸收了他们越来越多的观念，从而形成了自己的政治思想。

卫德明注意到曾国藩一再以顾炎武的名句"天下兴亡，匹夫有责"来吁请士绅阶层维护名教。他尝试向这个阶层灌输一种新的社会意识。他为士绅们制订了四条方针，这些要求和任务多半来自他自身的修养标准：

（1）为了维护地区安宁，必须保护弱小。

（2）为了保持财用而崇尚节俭（他解释道，它的目的是维持地方的财力）。

---

❶ HELLMUT W. The Background of Tseng Kuo-fan's ideology［J］. Asiatische Studien，1949（3）：90-100.

❷ "器"，是指器量、器度；"识"，是指见识。即一个人对事物的认知水平。作者理解为机会和声望，是外部加之的，而本义是一个人内在的。

（3）要务实，避免华而不实的言辞。

（4）增长自己的才学以备不时之需。

卫德明归纳的曾国藩对百姓的态度是这样：首先，民众是应该被爱护的。他知道如果没有民众的力量，对抗太平天国的斗争就不可能成功。因此他说："在世界上，君王的设置和官员的任命全部都是为了民众"，但同时他也认为民众是非常愚昧、弱小的，他继续写道，"只要一旦为官，我们的主要职责是严格地审案和收税"，相信通过减轻人民的赋税、简化政令、不用重典的方法可以使涉及的每一个人满意。但是曾国藩改良社会的初衷更为远大，他想实现的不仅仅是士绅社会的建构，而且也是关于大众社会的重构。所以，他组织地方团练来实现这个目标。他的几封书信和公文清楚地表明，团练主要不是为了建设军事力量。他主张偏重"团"，而不是"练"，即重在地方保甲制度，而不在军事训练。在他的设计下，团练组织在两个方面开展工作：它既是重建社会、重塑道德的机构，又是监控民众的工具，他称之为清除地方土匪。所以，基于这个原则，团练必须进行严格的人口普查和推行保甲制度。所谓保甲，是指地方上的人们彼此之间有连带责任。因此，他热爱民众的背后其实也有隐秘的动机。

在深入分析曾国藩思想时，卫德明注意到他曾引用王夫之（1619—1692）的一句话作为座右铭：贤明君主平衡了客体和主体之间的关系，平抚了世界的斗争，在所有实现这个目标的方法中，从内在来看没有比"仁"更伟大的了，从外在来看没有比"礼"更重要的了。❶于内而言，古代的圣贤为了修养未知的天良而竭尽他们的心智，用肃、义、哲、谋、仁、敬、孝、慈等品质来明示修身养性之法。如果没有这些准则来规范锻炼自身的"性"，那么在人的内部世界就不可能有可称为道德的东西，"性"之磨炼与养成即是必要的沉溺于人之内在世界的自我修行之术。于外而言，人要顺"命"而为，无外乎遵循儒家纲常与圣贤伦理，以貌、言、视、听、思之"五事"来处理君臣、父子、

---

❶ HELLMUT W. The Background of Tseng Kuo-fan's ideology [D]. Cambridge：Harvard University，1949：90-100.

兄弟、夫妇、朋友之"五伦"，从而在外部世界形成可称之为"政治"的井然秩序。此谓立人之道，"此其中有理焉，亦期于顺焉而已矣"。卫德明认为，曾国藩试图强调凝聚社会的重要元素，以此来帮助搭建一个稳定和谐的社会秩序。❶ 和其他史学家一样，卫德明也承认曾国藩提出"维护名教"这一口号，明确地传达了他想维护的不再是大清帝国，也不再是满族统治者，而是社会纲常。此处他虽没有明确使用儒家或者程朱理学的词汇，却用朴实的语言向社会大众传递了更远大的含义——所谓"名教"，就是圣贤合理的教义。卫德明从这段话中分析了曾国藩的几个特点：第一，它揭示了曾国藩执着于宋学这个威权主义的意念是何等之深。名教的最核心本质就是阶级之间的关系，具体体现在下对上的绝对服从。被洪秀全引用自《圣经》中的"人人平等"，被曾国藩反复批驳鞭笞，目的就是为了动摇太平天国运动的思想根基。第二，他对于太平天国可能带给名教的危险和打击保持着高度警惕，时刻忧心其给既有社会的等级秩序带来的灭顶之灾。究其根由，无非是因为太平天国的理念瓦解了名教的社会经济基础——即在传统的名教纲常中，农夫、商人交纳田赋、商税的主要职责。第三，他动员起来维护名教的人都是能读会写的读书人，换句话说是被称为精英人士的士绅阶层，他们既是儒家秩序的捍卫者，也是社会稳定的维持者。❷

卫德明提出，曾国藩最终思想体系的基本点是"礼"，所谓"礼"是社会行为的准则。他从儒家的众多词汇中选择这个术语并不是偶然。他的主要任务是产生一种新的社会规范，振奋士绅、官员的精神。他形容这些官员"优容苟安，揄修袂而养姁步，倡为一种不白不黑不痛不痒之风"，狡诈而且贪婪。曾国藩吸收了江永的《礼书纲目》、秦蕙田的《五礼通考》来建构"礼"的概念，但是他又采纳了清初顾炎武等人的思想。❸ 卫德明也提到曾国藩几次引用了《中

---

❶ HELLMUT W. The Background of Tseng Kuo-fan's ideology [D]. Cambridge：Harvard University，1949：90-100.

❷ HELLMUT W. The Background of Tseng Kuo-fan's ideology [D]. Cambridge：Harvard University，1949：90-100.

❸ 前两本书是汉学派的，顾炎武是今文经学，稍有不同，所以作者用了"但是"。

庸论》，并说这篇文章代表了他的观点："礼"不仅仅是外在的仪式、礼节、适当的举止，而是内在的社会学概念，同时拥有形而上学的背景。曾国藩选择了"礼"这个社会意义最丰富的儒家词语来形成自己的规范，"礼"曾经被期望用来匡扶摇摇欲坠的政权，它在整个中国历史上总是处于支配地位的行为规范，但具有很少的实际可行性。曾国藩不仅试图通过这个"礼"再一次凝聚社会，而且再造社会的构成元素。他认为所有的学派都以礼作为普遍的基础，甚至戴震也认同这种联系。卫德明引用曾国藩自己的句子来说明他对四大思想流派的继承："理学、桐城派、经世学派和汉学，这四派都可以一以贯之。"值得一提的是：这四个流派中有三个都信奉姚鼐的观点，都沉溺于内在的自我修行。但是在他的新同道的帮助下，他成功地建立了"礼学"。卫德明采用了曾国藩自己的解释来进一步说明这点："古代的圣贤为了修养未知的天良而竭尽他们的心智。但是就修身、齐家、治国、平天下这四方面来说，所有的一切都包含于'礼'字中。如果没有礼，那么在人的内部世界就不可能有称为道德的东西，人的外部世界也不可能有称为政治的东西。"礼不仅仅只是外在的仪式、礼节、适当的举止，而是内在的社会学概念，同时拥有形而上学的背景。❶

卫德明在梳理曾国藩儒学思想的过程中，深刻地分析了中国 19 世纪思想流派的背景和中国早期近代化的哲学历史环境。卫德明指出，正是在吸收这些底蕴深厚的中国哲学养分的过程中，曾国藩最终形成了修身立命和构建社会稳固架构的权威主义和经世致用思想——"礼"。曾国藩也的确获得了当地士绅、普通百姓及他的顶头上司的崇敬。曾国藩一生最伟大的成就在于执着于这一思想——集中基层组织的社会力量。因此，他喊出了另一句口号："保我河山。"

（二）沈陈汉音对曾国藩实用"礼"学的解读

沈陈汉音在卫德明研究的基础上大大深化了对于曾国藩学术思想背景的研究，深刻分析了曾国藩对各派思想的辨析、解读、继承和深化。根据沈陈汉

---

❶ HELLMUT W. The Background of Tseng Kuo-fan's ideology [J]. Asiatische Studien：1949（3）：90−100.

音的分析，当太平天国运动在 1850 年爆发时，曾国藩已经在北京待了十几年。因为他不仅是翰林院的一员，而且在 1847—1852 年成了高级政府官员，所以获得了卓越的学术声望。曾国藩在 1850—1852 年任职期间，已经有机会充分表达对严重时局问题的看法。沈陈汉音强调，研究曾国藩在京期间形成的思想是十分重要的。因为尽管曾国藩后来的功业是众所周知的，但是由于他后来在对抗太平天国运动中在军事和管理方面表现卓越，以至于掩盖了他前期政治观点的重要意义。

沈陈汉音认为，在曾国藩所处的时代，清朝补救国家体制的措施在面对西方国家的军事打击面前，显而易见地失败了，这进一步导致了国家走向衰弱。许多清醒的学者、政治家都意识到这个问题。从中央到地方的学者和官员都在尝试着改革。沈陈汉音推测曾国藩理应是其中的一员，事实上，他迫切呼吁改良专制体制的首要任务是进行行政改革，这表明他比大多数改革者更为激进。因为曾国藩在咸丰、同治时期已然成为坚定、忠诚的国家捍卫者，所以他的思想意识深处是典型的儒家思想。沈陈汉音坚定地相信，曾国藩将宋朝新儒家思想认作政府治理的基本原则，同时也假设曾国藩深信经世之学，并试着从中寻找解决清朝问题的方法，这个端倪甚至在 19 世纪 50 年代早期就已经显现。而且，为了实现孟子的主要目标（民为贵，君为轻），曾国藩不回避被称为保守主义的儒家代表。在 1853 年他成为对抗太平天国的领袖之后，他一边尽量尝试经验主义和实用主义，一边也保留他的基本原则。

沈陈汉音针对曾国藩思想的形成提出了一系列问题：曾国藩在当时众多不同的儒家政治流派中究竟处于什么位置？虽然他师从唐鉴、倭仁而获得了关于道德、社会认识的显著提升，但他的思想又和他们有什么具体区别？和桐城派、经世派（经世致用）相比较，曾国藩在政权、治理上的观点有何不同？在道光与咸丰衔接的那几年，曾国藩在北京平步青云。也正是在这时期，中国面临日益深重的危机。当时国家管理无能，军队涣散，财政也陷入困难。曾国藩关于中国时局的观点、原则是什么？他又是如何实施这些观点、原则的？沈陈汉音对曾国藩来京之后的思想变化展开了详细的述评和研究，从当时盛行于京城的几大学派入手，研究他们对曾国藩思想的催化和影响。

为了讨论曾国藩 1853 年之前的政治思想，沈陈汉音觉得有必要大体回顾一下那时的几个主要儒家流派是如何看待时局问题的。被称为"汉学"的流派在曾国藩出生之前的整个 18 世纪占据了中国学术领域的统治地位。这一学派的学者避免讨论政治，致力于研究哲学和训诂文字。他们构造了一整套系统的知识，穷尽古代典章制度，但是这些却对皇朝的实际问题帮助很少。汉学经历了乾隆时期的充分发展，它的统治地位非常牢固，直到 1815—1830 年帝国出现明显衰落的征兆时，学者、官员才关心时代的政治弊端❶，同时产生了一个大的流派。学派的任务被重新确定为实际研究而不是投机，同时顺理成章地重新关注地方组织和实际事务。

沈陈汉音认为，曾国藩京官生涯的前期正值道光和咸丰交接之际，当时存在着和汉学明显区别的另外四种学派：程朱学派、桐城学派、今文经学和经世学派。这四派学者都不约而同地觉察到国家的衰落，希望找到衰败的原因。四种学派都尊崇儒家为最高权威思想，主张政府扎根在民意之中，而不是建立在统治者的律法之上。他们都强调道德标杆、模范官员可以在感化罪恶和维持社会秩序上起到关键作用。他们看重圣贤与清官的影响力，呼吁广开"言路"和越级提拔正直的人。他们建议政府应当厉行节约，而不是不计后果地铺张浪费。虽然这四派关注的领域相同，但在具体方面却各有其侧重点；虽然他们都致力于建设道德高尚的社会，并且执着地清除导致衰败的因素，但是却采用了不同的途径来实现这些目标。❷

沈陈汉音分析，在曾国藩的时代，程朱理学是这四派之中影响最大的，而且在整个清代一直是朝廷支持的官方流派。这一派的核心人物是唐鉴、倭仁、何桂珍。这个流派和其他绝大多数传统儒家学派一样强调人治超过法治，坚持

---

❶ SHEN C H. Tseng Kuo-fan in Peking, 1840–1852: His Ideas on Statecraft and Reform [J]. The Journal of Asian Studies, 1967（27）: 61–80.

❷ SHEN C H. Tseng Kuo-fan in Peking, 1840–1852: His Ideas on Statecraft and Reform [J]. The Journal of Asian Studies, 1967（27）: 61–80.

品德胜过才能，而这些品德是情操高尚的人通过不断自修才获得的。他们认为皇帝有责任以身作则，为官员和人民树立一个完美的道德榜样，从而他可以达到内圣外王的目标。程朱学派的学者不总是赞成皇帝的绝对权威，其中一些人的确主张皇上应该和贤良的大臣分享权力，并且也应该被下属的抗议和意见所约束。但是，他们也意识到抗议的强度仅仅限于委婉的劝说。❶

沈陈汉音认为，程朱学派的理论是保守的，其代表人物执着于明确区分"义"和"利"，主张为了维护国家的安宁，人们应该停止讨论理财；他们认为对于政府部门而言，道德因素远比功利因素重要得多；尽管他们担心当时隐约潜威胁在滋生，但是他们采取的主要措施仍然是机械地遵从尧舜这样的内圣外王之君。也可以说，程朱学派固守、拘泥于过去陈旧的观念。倭仁在奏折中频繁赞颂尧、舜，并且要求皇帝也模仿他们，他甚至相信古代的"规则系统"（法度）可以完全适用于当前的事物。❷

根据沈陈汉音的分析，程朱学派倡导的对新儒家义的复兴受到了桐城派的支持。桐城派在文学理论领域享有很高的声誉，它的理论在许多方面实际上和程朱学派是相似的。他们都向往根植于"礼"的静态社会，相信主要的社会统治方法是社会伦理，而不是律令。桐城学者认为建立国家的目的是教化民众，改良方法主要依赖教育，相信达成了自我完善的君子是国家的基石，这和程朱学派的观点是一致的。但是，桐城派在国家操作层面上喜好"无为"而治。姚鼐是这个学派的奠基人，他明确反对任何改良，认为王安石的变法加速了的宋朝衰亡。❸

曾国藩时期第三个主要流派是经世派，代表人物之一是贺长龄。沈陈汉音指出，这派学者很少花费精力总结抽象的政治理论，而是着眼于解决当代的实

---

❶ SHEN C H. Tseng Kuo-fan in Peking, 1840−1852：His Ideas on Statecraft and Reform［J］. The Journal of Asian Studies，1967（27）：61−80.

❷ SHEN C H. Tseng Kuo-fan in Peking, 1840−1852：His Ideas on Statecraft and Reform［J］. The Journal of Asian Studies，1967（27）：61−80.

❸ SHEN C H. Tseng Kuo-fan in Peking, 1840−1852：His Ideas on Statecraft and Reform［J］. The Journal of Asian Studies，1967（27）：61−80.

际问题。他们认为每个时代有不同的法规与之适应，虽然那么多儒家圣贤竭力主张的精粹已经记载在儒家经典之中，但是现在来谈恢复这些古代的观念、法规是没有意义的。沈陈汉音认为，尽管这派是现实的，但是也不能被认定为革新者。虽然他们强力推行了一系列的经济改革，比如改进农业耕种技术和建立谷物运输系统，但是从来没有致力于初步的政治改革。而且，他们质疑古代纲常的价值，却不反对现存的法规。经世派吸收了孟子的政治观点，如贺长龄认为政府应该建立在民意的基础之上。他在奏折中反复表达"必须更加亲近民众"。他主张必须了解民情，民众的幸福是国家的基础，他之所以特别强调基层部门的重要性是因为这些部门直接和群众打交道。他相信地方政府的低效和错误引发了最严重的弊端，他的改良方法侧重于强调给予州县等地方小官员以适当的监管。他提出，"第一要务是要赐予百姓和平，这来自对地方小吏的严格监督"，这样他们可以更加亲近民众。贺长龄呼吁地方官员应该勤于走访百姓，经常地在公开场合审理案件。显而易见，经世派的思想仍然是基于道德引导而并不是律法，贺长龄也支持在地方和省一级推行经济治理方面的改良。他在担任县长时鼓励手工业，并且建立了专门的棉纺织局。他还计划建设水利工程、运河航运，以及开垦荒地，目标是增加农业的产量。❶

第四个派别是今文经学，代表人物是魏源、龚自珍，沈陈汉音认为他们的政治观点比同时代人要激进得多。魏源是一位视野宽广、注重实际的学者，他曾经帮助贺长龄编撰《皇朝经世文编》，吸收了贺长龄的许多观点。他们都非常关心时弊，但是与其他人相比，魏源深入到了政治层面。虽然他也强烈主张政府官员个人能力的重要性，但是也不能忽略法律的重要意义。他认为只有当所有的官员都能严格地遵守法令时，这个国家才会强大。龚自珍的见解比魏源更加深入，他不仅强调律令的重要性，而且更加注重对政府章程自身的改革。他强调批判专制政府的罪恶，把它比喻为一个全身脓烂的病人。他认为在专制下的官员是谦逊、低声下气的奴仆，他们被牢牢束缚着，并且逐渐变得狡诈和

❶ SHEN C H. Tseng Kuo-fan in Peking, 1840-1852: His Ideas on Statecraft and Reform [J]. The Journal of Asian Studies, 1967（27）：61-80.

贪婪。他详细分析了这些情况,认为造成所有弊端的原因是专制,所以他提出对政权进行改革的治理建议。他呼吁皇帝应该与九卿分享政治权力,在平等的基础上和他们讨论国家的大政方针。和卫德明一样,沈陈汉音也认为虽然龚自珍强烈建议进行政权改革,但是并没有提供一个可以实施的有效程序。在曾国藩的时代,今文经学影响并不广泛,这一思想的历史重要性直到康有为、梁启超时期才显现出来,并为世人所接受。❶

沈陈汉音描述的以上四个流派都与汉学有着明显的区别,在它们之外还有一个折中的学派,这个学派试图调和宋学和汉学,曾国藩的好朋友刘传莹就是这一派的领袖。他既从事训诂的研究,也沉迷于程朱学派的新儒家主义。他认为汉学和宋学的区别很小,规范人们行为的"礼"学没有通过实践就不能被透彻地理解;不通过训诂去真正理解(字词),就不能形成所谓的学术。刘传莹认为,汉学和宋学应该交融,它们的矛盾是可以调和的。虽然这个中和派别没有贡献有新意的政治观点,但是却在曾国藩的学术思想建构的底层占有重要一席。❷ 20 多年后,卫德明在自己前期研究的基础上,对曾国藩吸收刘传莹的思想做了专题研究 ❸,这一研究的核心内容将在下一个章节具体讨论。

接下来,沈陈汉音大致按照时间的顺序梳理了曾国藩接受以上几大学派思想观点的发展过程:1840 年起曾国藩例行住在北京,他在翰林院的官阶晋升得非常快,到 1845 年时已经是侍讲学士了。同时,最迟在 1842 年,他已经开始热情高涨地师从唐鉴、倭仁、何桂珍三位著名的理学大师,并且也得到了他们的引导、帮助,曾国藩每天还要研读朱熹的著作。他开始每天坚持记《日课册》,检视、批判自己在一天中的错误念头和言行。那几年他主要关注程朱学派的新儒家主义,但也不仅仅局限于此,因为他同时也对经世派表现了极大的

---

❶ SHEN C H. Tseng Kuo-fan in Peking, 1840-1852: His Ideas on Statecraft and Reform[J]. The Journal of Asian Studies, 1967(27): 61-80.

❷ SHEN C H. Tseng Kuo-fan in Peking, 1840-1852: His Ideas on Statecraft and Reform[J]. The Journal of Asian Studies, 1967(27): 61-80.

❸ HELLMUT W. Tseng Kuo-fan and Liu Ch'uan-ying[J]. Journal of the American Oriental Society, 1976(96): 268-272.

热情，曾国藩尤其赞成经世派致力于将儒家思想应用于解决国家管理中的实际问题这一主张。早在 1840 年，曾国藩给贺长龄寄去了一封信，首次表明了他对这个学派的关注，在信中他强调经世学应该以"考察官吏'名'和'实'是否符合（综合名实）"为基本原则。❶

根据沈陈汉音的分析，桐城派是在上述时期深刻影响曾国藩的另一个流派，它虽然以文学见长，但是不太强调研究学问而更加注重道德教育，这派的道德标杆观念好像深深地影响了曾国藩。和桐城派的奠基人一样，他相信为数不多的几个圣贤、豪杰应该肩负起淳化一代世风、培养一代人才的责任。程朱学派和桐城派批判汉学过分地重视训诂、考据而忽视其他方面的建树。曾国藩虽然也加入了这一批评，但他并不希望汉学自此便走向衰微。在他的朋友刘传莹思想的基础之上，他善于找到那个时代各派别之间的一个平衡点，并且发展出一套折中的理论。他不仅研究了宋代新儒家主义，还广泛涉猎桐城派、经世派、汉学，以这些学问作为传统经书的有益补充。曾国藩把各派思想的混合体定义为"礼"学。在建构"礼"这个概念时，曾国藩也相当依仗秦蕙田的《五礼通考》，巧合的是这是一部汉学的著作。他也吸收了学者顾炎武的学说，曾国藩认为顾炎武是清代初期最伟大的"礼"学学者。对曾国藩来说，"礼"不仅是庆典仪式、礼仪，社会的秩序，而且还包括法律、律令。事实上，他主张"礼"是自我修炼、自我管理和自我提升的重要法门，是所有儒家思想共同的基石。他尝试通过这个概念来整合汉学和宋学，以平息那个时代学术上的争论。❷

沈陈汉音认为，曾国藩基于自己在京期间短期内发展起来的政治和管理原则来创建他的思想混合体。在翰林院时，他的主要任务是学习，他不能直接和那个时期的国家政治发生联系，所以曾国藩看起来和当时的大多数普通人一

---

❶ SHEN C H. Tseng Kuo-fan in Peking, 1840-1852: His Ideas on Statecraft and Reform [J]. The Journal of Asian Studies, 1967（27）: 61-80.

❷ SHEN C H. Tseng Kuo-fan in Peking, 1840-1852: His Ideas on Statecraft and Reform [J]. The Journal of Asian Studies, 1967（27）: 61-80.

样，只是隐约地意识到当时西方的入侵。在翰林院时期，曾国藩除了仅仅在几封家信中略微提及鸦片战争和英国蛮夷（英夷），之外就没有材料证明他已经意识到了西方列强的冲击。❶

沈陈汉音记载了曾国藩在京期间对公共事件的关注及发声。当 1847 年 7 月曾国藩升职为机要秘书处的内阁学士、兼任礼部侍郎时，他开始兴致盎然地关注公共事件。与其他许多经世学派的学者一样，沈陈汉音认为，曾国藩把研究国家的律令作为自己的任务。根据他的《年谱》记录，早在 1848 年他就开始收集著名的学者和思想家的教诲，并且着手编辑《曾氏家训长编》，书中也包含了政府的政策和法规。他高度评价了《五礼通考》，认为这本书已经涵盖了除经济制度之外所有的关于国家治理的重要内容。他整理了当时奏折中提及的盐税（盐课）、海运、金融（钱法）、河运（河堤）等，编辑成六个卷，作为《五礼通考》的补充。1849 年 2 月 14 日，曾国藩任职礼部右侍郎，9 月 18 日他兼任兵部左侍郎，1850 年 3 月 11 日，咸丰皇帝刚登基时他就上了第一道重要的奏折，涉及祭祀天地的仪式。在此奏折中曾国藩强调这个仪式作为国家礼的传统不应该被抛弃，这样道光皇帝也会拥有创制规矩的荣誉，同时新皇帝也不会因为没有尽到一个儿子的责任而受到批评。据说咸丰皇帝对这篇奏折有很好的印象，所以从那时开始，曾国藩被频繁召见，对国家的重大事情可以发表看法，在后续的几个月中，曾国藩自己的政治思想也渐渐趋于成熟了。❷

当然，当时国家的形势变得更糟糕了。年轻的皇帝因为意识到面临许多问题，所以在 1850 年 3 月 10 日颁布了一道诏书，命令所有负有向皇帝进言责任的官员呈上讨论国家政策的奏折。许多官员响应皇上的诏令而递交了奏折，其中似乎大多数支持对官吏的评价应该更加重视品德而不是个人能力。许多奏折在关于国家大政方针上指出，皇帝的绝对权力在一些方面应当加以限制，如要

---

❶ SHEN C H. Tseng Kuo-fan in Peking, 1840-1852: His Ideas on Statecraft and Reform [J]. The Journal of Asian Studies, 1967（27）: 61-80.

❷ SHEN C H. Tseng Kuo-fan in Peking, 1840-1852: His Ideas on Statecraft and Reform [J]. The Journal of Asian Studies, 1967（27）: 61-80.

畅通言路，并且应该稳定地保持一种皇帝和大臣之间适当的交流方式。沈陈汉音全文翻译了曾国藩写的几道著名的奏折，表达了他的主要政治观点，突出强调他在 1850 年 4 月 13 日呈交了关于个人权利的第一封奏折，不久又呈交了一封奏折建议皇帝恢复日讲这一古老传统。❶

1850 年 7 月 12 日，曾国藩兼任代理工部左侍郎。接下来的几个月，他花费大量精力去研究地理，尤其是大江大河、军事要塞的地形。沈陈汉音重点分析了曾国藩之后上的几道奏折，特别是在太平天国运动爆发以后，曾国藩在 1850 年 4 月 10 日一封关于军事的奏折中，就如何避免威胁发表了建议。同年 6 月 25 日，他被任命为代理刑部右侍郎，1852 年 2 月 7 日，他又呈上一封奏折，详细描述了民众遭受的苦难。在同年的 3 月 12 日履职户部左侍郎，在 7 月 24 日他奉命到江西主持会试，就在去南方的路途中听说了母亲去世的噩耗，他不得不依照惯例回家守制。到此为止，他已经在北京长达 12 年了。❷

沈陈汉音基于以上的研究和分析，总结了曾国藩政治思想理论的重要组成部分：首先，在个人修养方面，曾国藩赞同成为圣贤的先决条件是道德自律，这和同期的宋代程朱理学是一样的。他赞成人需要自律和自省，一个好的方式就是每天记录《日课册》。他强调君臣通过这样的道德训练就有可能发展自制力，关心百姓，能够去伪存真，正大光明地去面对各种困难，而且不关心回报。❸

其次，在处理自身与外部的关系方面，曾国藩在自己创建的"礼"学中总结出许多成对的经典概念，在古代都被对立地称为"内"和"外"。这包括"气"和"勇"，"气"是本质，"勇"是功能；还包括"圣"和"王"，对应内在的精神和外在的表现。"气"是在"修齐"（自我修行）中表明，"勇"在"治平"（对人的管理）中体现。曾国藩的"礼"学表现出的是内部世界和外部

---

❶ 日讲是指君王每天参加讲解经书的讲座。

❷ SHEN C H. Tseng Kuo-fan in Peking, 1840-1852: His Ideas on Statecraft and Reform [J]. The Journal of Asian Studies, 1967（27）: 61-80.

❸ SHEN C H. Tseng Kuo-fan in Peking, 1840-1852: His Ideas on Statecraft and Reform [J]. The Journal of Asian Studies, 1967（27）: 61-80.

世界的联系。❶ 但是沈陈汉音也评价：因为曾国藩如此强调"礼"在经世之学思想中的重要地位，所以他也许陷入了保守主义，这样他就不会认同在中国道德和政治领域的任何微小变革。尽管曾国藩仔细区别了"礼"的本质和功能，并且划定了"功能"的边界，也确实致力于改革，虽然不是任何主要的政权重组，但也提高了管理，使之更加高效、更加理想。❷

再次，在国家治理层面，沈陈汉音认为，曾国藩和大多数其他儒家学者一样，相信建立国家是为了民众的福祉。曾国藩像龚自珍一样也批评专制。沈陈汉音提出，在北京的最后两年，他形成了一套系统的关于"人民是国家的基础"的理论。沈陈汉音在论文中引用了曾国藩在 1851 年 5 月提交的一份奏折，高度评价了他前瞻性的建议：只有在大臣同意之后皇帝才可以任命官吏，这在当时是绝无仅有的。❸ 曾国藩认为皇帝应该关心国家和人民，这一点和儒家相同。但是皇帝在能充分履行职责之前应该严格限制自我，因为皇权的滥用会招致人民的反对，有时甚至会产生灾难。因此，按照沈陈汉音的理解，曾国藩理想中的君主一定是一个自我完善与自我超越的人，他为了治理国家而存在，并通过教育、道德训导等来指引国家朝最好的方向发展。沈陈汉音觉得，曾国藩认为皇帝为了尽到维持社会稳定的责任，从理论上说应该把道德教育作为首要措施，这就是他儒家思想的本质。对曾国藩和他的新儒家朋友而言，国家盛衰的关键是皇帝的品行，所以他呼吁皇上应该学习儒家经典作品中的学术思想，因为这是最好的能提升皇帝个人品德的方法。❹ 曾国藩关于国君与臣子之间关系也十分符合儒家观念，他虽然非常强调君臣之间的合乎道德的礼节，但是不坚持遵守君臣之间在朝堂上的繁文缛节，实际上对此他总是反感的。虽然他认

---

❶ SHEN C H. Tseng Kuo-fan in Peking, 1840-1852: His Ideas on Statecraft and Reform[J]. The Journal of Asian Studies, 1967（27）: 61-80.

❷ SHEN C H. Tseng Kuo-fan in Peking, 1840-1852: His Ideas on Statecraft and Reform[J]. The Journal of Asian Studies, 1967（27）: 61-80.

❸ SHEN C H. Tseng Kuo-fan in Peking, 1840-1852: His Ideas on Statecraft and Reform[J]. The Journal of Asian Studies, 1967（27）: 61-80.

❹ SHEN C H. Tseng Kuo-fan in Peking, 1840-1852: His Ideas on Statecraft and Reform[J]. The Journal of Asian Studies, 1967（27）: 61-80.

为君王应该被高度尊重，但是也不能因为一些烦琐的礼节上的失误，而严厉地惩罚一位卿相。国王和大臣之间有必要保持相对独立，大臣在国家治理中肩负有重要作用，而一位贤明的国君应该充分信任他们。皇帝在任用官员时首先应该充分考察这个人才是否胜任这个职位，而不能因为别人参劾他以前的不良记录，而随便弃置不用。❶

最后，曾国藩认为应该对现实问题采取积极应对的态度。沈陈汉音指出，曾国藩从一开始关心政治就强调应该处理实际问题而不是归纳抽象的理论，这就是经世派的特点。他在早期著作中经常提到"经世致用"。对他来说，"经世学"和古代的"礼"学是一脉相承的。他的"礼"不仅包括个人适当的言行，还包括法律、条例，以及整个社会的秩序。沈陈汉音强调，曾国藩不像程朱学派的同道一样固执于过去的法令，他呼吁人们应该彻底研究以前朝代的沿革，因为他们的经验与教训能够作为未来行动的参考。他和贺长龄都认为古代的律令是为了管理古代社会而设计的，不能完全照搬并应用到当前社会，人们也应该避免以前朝代的弊端，致力于创制出新的制度来满足时代的需要。然而，沈陈汉音也指出，尽管曾国藩认为律令应该随着情况的改变而调整，但是他不应该被认为是一位具有现代敏锐感觉的改革者，因为他强调支持现存制度的基本框架，认为清代的律令在总体上不可动摇。❷沈陈汉音对于曾国藩的这番评价是理性的，但是却掉入了黑尔博士曾经提出的历史学研究常常陷入的窠臼——对历史人物的分析脱离了他所处的社会历史背景及其局限性。在评价曾国藩思想的积极意义时，将他从那个时代深刻的忠君思想这一前提中剥离出来，是不客观也不理性的。

沈陈汉音提炼了曾国藩关于治理的如下三个主要原则：人才的培养、建立稳健的金融系统、维持军事力量，并认真分析了曾国藩对每个原则的具体

---

❶ SHEN C H. Tseng Kuo-fan in Peking, 1840-1852: His Ideas on Statecraft and Reform［J］. The Journal of Asian Studies, 1967（27）: 61-80.

❷ SHEN C H. Tseng Kuo-fan in Peking, 1840-1852: His Ideas on Statecraft and Reform［J］. The Journal of Asian Studies, 1967（27）: 61-80.

指向，认为在他的思想理念中，这些领域的改革对当时的清帝国都是性命攸
关的改革。❶

第一，和绝大多数儒家学者一样，曾国藩也看到了良好治理的首要条件是
任用贤能，这是他在北京时期形成的治国理念的中心点。他认为好的用人政策
包含四个步骤：在大范围内选拔人才（广收）、谨慎任命（慎用）、彻底地教育
（勤教）、严格地规范（严绳）。他试图通过这些措施建立一支经过专业训练的、
服从管理的官员队伍。虽然曾国藩强调官吏的道德素质及其提升，但是他也意
识到实际知识和经验的重要性。沈陈汉音分析，他在 1851 年 5 月 26 日的奏折
中表达了自己一直努力探索一条可操作的判定官吏的标准。更确切地说，在他
看来，人才的"真才实学"体现在执行能力高于文学才华。曾国藩坚持如果想
要人才济济，就必须让学者、官员研究从古至今的历代政治之得失，学习清朝
过往的经验，同时立即阻止在考试中过分强调字体工整和文辞浮华的倾向。沈
陈汉音指出，虽然曾国藩并没有明确提出专业化的资格审定，但是他一贯强调
官员需要胜任他的具体职位，这是明显带有实用主义倾向的，这一点在他征战
太平天国后期的选人任贤上充分显示了出来。❷

对于这一点，沈陈汉音总结道，因为曾国藩提议的关于人才的政策与儒
家思想的首要条件是一致的，所以可以发现，这个政策有合乎传统规范的因
素。他重视官员的个人品质，也意识到为了治理国家、教化民众，单单依靠律
令是不够的，除非正直、能干的人能够使用这些法律。然而，不管当局如何妥
当地选拔了这些官员，同时使用报酬来激励、惩罚来约束也是必要的。因为他
相信，只有如此，皇帝才能被拥戴，有才智的人才会争着为他效劳，并且富于
活力和效率地尽职工作。除此以外，曾国藩坚信只有奖惩机制能够确保官吏的
"名""实"互符。他坚持法律是实施奖惩的基本规范，奖惩都要被公平、严格

---

❶ SHEN C H. Tseng Kuo-fan in Peking, 1840–1852: His Ideas on Statecraft and Reform［J］. The Journal of Asian Studies, 1967（27）: 61–80.

❷ SHEN C H. Tseng Kuo-fan in Peking, 1840–1852: His Ideas on Statecraft and Reform［J］. The Journal of Asian Studies, 1967（27）: 61–80.

地实施。他特别强调制定法律来评估官员的业绩，也即"考成法"。在这一点上，曾国藩也体现了儒家统治思想体系内对于法家观点的吸收与接纳。

第二，曾国藩提出了健全合理的财政系统。根据沈陈汉音的分析，他和新儒家一样反对重税，觉得这样会伤害人民。他也跟传统的儒家一样认为健全的财政需要经济指标来衡量。但是他和程朱学派朋友在观点上也有不尽相同的地方，曾国藩赞同"富国"是政府合理的目标之一，沈陈汉音认为曾国藩的富国想法更接近经世派的观点（如贺长龄），而不是泥古的儒家学者。在维持儒家准则和实现儒家目标这方面，曾国藩很少采用迂腐的方法，他一贯的策略是采用品德而不是传统的权力观念来达成目标。当然，这也是新儒家区别于传统守旧儒家的关键，他在著作中多次重复"民众的福利（民生）"这个词，坚信国家的存在是为了人民安宁和道德进步，国家对它生民的安宁、富足至关重要，而这种安宁、富足又反馈给它的生民，使他们的道德更加完美。沈陈汉音分析说，曾国藩认为稳健的财政能使国家富足、生民安宁，但并不强调稳健的财政能增进人的道德生活，只是认为它是社会的一个基本要素。❶

第三，曾国藩提出保持军事力量作为国家的重要发展战略。早在1850年他在《文集》中就涉及这个问题，他认为财政和军事有密切关系，维持大量冗余的军队是财政困难的重要原因，同时也造成了军队战斗力的低下。沈陈汉音注意到曾国藩强调军队的质量远比数量重要，军队的胜利主要取决于能否任用正直、能干的将领。和民政相比，军队将领更需要技术和道德都杰出的人。曾国藩关于军队的观点显然也是出自儒家思想的。❷

根据以上三点分析，沈陈汉音提出，曾国藩的政治观念不是极端历史事件的产物，而是来自于对保全国家的热忱。曾国藩不谈论抽象的规则，他对于时政弊端形成了一套具体的批判现实主义观点，认为当前最亟须解决的问题就是

---

❶ SHEN C H. Tseng Kuo-fan in Peking, 1840-1852: His Ideas on Statecraft and Reform [J]. The Journal of Asian Studies, 1967（27）: 61-80.

❷ SHEN C H. Tseng Kuo-fan in Peking, 1840-1852: His Ideas on Statecraft and Reform [J]. The Journal of Asian Studies, 1967（27）: 61-80.

管理瘫痪，财政困难和军队衰弱。他注意到了清朝在经历了初期建立和巩固的辉煌之后，逐渐积累了这些问题。他认为皇朝的衰落并非不可逆转，他向皇帝进呈的相关奏折中，陈述了如何解决或者改良这些问题的建议，❶ 沈陈汉音也将这些想法梳理如下。

第一，曾国藩认为因为皇帝和大臣、大臣和下属、北京和地方之间缺乏真正的沟通，所以国家的管理显得苍白无力。因为缺乏沟通，在各级官吏中产生出相互推诿责任的恶习，尤其是基层组织。大多数官员很少关注律法精神，他们很少去思考如何实现真正的成就，而是不动脑筋、按部就班地工作，这个观点主要体现在 1850 年 4 月 13 日的奏折中；为了增加政府各级官吏之间的交流，曾国藩强烈建议使用更广泛、更严密的法律来选择官员。他认为科举考试过于严格，导致许多有能力的人因不能通过考试而默默无闻，但那些通过考试的人不一定能干；而且，他还在 1851 年 4 月的奏折中指出，因为国家的税收并不充足，所以政府有时依靠售卖学业文凭和官爵来提高收入。这个陋习败坏了官场，因为买到职位的官员既没有能力也没有意愿去服务国家和民众。相反，这些官员为了满足自己的私利，一味抓住制度的漏洞去盘剥普通民众，从而引起了匪乱的蔓延。沈陈汉音引用了曾国藩的原文——"官员们长期施暴百姓，欺压民众，将人民置于水深火热的境地"。当叛乱还很微小时，政府官员甚至与他们一起密谋，因此叛乱愈演愈烈，百姓受难更多。曾国藩认为官员们空泛的奏折大部分用来哗众取宠，以掩饰自己的懈怠职守。这个问题在州县级别官员中尤其严重，因为他们的失职，大量应该被处理的案件被长期积压着。曾国藩认为这些问题都是国家肌体衰退的前兆。❷

尽管地方上存在这么多的细节问题，可是曾国藩却认为应该由中央政府而非地方政府发起改革。沈陈汉音提出，贺长龄仿佛只关注地方政府，而曾国藩

---

❶ SHEN C H. Tseng Kuo-fan in Peking, 1840–1852: His Ideas on Statecraft and Reform [J]. The Journal of Asian Studies, 1967 (27): 61–80.

❷ SHEN C H. Tseng Kuo-fan in Peking, 1840–1852: His Ideas on Statecraft and Reform [J]. The Journal of Asian Studies, 1967 (27): 61–80.

的态度与他相反。他强烈建议为了达到皇帝和大臣、大臣和下属、北京和地方之间充分的交流，必须广开"言路"。曾国藩还认为，为了国家运转良好，各个级别的官员应该合作、交流。皇帝在执政中发挥重要作用是最好的获得官员合作的方法，因为皇帝是国家的元首，对国家的行为负责，所以他必须实际掌控政府。然而，尽管皇帝可能指引方向，但他不应该独断专行地做所有决定，应该和大臣商议，并且仔细研究事情的来龙去脉，之后才做出最终决定。同时，皇帝还应该自己阅读所有的奏折。❶

沈陈汉音指出，曾国藩是一位清醒的文官，他以复兴国家为自己的责任，认为少数几个有高尚道德的人物已经足够重塑统治集团的道德感，转移道德败坏的世俗风气。但是他也明白，只有皇帝才有权力赋予这些人权力，促使这些人将理念付诸实施，所以皇帝是这一切的关键。曾国藩坚信皇帝应该号召领导层去增进才智，首先，他应该选择有用的人，并且命令他们钻研学问；皇帝自己也要去学术大殿听日讲，这可以起到示范作用；皇上还要勤于召对大臣，和他们谈论政策，检测他们的学识。通过实施这样的策略，曾国藩认为能够将道德感转移到帝国领导层上来。

第二，沈陈汉音总结了曾国藩对人才培养方面的观点：人才在被起用之前要得到悉心栽培。内阁、六部、翰林院是人才荟萃的地方，这里产生了国家所有重要的官员，包括宰相、九卿、省级的总督和巡抚。由于皇帝不可能熟悉所有提拔上来的官员，所以培养人才的重任落到了堂官的肩上。堂官有以下几种途径来培养他们的下属：当他们展现了真正的价值时对他们进行褒奖；当他们犯错误时对他们进行惩罚；为了保障整体的品质而裁撤掉那些官员中的害群之马；当他们适合更重要的职位时便大胆举荐他们；当他们真正能干和正义时就向朝廷提拔他们；如果一个人真的能干，就应该越级迅速提升他的职级。❷

---

❶ SHEN C H. Tseng Kuo-fan in Peking, 1840-1852: His Ideas on Statecraft and Reform［J］. The Journal of Asian Studies, 1967（27）: 61-80.

❷ SHEN C H. Tseng Kuo-fan in Peking, 1840-1852: His Ideas on Statecraft and Reform［J］. The Journal of Asian Studies, 1967（27）: 61-80.

第三，应该定期检查所有官员的工作。曾国藩建议可以考察他们对事件的处置（询事）和在召对中陈述自己的观点（考言）能力；为了确保贤明的人才能够在合适的岗位上任职，卖官鬻爵的陋习应该被禁止，务求涤除官场的恶习；他意识到买卖爵位和官职是国家重要的赋税来源，但是解决财政问题的根本方法还是应该通过裁减军队来节省开支。❶

沈陈汉音指出，曾国藩赞同皇朝最根本的问题是治理得瘫痪无力，所以十分关注财税和军事问题，他也意识到了当时存在白银兑价过高的经济弊病。曾国藩并不批评因为同西方贸易而产生的白银流失，从而导致白银升值，这和鸦片战争之前的许多官员的看法不同。但是，他呼吁采取强有力的措施来应对这个问题。沈陈汉音总结了曾国藩在1852年2月8日的奏折中建议的"贵钱贱银"的政策，认为他呼吁户部切实履行责任，合理地逐渐平抑银价，具体措施有四：（1）建议允许小佃户以铜钱缴税；（2）允许某些省以铜钱来收取仅限于在本省使用的税赋；（3）建议允许某些省份以铜钱代替银子上交国库；（4）建议用铜钱支付绿营兵工资。❷

同时，应对政府出现的自身财政困难，曾国藩相信节约开支的最有力方法是减少国家军队的数量。沈陈汉音复核了曾国藩的调查，乾隆朝军队的扩张就已使兵饷和口粮的供应不足。到乾隆四十六年（1781年），绿营兵总数已经达到64万人，其中有超过6万人是"不存在的人"。这些"不存在的人"的粮饷被拿来作为军官的办公费，或者做了军官赏恤士兵的经费，但国家拨给的赏恤经费仍然照旧，并且能够自由地被支配。从那时起，绿营兵每年的花销就增长到四百万两以上，成为国家财政巨大的负担。曾国藩在1850年4月10日的奏折中建议淘汰掉5万绿营军队，但他也意识到这需要有详细的方案来指导，并

---

❶ SHEN C H. Tseng Kuo-fan in Peking, 1840-1852: His Ideas on Statecraft and Reform [J]. The Journal of Asian Studies, 1967（27）: 61-80.

❷ SHEN C H. Tseng Kuo-fan in Peking, 1840-1852: His Ideas on Statecraft and Reform [J]. The Journal of Asian Studies, 1967（27）: 61-80.

逐步得到实施。❶

沈陈汉音指出，虽然曾国藩建议削减绿营军事力量，但并不忽视国家军队的严重问题。他认为长期低劣的军事组织，导致了国家军队虚弱低效。为了应对太平天国，曾国藩提出加强军力是当务之急，但他认为比这更紧迫的任务是提升国家军队的质量。沈陈汉音提到，1851 年 4 月 10 日，曾国藩以兵部侍郎的身份建议皇帝应该启动一个计划来训练已经招募的士兵，强调对士兵的训练和道德训导并不亚于最初的选拔，他强烈建议皇帝在京城开始这个计划。此外，为了鼓舞士气，皇帝应该出席"大阅"，他相信这样能在军队开支减少的同时，使士兵的战斗力得到极大提升。❷

太平天国运动在 1850 年春季爆发了，咸丰皇帝命令赛尚阿为帝国大将军去指挥广西军队。沈陈汉音记载了 1850 年 5 月 26 日曾国藩呈交的一份长长的奏折，批评了广西的军事部署。他认为那个省的军事人才没有被合理调度，既富于经验又有能力的人却成为无能指挥官的下属，失去了为帝国发挥才干的舞台；他也指出指挥官没有仔细研究过广西的地形，而且士兵的粮饷也准备不足。他建议应该充分信任有杰出能力的指挥官，让他们对艰巨任务担负完全责任，并且遇事应享有优先决策权；他建议广西的军队应该分为三个部分，分别给予不同的职责；他也建议广西及周边地区的地方官提交详细的地图；在财政方面，他反对在广东、广西继续进行一种叫"捐输"的搜刮，并进一步指出"捐输"来自于朝廷拨给军队的款项，地方官员从中提取并捐赠给北京将军，目的在于贿赂上级以提升自己的等级和头衔。但同时曾国藩也认为，为了保障军队需要，暂时维持现状而不对传统而繁重的赋税做改变，也许是明智之举。❸

沈陈汉音强调，曾国藩的政治观念具有极高的价值。作为儒家思想主流的

❶　SHEN C H. Tseng Kuo-fan in Peking, 1840–1852: His Ideas on Statecraft and Reform [J]. The Journal of Asian Studies, 1967（27）: 61–80.

❷　SHEN C H. Tseng Kuo-fan in Peking, 1840–1852: His Ideas on Statecraft and Reform [J]. The Journal of Asian Studies, 1967（27）: 61–80.

❸　SHEN C H. Tseng Kuo-fan in Peking, 1840–1852: His Ideas on Statecraft and Reform [J]. The Journal of Asian Studies, 1967（27）: 61–80.

继承者，虽然他的政治观点没有真正有新意的元素，但是他能融会贯通这些不同的元素，仍然是值得称道的。他坚定地认同百姓的福祉是国家的最终目标、有贤明的皇帝是清明政治的关键。和宋程朱理学的学者一样，曾国藩也认为修持品行是成为一个政治家的先决条件；和桐城派的学者相同，曾国藩尤其强调转移社会风气和提高教育水平的重要性。沈陈汉音将曾国藩基本的政治策略归纳为其总哲学（礼学）的一部分。❶

然而，沈陈汉音认为曾国藩比宋学、程朱学派的同行更少了些教条主义。他理解中的"礼"学是研究人际关系和社会的学问，但是沈陈汉音洞察了曾国藩对"礼"的潜在功能的看重，他的实用主义使他致力于行政改革，甚至认可微小的政治制度改革。沈陈汉音提出，曾国藩意识到了治理效果的重要性，并且矢志不渝地希望通过各种手段实现国家富裕、强大的理想。他的奏折赞成对官吏实施严格的奖罚制度，这是守旧的；但同时也关注经济和军事。这看似矛盾，其实不然，因为儒家的经世学者在几百年间已从传统儒家思想中凝练出一些可行的方法，虽然这（经世致用）并不是传统儒家的重要目标和考核标准。❷

曾国藩对国家治理问题尤其表现出实用主义者的态度，这使沈陈汉音更乐意将他划为经世学派的成员，并一再指出：虽然他是由唐鉴、倭仁引导而对道德学问有了大致了解，但是他不认同古代的制度能解决当下的问题。他和贺长龄一样认为孟子的治国理念可以和国家治理中的实用主义相互交融，也可以和一些在从古至今从没有呈现过的政策上相互交融。这让他相信事实上古代对"礼"学的研究实质中包含了经世学研究，因为他将"礼"学应用于当前的问题，所以允许变通，甚至接纳一定程度的改革。❸当时的曾国藩主要被两个实际问题所困扰：专制政府的瘫痪和已出现征兆的皇朝衰败，所以在北京任职

❶ SHEN C H. Tseng Kuo-fan in Peking, 1840-1852: His Ideas on Statecraft and Reform[J]. The Journal of Asian Studies, 1967（27）: 61-80.

❷ SHEN C H. Tseng Kuo-fan in Peking, 1840-1852: His Ideas on Statecraft and Reform[J]. The Journal of Asian Studies, 1967（27）: 61-80.

❸ SHEN C H. Tseng Kuo-fan in Peking, 1840-1852: His Ideas on Statecraft and Reform[J]. The Journal of Asian Studies, 1967（27）: 61-80.

期间（1847—1852 年），他毫不犹豫地向皇上直接表达了有关这两个问题的看法。

沈陈汉音觉得，认定卫德明认为"曾国藩的所有观念都有坚实的权威理论作为支撑"是不恰当的。因为曾国藩已然敏锐地意识到了许多专制的弊端，所以他发扬了孟子的观点：认为建立政府的目的是民众的福祉；统治者在选择高级官员时应该听取人民的意见；他还建议咸丰皇帝只能在得到所有九卿的认同后才能任命官员，这些建议在他的同代之中绝无仅有，也算得上是之前的激进儒家如黄遵宪等的余音；他相信威权的滥用是导致皇朝衰弱的主要原因，所以他提出了一系列建议来加强皇帝和臣下的交流，包括：广开言路、鼓励上书讨论时弊、广收人才、大力提携人才等。沈陈汉音指出，从这个方面来看，曾国藩不应该被看作是"威权主义"的拥护者，至少不应该是纯粹的"威权主义"践行者，曾国藩是希望大臣能根据皇帝的指导，在选拔、激励人才方面发挥关键作用。❶

沈陈汉音总结了对曾国藩的研究，认为他是一位致力于经世致用的文官，从不回避那些实际的问题，诸如白银和铜钱的兑换率、政府的财政问题及国家军队的疲弱等。虽然 1851—1852 年的曾国藩治理经验明显不足，他所做的奏折和同时期经世学者相比也还缺少细节、不便于实施。但是，实用主义在他解决问题的方法中是显而易见的，这也预示了他在未来的生涯中会是一位成功的管理者。除此以外，他也是一位以国家兴亡为己任的文官，相信少数的杰出人物能改良当时败坏的士人风气。但沈陈汉音指出，现实中的曾国藩也已然意识到，"转移之道"的关键是皇帝，只有皇帝才能将那些杰出的人才置于能发挥广泛影响的职位上。所以，沈陈汉音将曾国藩解读为：尽管他不是一个有现代意识的改革者，但是因为他的建议对皇帝有深入的影响，在那个大臣拥有较大权力去实施个人政策的时代，曾国藩往往被误认为是一位权力结构的改革者。他的价值观和目标保持不变，这使他陷入保守主义。后来，他作为一位能组织军队对

---

❶ SHEN C H. Tseng Kuo-fan in Peking, 1840-1852: His Ideas on Statecraft and Reform [J]. The Journal of Asian Studies, 1967（27）: 61-80.

抗太平天国的地方大员，有机会将他认定的一些经世致用的想法付诸实践。那时，他思想中的实用主义色彩便会指引他去进行改革，比如积极开放地学习西方的先进技术等。但是，沈陈汉音也尖锐地提出，对于如何在集权制度中纠正自身固有的恶性权力泛滥问题，曾国藩的看法也并不比他同时代的人更高明。❶

（三）其他学者的不同见解

与卫德明和沈陈汉音不同，芮玛丽认为相较于其他儒家主流门派，曾国藩更亲近桐城派。她为自己的观点总结了以下几点原因：首先，这是因为湖南在地理上的封闭，造成了湖南学风一定程度的滞后。曾国藩等一批湖湘汉族精英人士都深受桐城思想的影响；其次，桐城学派虽然诞生于儒家汉学体系，但是在清朝中期却与传统汉学渐行渐远，逐渐形成了自己的学术特色。按照芮玛丽的分析，曾国藩的思想深受桐城学派的影响，因为他视孔夫子、周公和姚鼐为"三位一体"，曾国藩的思想是综合几个经典流派形成的泛儒家思想。芮玛丽尤其重视曾国藩的折衷主义，这一点与卫德明不谋而合。芮玛丽指出，多年之后，在曾国藩的鼓动下，桐城学派的影响急速扩大，集政治思想之大成，无论是伦理学还是文学都足以称为依据与标准。特别是它在中兴时期迅速成为有关国务方面的全部中兴思想的策源地，以至于可以将桐城学派的学说称为中兴的理论依据。❷芮玛丽之所以得出这样的结论，与她深刻地领悟到中兴领袖对改革的拒绝，而桐城派对于政府治理一向主张"无为而治"这一点不无关系。

而迈克尔在研究中突出了西方力量入侵对于曾国藩时代思想体系的强烈震撼，这也是这个阶段中国学研究的主旋律——强调西方冲击的力量。迈克尔认为，19 世纪中叶，面对新的问题，以曾国藩为首的士绅阶层已经开始了儒学复兴的尝试。当时中国国家和社会受到了严重内外危机的威胁，1842 年后与

---

❶　SHEN C H. Tseng Kuo-fan in Peking, 1840-1852: His Ideas on Statecraft and Reform［J］. The Journal of Asian Studies, 1967（27）: 61-80.

❷　WRIGHT M C. The Last Stand of Chinese Conservatism: The T'ungchih Restoration, 1862-1874［M］. New York: Atheneum, 1957: 76.

中国签订的条约侵犯了中国的主权，影响了中国的经济，列强的侵略政策也开始威胁到中国领土的外围地区；同时，1850—1864 年的太平天国运动也对中国的王朝和社会秩序构成了威胁，并且差一点就成功了。这种对中华帝国及其秩序的内外双重攻击，使中国的主要阶级——士绅组织了坚决的抵抗，导致了儒学的复兴，并试图从中获得使中国适应新世界的力量。❶ 迈克尔认为，曾国藩作为当时最重要的儒学复兴领袖，在结合汉宋哲学的基础上，增加了自己对"礼"的解释。他的儒家信仰和学术造诣使他成了抗击太平天国的主要组织者，从而成了近代中国军队的创造者。但是，迈克尔除了对曾国藩的军事、政治功绩给予肯定，还非常欣赏他的学术天赋。迈克尔指出，对于曾国藩本人而言，他真正感兴趣的是学术工作，他只有在儒家的术语中才是一个自由体。如果他处于一个和平年代，他很可能会成为完全不一样的名士。❷

第二节　对于曾国藩以"礼"践行的研究

曾国藩在京期间形成的"礼"学思想理念一直贯穿在他之后的实践行为中。20 世纪 30 年代至 70 年代初期，迈克尔、芮玛丽、费正清都对曾国藩利用"礼"学创建湘军、镇压太平天国、改革内政等措施进行了详尽的研究。

---

❶ MICHAEL F. Revolution and Renaissance in Nineteenth-Century China: The Age of Tseng Kuo-fan [J]. Pacific Historical Review, 1947（16）：144-151.

❷ MICHAEL F. Revolution and Renaissance in Nineteenth-Century China: The Age of Tseng Kuo-fan [J]. Pacific Historical Review, 1947（16）：144-151.

一、对曾国藩以"礼"治军的研究

（一）在经世思想指导下建军改制

湘军是建立在清政府官方部队衰弱不堪的基础上的。用芮玛丽的话来说，曾经强大一时的满族军队——八旗已逐渐衰败到极点，成为一个完全没有真正实力去履职军政的空壳。在人们眼中，此时的八旗兵丧失了战斗力，就如同他们的穿戴一样参差不齐，让人啼笑皆非。根据芮玛丽的记载，这样的衰败早在 18 世纪末就已经开始了，一路下滑的战斗力和军官腐败也让士气颓丧到底，毫无生气。❶ 芮玛丽还进一步分析了晚清军队衰退的原因：首先，自嘉庆和道光朝开始，八旗军就再也没有经历过任何重要的行政和制度方面的改革，老旧的编制体系令八旗军深受积弊的危害；其次，作为汉军主力部队的绿营军在长达半个世纪的时间里（自白莲教起义后），再也没有经受过战争的洗礼，部队早已精神涣散、不堪一击；最后，1850 年爆发太平天国运动时，无论是八旗还是绿营，都在长期荒废的情况下维持着军饷不足、将帅指挥权分散的颓败局面，完全无力阻挡势头劲猛的太平军，而兵部也已经彻底失去了对这两支部队的实际控制权。在很长一段时间里，他们要么被派到驿站，要么到地方驻防，仅仅只能履行一些对战局完全没有任何决定意义的、微不足道的小差事。换防制度让他们被分成小股四处迁徙，而不是整营转移，这不仅破坏了训练效能和团体精神的发展，还让训练徒有虚名，无任何实际内容。谎报兵额的现象也很普遍，当时整个军队制度都渗透着一种松弛的官僚堕气。面对国内动乱，朝廷发现组织起来的是一支未经认真训练、难以驾驭的军队，它拒绝打仗，虚耗国库，一遇到叛乱者就投降，却常常以抢劫平民为能事。正如赫德在 1865 年给中国政府的备忘录中指出，帝国御下的八旗与绿营军并没有抗衡敌军的战斗力，他们的进攻往往是在得知叛乱者已经撤退的消息之下才做出的，而这种所

---

❶　WRIGHT M C. The Last Stand of Chinese Conservatism：The T'ungchih Restoration，1862–1874 [M]．New York：Atheneum，1957：214.

谓的进攻也仅仅是靠屠杀几个无辜的农民来谎报军功。在太平军勇进之时，他们是万万不敢不后撤的。❶ 迈克尔也指出，当时的官方军队、绿营军，已经完全无用了。他们被漫长和平岁月中无所事事的生活腐蚀了。清王朝曾在战略要塞中使用这些八旗部队抵御内外威胁，但突然发现自己此时早已丧失了可靠的防御。在第一次面对英国军队的战争中，这些职业军人惨败，现在他们被太平天国屠杀，或者逃跑。随着旧式帝国军队在 1850 年代的瓦解，时代需要新的军事力量和组织的崛起来应对已经火烧眉毛的各地叛乱。在这种濒临绝望的情况下，士绅组织的地方民兵成了意外的救星，为中国军队的新组织指明了道路，各地政府和中央政府欣然接受，而曾国藩则受命去创建和统一民兵部队。❷

儒教一体化的国家政体确实赋予了士绅阶层组织地方武装、保家卫国的社会职能。面对太平军的骚扰，各地的官员往往参考广州抗击英军的办法，依靠地方官员去组织当地士绅和富农，聚集一切可能的人力和财力，形成团练。这种新型的前近代军事模式比传统的八旗或绿营都具有更优越的战斗能力。❸ 史密斯认为，不论是当时团练还是勇营，在抗击太平军的过程中，都表现了远远超越帝国正规军的战斗力。但是仅凭这些分散的各自为政的地方军队，还是无力抗衡太平军的猛烈而长久的攻势。在史密斯看来，除非组建一种比团练和勇营更具创新性的近代化军队，才能形成与太平天国长期对峙的力量。❹ 孔飞力详细分析了这支新型军队的创建过程：勇营是湖南士绅江忠源和胡林翼首创的，胡林翼尤其重视士兵质量在军队中的重要性，认识到宁可牺牲士兵的数量，也要重视军队的质量和纪律。在贵州，胡林翼就利用他地方知府的有力身

---

❶ WRIGHT M C. The Last Stand of Chinese Conservatism: The T'ungchih Restoration, 1862-1874 [M]. New York: Atheneum, 1957: 242.

❷ MICHAEL F. Revolution and Renaissance in Nineteenth-Century China: The Age of Tseng Kuo-fan[J]. Pacific Historical Review, 1947 (16): 144-151.

❸ WRIGHT M C. The Last Stand of Chinese Conservatism: The T'ungchih Restoration, 1862-1874 [M]. New York: Atheneum, 1957: 243.

❹ SMITH. China's Military System in the Mid-19th Century 1850-1860[J]. Journal of Asian Studies, 1974 (8): 122-161.

份招募了这样一支队伍，这支雇佣兵人数虽然不多，但是个个经过精挑细选❶，在战争中展现了顽强的战斗力。

孔飞力进一步肯定了曾国藩创制的湘军这种新型的勇营，在镇压太平天国中起到了不可磨灭的作用。为了应对太平天国的强大军力，曾国藩运用了经世致用的实用主义思想原则来组建一支具有战斗力的部队。与19世纪20年代黑尔博士的研究不同，这一阶段的美国学者更多关注曾国藩如何采取措施壮大湘军，并最终形成可与中央相抗衡的强大力量。黑尔博士的研究多注重曾国藩所处的历史被动地位，对他在鏖战中的困境表示同情和理解的态度；而这一阶段的研究则多关注曾国藩如何主动突破重围，开创性地去适应战争需要，为维持一支能打善变的军队而做出的开拓性改革。为了能取得眼前的胜利，曾国藩甚至一度牺牲了自己长期坚守的道德信念。史景迁分析了当时的军事和政治格局，认为太平天国运动对晚清政府形成了深刻的外力影响，带来了清帝国的政治和军事分裂的局势，严重削弱了清政府的权威和行政统一。在各地为抵抗太平军而兴办地方民兵组织之前，全国范围内的主要军力都在清政府手中，总督和巡抚作为各地行政长官只有处理民政的权力。但是到了19世纪50年代初，朝廷手中的军队再也无力阻止太平军的肆虐，晚清帝国为了保住政权，不得不下令各地兴办团练。清政府将遏制太平天国的希望寄托在各地区的民兵与团练上，虽然他们也忌讳地方军队的崛起会对晚清帝国造成相当的威胁和影响，但是面对太平天国的咄咄声势，清朝贵族也不得不任由各地汉人士绅精英组织兵团。在这样的时代背景下，半官方半私人的民兵团练代替了八旗部队。在这些遍及全国的地方兵团中，以曾国藩在湖南组织征召的湘军最为突出。他们在保卫长沙的战争中成名，其士兵成员多数是当地的农民，他们在当地贵族士绅的号召下入伍，常常是成群结队地来自于同一个乡村、同一个县域，所以他们互相之间联系紧密，往往只对某个将领表示拜服和忠诚，并怀有强烈的地方情结。曾国藩也正是利用了地方同宗同族之间的人际关系的坚实纽带，来加强湘

---

❶ KUHN P A. Rebellion and Its Enemies in Late Imperial China：Militarization and Social Structure，1796-1864［M］. Cambridge，Mass：Harvard University Press，1970：135-148.

军的凝聚力和战斗力的。史景迁认为湘军不似绿营八旗，不但训练有素，而且薪俸可观，但这样的地方士兵和军队属于将军，而非国家，只对个人效忠，而不会怀有国家意识，这势必会造成军事和政治力量从中央到地方政府的流失，行政管理权从皇帝到地方总督和巡抚的转移。❶

恒慕义对晚清帝国在 19 世纪中期开始的地方军事赫尔经济力量的迅速崛起进行了专题研究，为美国中国学的相关研究打下了基础。❷恒慕义认为，民兵组织的增强，打破了作为中央政权对于地方财政和军队的垄断权力，让中央和地方的权力链条被扯断，并逐渐失去了平衡。随着各地组建抗击太平军的民兵团练，地方行政首领总督和巡抚渐渐掌握了越来越强大的军事指挥权，再加上他们之前就拥有的民政和金融权，地方行政区划所掌握的权力让他们逐渐形成了得以抗衡中央的力量，有些省份开始自主使用地方税收，拒绝将之缴纳给北京中央政府，地方政府的种种离心行为威胁着国家民族和清朝政权的稳定。❸同时，恒慕义还指出，在这样的历史形势下，以曾国藩的湘军为代表，汉族精英阶层与当地督抚共同征召的军队开始在镇压太平天国的过程中逐渐壮大。这些军队在本省各地区征集和训练士兵，并渐渐形成各具特色的税收形式，其中最典型的便是厘金制度。根据恒慕义的研究，军权、政权和财权在地方上的汇集让中央统一力量越来越虚弱；同时，随着各地兵团规模的扩大和将领任命开始实行保荐制，前文提到过的军队地方情结得到了巩固和普及。这些微妙的变化让士兵只对他们的顶头上司负责，越来越不受中央控制。除此以外，国家权力中心也逐渐形成就重要决策咨询各地主要军事领袖的习惯，军事和国家之间原有关系的错乱，致使国家基础被动摇。这些军事领袖的特权，是历史时代的特殊产物，是通过地方督抚与士绅阶层联合组成的军事、行政和财

---

❶　SPENCE J D. To change China: Western advisers in China, 1620-1960 [M]. New York: Little, Brown & Co., 1969: 72.

❷　HUMMEL A W. Eminent Chinese of the Ch'ing Period (1644-1912) [M]. Washington: United States Government Printing Office, 1943: 112.

❸　HUMMEL A W. Eminent Chinese of the Ch'ing Period (1644-1912) [M]. Washington: United States Government Printing Office, 1943: 112.

政权力的合拢来实现的，恒慕义认为这便是中国近现代军阀产生的直接源头。❶

恒慕义还指出，曾国藩在成功镇压太平天国运动之后仅仅被封为侯爵❷，他身后的庞大湘军已然成为清政府殚精竭虑的对象。恒慕义格外注重此时清政府内部权力重组和划分的变化，尤其重视清政府统治的满洲贵族试图化解威胁自身统治力量和地位的曾国藩、湘军及汉人士绅力量而做出的一系列举动。根据恒慕义的记载，1864 年 7 月 19 日，在湘军与淮军联合起来成功攻破南京后，清政府恢复了对南京的行政管理，曾国藩随机便解散了 2 万多名湘军士兵，之后又陆陆续续遣送了 12 万湘军士兵回到湖南。这些士兵中的很多人已经年老、体弱甚至残疾，再也不适合留在军队。❸ 在 1865 年的 1 月，曾国藩打破了他的湘军组织结构，朝廷赞扬他解散湘军的高尚行为，此举为国家节省了大量的军费。

根据恒慕义的分析，曾国藩裁撤湘军的最重要原因无疑是来自中央政府的诸多猜疑。当时清政府统治者和以蔡寿祺、秦石和朱镇为代表的官员对曾国藩和其领导的湘军展开了大量全面而具体的公开审查，并提出了对曾国藩众多行为的苛责，如他的胞弟曾国荃大量劫掠敌军财物并占为己有、谎报其他将军的军事功绩，曾国藩本人私自处理洪秀全儿子并提交虚假报告的事件等，甚至连恭亲王都因被指责祖护曾国藩而受到牵连。恒慕义认为，清朝统治者在战后为了恢复他们的统治权进行了多方努力。❹

恒慕义还研究了曾国藩剿捻的过程，描述了曾国藩在几乎完成解散湘军的壮举之后，却被朝廷指派重组军队去剿灭捻军的过程，原因是僧格林沁在剿捻过程中突然遇害，当时形势危急，清政府不得不马上授命曾国藩展开对直隶、

---

❶ HUMMEL A W. Eminent Chinese of the Ch'ing Period（1644–1912）[M]. Washington：United States Government Printing Office，1943：112.

❷ 有记载称咸丰皇帝曾许诺，攻克太平天国可为王。

❸ HUMMEL A W. Eminent Chinese of the Ch'ing Period（1644–1912）[M]. Washington：United States Government Printing Office，1943：112.

❹ HUMMEL A W. Eminent Chinese of the Ch'ing Period（1644–1912）[M]. Washington：United States Government Printing Office，1943：102.

山东、河南捻军的抗战。对于这再一次的临危受命，曾国藩是十分抗拒的。他刚刚才解散湘军，而且手上仅有 3 千名士兵，担任着守卫南京的重大责任。最终曾国藩还是接受了这个使命，对剿捻军事行动进行了详尽的布置与安排，最后与李鸿章一起联手剿灭了捻军。❶ 而李鸿章和淮军的力量也在这一次的剿捻行动中得到巩固和加强，出于战争的需要，李鸿章给他的十个营都配备了重型火炮等先进的西方军事武器，当时的淮军成为中国最有战斗力的部队。❷

（二）在儒士范围内选人任贤

曾国藩在京学习阶段形成的儒家"礼"学思想体系，首先，被运用到实践中的便是"选用贤能"。芮玛丽认为对曾国藩来说，自律和谦虚是成才的首要指标；其次，便是了解和掌握事物发展的重要规律，以便很好地完成自己的角色；最后，曾国藩还认为通过个人努力可以获得聪明才智。❸ 这些宝贵的思想直接影响了他挑选将才的行为模式。根据迈克尔的陈述，湘军最初的人员选拔条件中除了要求兵士均来自湖南，便是大部分将帅的儒家学术背景要求了。这使它从一开始就独具特色，非同一般。迈克尔强调，曾国藩几乎完全是从持照者中挑选官员的，坚信儒家教育是领导任人选贤的先决条件。然而，尽管他把这种限制限定在自己所在的儒士阶级中，尽管他用看穿人心的目光这种小诡计来赢得尊重，但这种选贤模式据说很成功。不光被选的将领大多德才兼备，而且这些人都对曾国藩敬爱有加。迈克尔这样形容：每个人都能接近他，他也与每个人平等地交谈。即使在军营里，他也保持了对学术生活的偏爱。他喜欢请学者来做客，与他们及其助手们边品酒边讨论文学作品。在战争的繁忙岁月里，他通常能够保持超然，在最危险的日子里，他还记日记。战争结束后，他

---

❶ HUMMEL A W. Eminent Chinese of the Ch'ing Period（1644—1912）[M]. Washington：United States Government Printing Office，1943：112.

❷ HUMMEL A W. Eminent Chinese of the Ch'ing Period（1644—1912）[M]. Washington：United States Government Printing Office，1943：112.

❸ WRIGHT M C. The Last Stand of Chinese Conservatism：The T'ungchih Restoration，1862—1874 [M]. New York：Atheneum，1957：93.

终于有时间和秘书们一起重印和编辑儒家书籍。❶ 正是这种优雅豁达的儒家之风，让迈克尔对曾国藩印象深刻，并认为他若在治世，一定会成为一位风雅的大儒。费正清也肯定了曾国藩是一位优秀的组织者，虽然不能说他在个别战役的战略方向上起了多大作用，但是他在军官的选拔上是无人能及的。当时所有的伟大领袖，包括左宗棠、胡林翼、李鸿章等，都是在他的领导下成名的。

芮玛丽也进一步指出，在同治中兴中发挥重要作用的领导们一直秉承着这样一个观念：只有品格端正的人才能获得成功。这不仅是道德、声望和政治上的成功，更是军事上的胜利。正如儒家信念中一直坚信的那样，君子应该重品德而轻器技，看重专业技能而忽视优良品性的修养会产生极致的危险。芮玛丽提到，早在与太平天国对峙的行军生涯中，曾国藩就开始了为恢复儒家信念而挑选士卒的尝试。芮玛丽在研究曾国藩日记资料时，尤其关注他对于道德品质和儒家制度训练的偏重。芮玛丽认为曾国藩将诚实、正直和仁义等个人品质视作挑选湘军将领的重要指标。❷ 芮玛丽也进一步指出，曾国藩借助幕府的力量在新儒学复兴中培养起来的儒生，他们中有57%是以参加科举考试而出仕的，这种任用文仕来充当武将的行为，在中国历史上时有发生，是儒家教育体制中经常采用的救世方法，其本质是意图实现军事复兴与文职政府的联合，也是为了保证军队对于维护儒教国家一体化制度的绝对忠诚而采取的措施。❸

对于曾国藩在儒士范围内选人任贤的研究，芮玛丽做出了特别的补充。和同时期的其他中国学家不同，芮玛丽注意到曾国藩在镇压太平天国的后期，为了维持战局的稳定，曾一度被迫在选人任贤方面做出过妥协，任用了鲍超等与儒家君子品性不符的猛将来稳固战争后期的局势，以换取来之不易的胜利。但在即将取得胜利之时，曾国藩又马上从实用主义路线回归到他的威权主义宗旨

---

❶ MICHAEL F. Revolution and Renaissance in Nineteenth-Century China: The Age of Tseng Kuo-fan [J]. Pacific Historical Review, 1947 (16): 144-151.

❷ WRIGHT M C. The Last Stand of Chinese Conservatism: The T'ungchih Restoration, 1862-1874 [M]. New York: Atheneum, 1957: 245.

❸ 何文贤. "与狼共舞"——"同治中兴"时期的中外和局研究 [D]. 福州: 福建师范大学, 2005.

上来，提出儒士修身的重要性。他坚持认为唯有伦理道德才能帮助社会回归正道，不道德的社会归根到底一定要由有道之士来纠正；通过立志和居敬、通过履行程朱的修身之道将个人投身于国家、社会和事业中 ❶，这或许也是芮玛丽认为曾国藩受桐城派影响更深的原因。

（三）为培养儒教精英而创新幕府

20世纪30年代至70年代初，美国学界对曾国藩和李鸿章依靠幕府制度汇聚大批汉人精英的举措甚为关注，普遍认为这不光为清政府迅速集中起抗击太平天国的必要人心和力量，也重构了晚清的人才晋升渠道和满汉权力布局。古老的幕府制度在面临巨变的中国近代社会被曾国藩赋予了不同于以往的时代新特色，导致了晚清新式幕府制度的诞生；弗尔索姆也详细分析了幕府组织在中华帝国滋生的土壤及过程。

根据弗尔索姆的分析，清朝与以往的所有朝代一样，都是通过科举制度来选拔官员的。科举考试主要是围绕着文学知识和八股文章来考查学生的文字熟练程度和应用水平。由于科举考试是考生们出仕为官最重要的一条路径，所以几乎所有考生都花费了十几年甚至几十年的时间来打磨自己的文学文章，而对于实际政务则一窍不通。当他们通过科举考试被授予官职后，就不得不独立地面对地方政务中不可回避的实际问题，如税收、农务、旱涝治理、判决案件等。这些专业性较强的实际社会问题往往是科举考试范围之外的，常常让这些刚刚科举及第的考生们难以应对。普遍而言，大多数走科举之路的文官都与曾国藩无二，在出仕之前从未接触过各种专门知识，他们所精通的无疑是儒家教义和文章典籍。但是他们一旦为官，常常要为处理一方行政负责任，如果在职责范围内犯错，还会有被革职甚至送命的危险。所以，不具备专业知识的行政

---

❶ WRIGHT M C. The Last Stand of Chinese Conservatism: The T'ungchih Restoration, 1862–1874 [M]. New York: Atheneum, 1957: 124.

官员往往会延请那些行家里手 ❶，而幕府制度就是在这种前提下产生的。

弗尔索姆敏锐地发现，在清朝晚期，当刚被任命的地方官面对实际问题时，他们不得不延揽各种专业人才帮助自己解决政务上的难题。特别是鸦片战争之后，面对应接不暇的外国军事方式、武器、外交和传教士等棘手问题，地方大吏对于幕府人才更加依赖，这让幕府制度有了滋生、壮大的温床。这时，有着西方文化知识的幕府人才与传统参赞事务的行政专员迅速混为一体，给幕府制度打上了深刻的时代烙印。除了具有传统特点，此时的幕府制度不仅灵活地成为清末培养专业人才的摇篮，还大大加深了幕主与幕宾或者幕友的私交，这种融洽的关系非常符合中国儒家社会的习俗，而且幕宾还能享有比幕主更优越的主动权，而不必拘泥于中央政府的限制。这样的制度正好迎合了晚清与太平天国对峙的历史形势，幕府制度成为地方军事、政治和经济实力崛起的强有力支撑，成为壮大地方割据势力的非正式行政联合体，在晚清末年成为地方大吏对抗中央政府的强大助力。❷

弗尔索姆还深刻地分析了幕府制度在中国政治制度史上的特殊地位，指出正是由于它具有不受中央政府控制这一特性，让它逐步发展壮大成为晚清地方官员离不开的私人行政附属。特别是面对"西学东渐"的时代洪潮，地方官员自掏腰包延请擅长西方知识的人才来襄理夷务的行为蔚然成风，这大大拉动了中国社会跨过传统的大门，迅速向近代迈进的步伐，而幕府制度也正是在这样的转型中发生了巨大的变化。❸

根据芮玛丽的分析，在传统制度内部产生的私人助手（幕僚）制度为中国社会排斥近代化所需要的专门化和专业化人才培养这一问题提供了既适应当时历史环境，又有实践可能的解决方案。作为私人幕府制度的雇佣对象，幕友

---

❶ FOLSOM K E. Friend, Guests and Colleagues: the mu-fu System in the Late Ch'ing Period [M]. California: University of California Press, 1968: 2-3.

❷ FOLSOM K E. Friend, Guests and Colleagues: the mu-fu System in the Late Ch'ing Period [M]. California: University of California Press, 1968: 3-4.

❸ FOLSOM K E. Friend, Guests and Colleagues: the mu-fu System in the Late Ch'ing Period [M]. California: University of California Press, 1968: 1.

（或称"幕僚"或者"幕客"）成为辅佐幕主行使行政军事权力的得力助手，他们通常具有传统儒学的经典学识，能以知识分子的身份受到其他同僚的尊重；同时又兼有适应时代需求的法律、军事、财政等专业技能，能在实际管理中真正帮到幕主。特别是在晚清时期，中外交往逐渐频密，对西方文化的理解和沟通能力也成为襄助幕主的重要能力。幕客身份的灵活性使他们既能成为幕主的有效代言人，又能在非正式场合为幕主解决一些实质性的问题；同时，他们与幕主之间自由而松散的雇佣关系还能让他们能针对时局提出批评。李鸿章在做曾国藩的幕友时，就曾因为与他政见不合而提出尖锐的批评。在更多情况下，幕友给予的参考意见也能缓和其他官员与幕主之间的冲突和矛盾。❶芮玛丽观察到，中兴时期幕府制度非常盛行，不仅能作为已有文官制度的有效补充，而且能极大提高现有行政管理制度的效率和灵活性，真正与儒家行政体系融为一体而发挥着效能。芮玛丽提出，这是中国传统儒家治理风格的一次重要兼容或者专项，越来越多的中兴领袖开始重视对专业化问题的处理，也认识到除了儒家君子之术，还有很多有效的需要他们掌握的新技术，特别是军事与国防技术。然而，具有这种觉悟程度的政治家毕竟是少数，同时他们也很难再保持儒家传统思想和改革新技术之间达到平衡与和谐。❷

芮玛丽的研究中也多次提到，虽然科举制和恢复儒家信仰是中兴的核心方向，但事实上，以李鸿章、左宗棠为代表的那一批因为镇压太平天国运动而被迅速提拔的官员，并不都是历任了传统制度规定的低级官职，而主要是依靠荐举制得到升迁的，而荐举制能在剿灭太平天国的过程中得到迅速推广和应用，也完全是因为曾国藩对幕府制的创新和广泛使用。以曾国藩、胡林翼、左宗棠为代表的第一代在镇压太平天国运动中崛起的地方领袖人物充分发挥了私人幕府的灵活性和有效性，特别是在广泛搜罗人才方面。曾国藩本人孜孜寻求

---

❶   WRIGHT M C. The Last Stand of Chinese Conservatism: The T'ungchih Restoration, 1862–1874 [M]. New York: Atheneum, 1957: 116.

❷   WRIGHT M C. The Last Stand of Chinese Conservatism: The T'ungchih Restoration, 1862–1874 [M]. New York: Atheneum, 1957: 117.

各方人才，整理成名单并排列成不同等级，亲自写信给他们。芮玛丽对曾国藩求贤问能的过程进行了研究，分析了他通常采取的集中方式：广泛招募、小心任用、勤于指导、严格控制。❶首先，曾国藩发动身边的文化精英圈广泛地结识贤能之人；其次，他便开始对收集到的人才进行信息的整理和分类，对他们进行评估并采取不同策略来招揽他们。在雇佣幕友之前，曾国藩会细致地分析人才类型，比较他们的优缺点并指派他们到不同的岗位就职。芮玛丽对此评价道，曾国藩对他们的估价是精明而现实的，他虽然一直坚持道德修养在选贤任人中的核心地位，但是面对不同的实际环境，他也愿意现实地承认需要不拘一格降人才，他也始终不懈地鼓励他的幕友不断进取，获得更大的收获，很多幕友因此成为曾国藩的学生。"三代之丁习于耕一地，如同未修耕的耕地，非良丁也。"❷中国传统儒家并不重视专业人才，而且普遍认为高尚的儒者应该是文学哲学的通才，而无须掌握某一专业领域的知识，即使才华横溢的艺术天才也总是用儒者正统的身份来撇清自己的艺术天分。所以，科举制产生了儒家通才，而以幕府为基础的举荐制则缔造了专业人才。

（四）为筹措战备军资而改革财税

费正清的研究进一步证实了黑尔博士对于曾国藩在一穷二白的基础上编练湘军的考证。费正清也套用了黑尔博士的描述，认为曾国藩是靠白手起家的实干创业领袖，并对他绞尽脑汁创立各种名目为湘军解决军饷问题进行了研究。费正清提到，起初，曾国藩除了一纸诏书，什么也没有。当军队扩大以后，厘金这种商税马上压倒其他方式，成为曾国藩最为依赖的财税收入。厘金是曾国藩采用时间较长、效果较好的给养军队的税收渠道，最后，他在同僚好友胡林翼、左宗棠、李鸿章等人的支持下支撑了11年，最终完成了对太平

❶ 陈乃乾："曾文正公语录"，见《古今》1944年第41号，第27-31页，这段语录引自赵烈文日记：根据曾氏的一位私人幕僚的日记看，曾说过：能"寻到"第二及第三流的人并进行储才，而第一流的"则可遇而不可求"．

❷ 王之平．曾胡左兵学纲要［M］．北京：军用图书社，1937：80．

天国的镇压。❶

在恒慕义的研究基础上，芮玛丽也提出：厘金税和湘军的建设，使得湘籍首领完成了军财合一，甚至被批判成肇始地方割据势力的罪魁，造成晚清督抚专权，使一省官吏全部成为其属吏，察其颜色，仰其鼻息。对于厘金引起的问题，芮玛丽也做出了明确判断：厘金名义上是一种商品销售税，由于运输中多次转运或滞销等原因，造成了同一商品多次被征税等问题。同时，厘金从诞生之日起，一直被当作解决太平动乱之时的暂时对策，各级政府和相关部门从未完善这一制度，更未建立起任何解决其负面问题的方法，厘金制度在运行中一直存在着很多管理的漏洞。对厘金的抨击几乎伴随了它存在的始末，主要是针对它缺乏监督、鼓励贪污中饱等方面。当时朝廷户部尝试着对厘金作出有力监督，试图创立一整套能有效督管厘金征收全过程的制度，这仅有的一次努力在不久之后也因为执行不彻底而不了了之。要求取消厘金的呼声在太平天国被镇压之后日益高涨，朝野普遍认为军费被削减的时代已然到来了，特别是以全庆为代表的反对派认为，既然长期以来政府没有找到能够完善厘金制度或者解决它引起的负面影响，那么在成功镇压太平天国之后，继续在和平年代推行厘金就失去了必要性了。民间越来越多的反对厘金征收的声音（广州为首）也是政府需要考虑的重要因素。拥护厘金的实用主义信徒们从来没有将它看作正常税收的稳定组成，也从不回避厘金引起的社会问题，而且他们一直抱这种观念：厘金作为解决战时财政窘况的暂时性税收措施，应该在适当的时候被取缔。同时他们也提出，厘金给清政府带来的收入是不可小觑的，这笔庞大的资金能让晚清政府渡过眼前的危机。所以，他们提出，重要的不是取消厘金这一税制，而是努力完善并弥补厘金带来的严重弊端。芮玛丽列举了骆秉章和毛昶熙的观点，认为限制其天生缺陷的有效做法就是将厘金的征收权牢牢掌握在省一级的政府手中，这样便可以有效地规避征收厘金所带来的弊端。所以，在成功镇压

---

❶ WRIGHT M C. The Last Stand of Chinese Conservatism: The T'ungchih Restoration, 1862−1874 [M]. New York: Atheneum, 1957: 205.

太平天国运动之后的一个世纪里，厘金仍然存在着。❶虽然它常常被人们诟病在财政上为中国近代军阀割据造成的混乱提供了基础，并因此将中国资本主义的萌芽扼杀在摇篮中，同时还断送了有可能崛起的民族经济，甚至直接引发了后来官府的极度腐败与不作为。但芮玛丽也明确地指出，被人们广泛忽视的是，包括曾国藩、骆秉章、毛洪斌、郭嵩焘、刘坤一等在内的一批杰出政治家支持征收厘金。他们的理由是：应该让相对容易获得利益收入的商业来分担农业长期承受的过度负担，特别是在因为镇压叛乱而不断增长军费的动乱年代。一味增加的土地税已经让农民怨声载道，而征收厘金正是可以让他们稍稍喘息的机会。历史证明他们是对的，因为经过 75 年的争论，厘金在 1931 年被取消，商业虽然"自由"了，然而主要由农民负担的土地附加税却剧增。❷

　　除了利用厘金筹措军费，波特还补充了曾国藩为保证财政正常运转而进行的相关行政改制。❸芮玛丽还找出了关于盐制的变化。实际上，为了适应当时的征战形势，曾国藩在实用主义思想的指导下作出了广泛而影响深刻的调整，甚至扰乱了早已开始进行系统化调整的盐制。例如，曾国藩承认，左宗棠彻底打破了旧垄断，在闽浙推行了票盐制。但是盐票和贩售权在征战年代如果不能被大商人以外的人群得到，那么它就失去了本身存在的意义。在芮玛丽看来，作为一贯的折衷主义者，曾国藩对特许票（引票或票贩）制度也秉持着他一贯坚持的折衷主义改革宗旨，曾国藩对盐的贩卖有效期进行了较大幅度的延长，并严格规定了交易的限制范围。这样一来，经过改良的贩盐许可证就被以更大数量印制和颁发给了更多的外围商人，这样能起到分散利润的作用，并在一定程度上减少了大盐商的垄断；同时由于这些许可证比起盐票数量要少得多，也起到了严格控制走私的效果。根据芮玛丽的分析，曾国藩设计这套盐制的目的有二，一方面是要通过抬高销售的价格，为盐商提供运输和贸易中的官方保护

---

❶　经查证，厘金一直沿用到 20 世纪 30 年代，并不如芮玛丽所称的延续了一个世纪。

❷　WRIGHT M C. The Last Stand of Chinese Conservatism: The T'ungchih Restoration, 1862-1874 [M]. New York: Atheneum, 1957: 206-208.

❸　PORTER H. Tseng Kuo-fan's Private Bureaucracy [M]. Berkeley: University of California, 1972.

与帮助；另一方面是要以此预防他们因为贩盐而变得太过富裕，同时掌握越来越大的权势，成为不稳定因素。然而这种改革也必然存在缺陷，不久以后，曾国藩的盐票很快就被盐商当作永久性的许可证来使用，甚至被认为具有可继承性。多年之后，李鸿章针对盐税收入减少的问题再次进行了调整，他大大提高了购买盐票的机会，再配以更加严格的管理制度。对于盐制，芮玛丽认为只有冯桂芬主张根本改革整个盐制，以期降低盐价、增加销售、减少政府的控制，而无论曾国藩还是李鸿章，他们所做出的调整都没有触动到盐制的根本内在。❶

二、对曾国藩以"礼"兴教的研究

曾国藩最先举起反对太平天国的旗帜，是出于维护名教的目的。卫德明也曾分析过，曾国藩明确地传达了他想维护的不再是大清帝国，也不再是满族统治者，而是社会纲常，这也就是恢复儒家的"礼"，即社会的正常秩序。此处他虽没有明确使用儒家或者程朱理学的词汇，却向社会大众传递了一个更远大的内容——所谓"名教"，就是圣贤合理的教义。

迈克尔分析道，太平天国运动以"拜上帝教"为旗帜，相比于中华帝国以前的农民起义，增添了对儒家政治思想统治原则和权威的威胁。❷虽然形式上说不清楚，但它已经是针对政治制度本身了。因此，迈克尔总结道，以曾国藩为代表的士绅阶层的任何一个成员都不可能容忍这样一个攻击儒家信念的农民运动。这个学者群体中的杰出成员联合起来保卫他们的儒家文化遗产是很自然的，但由于当时获得中国王位的是满族血统，使得以曾国藩为代表的汉族儒家精英阶层与太平天国对峙的情况变得更加复杂了。迈克尔提出，20世纪中期中国学界将太平天国运动回溯地解释为一场反对外国统治的中国民族运动。鉴

---

❶ WRIGHT M C. The Last Stand of Chinese Conservatism: The T'ungchih Restoration, 1862–1874 [M]. New York: Atheneum, 1957: 221.

❷ MICHAEL F. Revolution and Renaissance in Nineteenth-Century China: The Age of Tseng Kuo-fan [J]. Pacific Historical Review, 1947（16）: 144–151.

于此，以曾国藩为代表的中国士绅在20世纪中期被站在民族立场的学者指控为背叛了中国的事业，这种指责把后世的概念应用到了一个更早的世界。如果遵循"对历史人物的评价应该与当事人所处的历史时代相吻合"这一史学原理，那么在曾国藩的时代，无论当时存在何种形式的民族主义，它都已经被儒家的政治意识形态所掩盖了。清王朝从一开始就接受了正统的儒家思想，这一思想比一个起源于中国的王朝更为汉族精英所依赖。所以，迈克尔大胆地推测，如果要在几乎不存在的民族主义和捍卫文化传统之间作出选择，汉族士绅精英们自然会选择后者。为了保护他们的传统，他们保卫满族统治者，镇压革命。❶

芮玛丽观察到，在即将战胜太平军的关键时刻，清政府与太平军作战的运气大大好转，曾国藩、李鸿章等涌现出来的新型地方行政管理人才让李泰国等中国通眼前一亮，并在阿斯本海军事件中印证了他们的实力。芮玛丽参考中国古代几次"中兴"事件，根据当时的情况做出论定，指出清代的中兴体现了"重新强调中国传统制度有效性的最后一次巨大努力……这个时代的伟人们看到了正在扩大的阴影中的胜利"。❷ 成功镇压太平天国之后，曾国藩面临着战后重建的问题。当时的中外和局和同治中兴，为中国创造了一个向西方借鉴、学习的绝好机会。然而，令芮玛丽始终不满的是，以奕䜣为首的满族权贵和以曾国藩为首的汉族统治者心心念念的仍然是恢复儒教的礼法秩序。据芮玛丽分析，儒家礼教的思想是中兴领袖们创造中外和局与恢复社会稳定的终极原则和目标，同治中兴的存在价值就是为了让士族和平民再次相信并推崇儒家信仰。芮玛丽这样形容这种复兴：中国知识分子和士绅精英阶层因为儒家生活方式被打破而感到无比焦虑，他们迫切需要得到中央政府的支持，以便恢复他们的精

❶ MICHAEL F. Revolution and Renaissance in Nineteenth-Century China: The Age of Tseng Kuo-fan [J]. Pacific Historical Review, 1947（16）：144-151.

❷ WRIGHT M C. The Last Stand of Chinese Conservatism: The T'ungchih Restoration, 1862-1874 [M]. New York: Atheneum, 1957: 9.

神信仰。在这种历史条件下，儒家学说被改头换面并得到重生。❶ 芮玛丽无奈地描述道：在曾国藩的心目中，同治中兴之所以存在，并不是为了向西方文明进程迈进，而是为了复兴和进一步巩固他们渴望已久的被太平天国打破的儒家经典价值观和儒教国家一体化。曾国藩将儒家思想的几种主流思想汇集并整合起来，力图对儒家教义进行适当修改，并使它能在中国历史中保持更久的生命力，以实现儒者们共同憧憬的大同世界。在这种思路的指导下，以曾国藩为代表的晚清军事思想家在成功镇压太平天国之后，直接领导帝国走上了儒家文化复兴之路。❷

芮玛丽指出，中兴的政治家们并不希望开创一个新社会，他们也从来没有设想过要按照西方模式构建一个民主共和的社会，他们一直追求的是一个建立在永恒真理之上的社会，这个真理就是他们一生所追求的中国古制。这是一个固若金汤的整体系统，不需要任何演变和进化，只需要经过稍微调整便可以应对一切变局，形成一个永世繁荣昌盛的一体化社会。曾国藩对这个真理的追求便落实到一个字上，芮玛丽认为曾国藩把"礼"看作是中国传统社会稳定的思想之基，曾国藩也试图用他自己的力量使"礼"再次成为支配帝国各方面的规范与力量。芮玛丽觉得在曾国藩的思想深处，"礼"被尊崇为指导人们行为的总规则，它以一种观念的形式存在，为不同阶层等级的人勾勒出完美而细致的指导，规定他们该做什么、不该做什么。芮玛丽在研究中引用了克拉克洪的理论来加深对儒教的理解，克拉克洪把人们受信仰之固而不得不做的事情比喻为一种儒教的状态，他相信凡是这种文化价值观根植最深入的地方，都会产生最琐碎的流言蜚语和各种样式有关价值观的讨论，这些都是他们最核心最本质的财产。❸

---

❶ WRIGHT M C. The Last Stand of Chinese Conservatism: The T'ungchih Restoration, 1862–1874 [M]. New York: Atheneum, 1957: 79.

❷ WRIGHT M C. The Last Stand of Chinese Conservatism: The T'ungchih Restoration, 1862–1874 [M]. New York: Atheneum, 1957: 129.

❸ WRIGHT M C. The Last Stand of Chinese Conservatism: The T'ungchih Restoration, 1862–1874 [M]. New York: Atheneum, 1957: 78.

　　根据芮玛丽的分析，中国精英对于任何统治集团的认可都回溯到道德上的权威——"礼"，这不仅表现在基本的哲学术语上，而且体现在日常实际用语中。正像《北华捷报》所描述的，"这种体制能在社会中发挥稳定的作用，让一切事物都在应有的位置上各安其分"❶。芮玛丽指出，以曾国藩为代表的儒家精英们相信，中国社会秩序的维持主要依靠"礼"，这种全心依靠和信仰"礼"的行为产生的效力甚至超过任何物质力量的执法。所以，在他们看来，从理论和实践两个层面上，政府应该充分发挥"行政道德力量"，这个力量主要来自于各级行政官员对儒家礼教的信奉和接受，也来自于普通百姓对于儒家信仰的认可。❷芮玛丽通过对同治中兴的研究和中兴领袖思想内核的解读，认识到在儒家士绅的内心深处，早已将儒教的有效发挥置于至高境地，为了复兴这种被尊为正统的儒家教义，他们进行着全方位的保卫战，这种斗争又不同于西方历史中对保护信条的战争。按照芮玛丽的理解，儒家精英们认为太平天国将百姓们引入虚假的教义歧途是罪恶的，但这并不是他们需要为之斗争的直接原因。他们聚集奋斗的原因是认为儒教效力的下降导致了政府的软弱，这才间接引起了百姓的造反并尊奉了虚假教义。曾国藩针对太平天国"拜上帝教"的抨击，目的当然是对他认为的虚假教义展开直接进攻，但终极目标则是恢复正统教义的效力，即复兴良善的政府。所以，在芮玛丽看来，曾国藩将太平天国倚仗基督教造反视作儒教需要复兴的症状和表现，而非直接起因。在太平天国运动爆发之前，他努力继承儒家四大主流学派思想精髓的始末，卫德明研究过了；他希望通过采用儒家经世之道来重振军备、改革吏治的众多奏折，沈陈汉音也研究过了。在太平天国被镇压之后，芮玛丽更是看到了他将振兴和光大儒教的责任继续担在了自己肩上。芮玛丽无奈地提醒那些想要推销西方文明模式的人们：曾国藩和众多儒家大吏们并不会如他们想象的那样，用西方模式改造中国文明，他们憧憬的中外合作与融合的前景，在中兴时期起码是不会实现的。很

---

❶ North China Herald, Aug. 14th 1868.

❷ WRIGHT M C. The Last Stand of Chinese Conservatism: The T'ungchih Restoration, 1862-1874 [M]. New York: Atheneum, 1957: 79.

遗憾的是，芮玛丽的研究并没有被赫德看到，否则也不会有马士为他鸣不平了。另外，芮玛丽也承认，与太平天国到处破坏偶像所不同的是，孔教崇尚博包（即相容无碍主义）而排斥单狭，这确实可以提升国民的道德。同时这也是一种人道主义，是对人生的肯定，对普通百姓世俗生活的肯定。中兴官员复兴儒教教义的热心者众多，但这又非西方意义上的宗教热心者。❶

芮玛丽在分析中提到，随着中兴的形成，最高统治者慈禧太后与中央实力派领袖奕䜣及地方大吏曾国藩的权力博弈也开始了。曾国藩本人作为理学的拥护者，在战胜太平天国之后，他无疑成为恭亲王的得力助手，与李鸿章一起奋力推动了洋务运动。这一思想贯穿洋务运动始终，指导着中兴领袖们重新树立起儒家在中国社会各界的权威，这也能让曾国藩在辅助奕䜣和实现自己的儒教信仰上实现共赢，还能满足处于权力巅峰的慈禧太后的需求。在这样的平衡中，儒教国家一体化的复兴得到了三方的支持。

芮玛丽认为，当时即将得到全面复兴的儒家学说仍然具有强大的吸引力。为了针对太平天国埋汰儒教的做法，中国文化界达成了清朝历史上前所未有的统一。❷芮玛丽还总结道，在晚清帝国遭到太平天国威胁时，保护帝国的不是那些曾拥有显赫军功的武将，而是坚持儒家信仰的文职官员。这些科举制度训练出来的文官在 19 世纪 60 年代成为拯救帝国统一的英雄，他们被提升到汉族在清朝中能够企及的最高等级，他们的文学造诣之高，使得他们的军事成就更加引人瞩目。也正是因为他们在儒家修养和教化、道德方面的成就，让他们的军事行为更加具有儒家文人色彩，甚至让他们的军威在他们的文学高度面前一度逊色，连湘军都因此打上了深刻的儒家士绅色彩。太平天国被镇压后，涌现了一大批清一色的学者兼官吏，这些中兴功臣在地方和中央恢复并延长了传统

---

❶　WRIGHT M C. The Last Stand of Chinese Conservatism: The T'ungchih Restoration, 1862—1874 [M]. New York: Atheneum, 1957: 78.

❷　WRIGHT M C. The Last Stand of Chinese Conservatism: The T'ungchih Restoration, 1862—1874 [M]. New York: Atheneum, 1957: 79.

秩序的寿命。**❶**

此外，曾国藩发起了对儒家信念的全面恢复，特别是重塑以"礼"为基础的社会行为理念。芮玛丽评论道，在同治中兴时期，有关建立在"礼"（社会习俗原则）的基础之上的稳定社会及社会内部变通的补充思想，在同治时期的新儒家思想体系中是非常有名的。在这一时期，中兴改革的价值观都围绕着中外和局展开，在经济发展方面，中兴领袖都强调以简去奢，在思想方面，则坚持以信仰和内心平静来代替物质欲望。芮玛丽强调，中华民族在文化上自信心赋予了他们对自己传统生活方式的热爱与忠诚，也深深影响了中兴时期的整体政策，那就是要恢复儒家信条中以宇宙秩序为标准来巩固中国社会阶层的结构、以人性的本质和善良的品性来顺从帝国控制社会的手段，相比起法律，这个手段应该更偏向于"礼"这一传统观念。**❷**

芮玛丽总结说，安民生和固民心被推为贯穿中兴时期的重要口号和核心。按照当时的政治理念与儒家信仰，只要确保百姓能安居乐业，儒家精英阶层就能在平和的社会秩序中巩固自己的精神领袖地位，人民的不满情绪会慢慢消退。芮玛丽也补充说，虽然整个中兴阶段都十分重视"礼"教的道德说服能力，但是统治阶级从没有公开表示废弃使用法律管制（刑）。在百姓不再臣服于"礼"教说服时，刑便会作为教化的有力手段和必要补充，充分发挥作用。在提到刑罚的时候，芮玛丽指出，曾国藩作为中兴时期的伟大改革家，同时也是"礼"学的倡导者，却从未停止过对刑罚的使用，曾国藩甚至被认为是那个时代最严厉的执行刑罚的政治家。芮玛丽认为虽然以曾国藩为代表的儒家信徒艳羡西方先进的技术成果（特别是军事武器），认为中国急须学习西方的技术知识，但他们却始终坚信，由儒家信念构建的帝国体系是完美的，不必经历西方式的社会结构或政治哲学的任何真正变化。芮玛丽提出，一方面，同治中兴

---

❶ WRIGHT M C. The Last Stand of Chinese Conservatism：The T'ungchih Restoration，1862–1874[M]．New York：Atheneum，1957：88.

❷ WRIGHT M C. The Last Stand of Chinese Conservatism：The T'ungchih Restoration，1862–1874[M]．New York：Atheneum，1957：78.

的所有支持者，包括中外人士都关注儒家信念中对于传统"变"的观念。很多西方人士（包括芮玛丽本人）寄希望于中兴阶段对西方思想文化的接受，并盼望以此来改革中国的行政体系；但是，另一方面，在儒家精英的心中，2000多年来的稳定治理是与儒家理念和儒教国家一体化紧紧联系在一起的，如果一定要对他们进行适当修正，那么也应该被限制在尽可能狭小的范围内。虽然中兴的政治家们比他们的先辈具有强烈得多的变革观念，但芮玛丽仍然失望地表示：中兴领袖们根本没有发觉他们的国家和政体正在风雨飘摇中寻求依靠，甚至号称最"开明"的政治家也没有意识到应该在中兴时期对旧制作出某些根本变革，即使这些变革已被后来的历史事件反复证明是对于中国政府乃至中华民族的生存至关重要的。芮玛丽虽然对这些保守主义分子极度不满和失望，但是她也冷静地总结了他们的贡献。用芮玛丽的话来说，以曾国藩为代表的保守主义儒士将他们信守的传统意识形态以创新的形式加以巩固，目的是能在变易的新历史环境中重新发挥功效。所以他们将中兴时代的改革限制在一个可控的范围内，一旦超出这个范围，他们固守的价值观念和儒家信仰就变得岌岌可危，就会面临着文化全线溃堤失守的颓势。但是，芮玛丽并不认为他们就是愚蠢盲目或是思想顽固僵化的代表，相反，他们是那个时代坚守着曾经辉煌的伟大传统的真正保守派，他们坚韧而顽强，为信仰不屈奋斗。唯一可悲的，是他们没有意识到自己身处在一个制度的革命性变革早已不可避免的时代，或者他们早已发觉，却不愿面对抑或不敢面对。❶

芮玛丽参考了中兴时代众多名儒对于西方文化和价值观的理解，沮丧地发现，儒家学者们都认为，中兴阶段和中兴政策存在的最终目的都是将帝国统治与社会体系推向他们憧憬中的远古上国，这种思想一直在儒家信徒中源远流长，任何其他的价值观和生活方式都不足以让他们对此产生动摇，与中国传统

---

❶ WRIGHT M C. The Last Stand of Chinese Conservatism: The T'ungchih Restoration, 1862–1874 [M]. New York: Atheneum, 1957: 82.

价值观相比，西方文化是野蛮的、狭隘的、幼稚的。❶ "曾国藩们"一直追求以高级文官为核心而搭建起来的政府行政管理体系，并在此基础上密织地方网络。在下一个研究阶段，美国学者波拉切克围绕中国文官管理体系的紧密结构，研究了鸦片战争之后逐渐恢复并发展壮大的儒家精英阶层如何在京城文官网络中发挥越来越重要的作用，甚至多次左右了朝廷在关键岗位的用人和对外政策的转向。芮玛丽在此时的研究成果也清晰地表达了，儒家汉族精英试图借助中兴而达到儒教秩序的恢复与巩固，他们用尽全力在国家利益和百姓满意中找到平衡点。他们兴建新式军队、接受西方科技成果，但仍然在几乎每一个领域抓紧儒家思想的教化和学术研究。❷

这种极致的文官管理体系对于个人品性和修养的要求极高，关于任用贤人治理国家的儒教内核并不完全适应中兴时期的时代要求，康有为也曾评论，这种制度导致的后果便是对个别官员特殊才能的过度依赖，这造成整个清末由于人才极端匮乏而导致灭亡的普遍性观点滋生。❸ 中兴时期任命的高级军事将领大多是对国家内政问题和重建困难比较了解的官员，他们不仅具有出众的军事才能，而且对国家忠诚。虽然长久以来在儒教国家一体化的行政系统中，武将普遍都不被看重，甚至时常遭遇偏见与歧视，但是一旦国家面临危机，那些最有威望和才干的人便会站出来扛起复兴一统的大旗，而且这些人往往是没有任何军事背景的儒士。在中兴时期，这种特征就表现得特别明显，除了胡林翼、左宗棠、李鸿章和曾国藩之外，还有许多其他贡献卓越战功的著名儒士。刘长佑就是一个典型的例子，他虽然因为打败仗而时常受到指责，但在外国观察家看来，他是一位杰出的军事管理人才。❹

———————

　❶ WRIGHT M C. The Last Stand of Chinese Conservatism: The T'ungchih Restoration, 1862−1874 [M]. New York: Atheneum, 1957: 83.

　❷ WRIGHT M C. The Last Stand of Chinese Conservatism: The T'ungchih Restoration, 1862−1874 [M]. New York: Atheneum, 1957: 85.

　❸ 康有为. 康南海文钞 [M]. 上海：上海进步书局，1916：28−43.

　❹ WRIGHT M C. The Last Stand of Chinese Conservatism: The T'ungchih Restoration, 1862−1874 [M]. New York: Atheneum, 1957: 246.

芮玛丽描述了她对于同治中兴的理解。在她看来，开始于 19 世纪 60 年代的同治统治时期之所以能被称为"中兴"，是来源于中国历史上对于成功镇压皇朝统治时期的动乱而产生的称谓与评价。中兴的真正缔造人是高级文武官吏。芮玛丽在论及中兴时评论道，晚清政府的苟延残喘，让世人认为一个王朝甚至是一个文明已然走到了穷途末路，但是以曾国藩为代表的汉族儒家文化精英凭借他们个人的努力和非凡才能，使这个王朝和它所象征的文明得以续命了半个多世纪，这就是"同治中兴"。❶

三、对曾国藩以"礼"改制的研究

芮玛丽虽然对奕䜣、曾国藩等保守派一心想要恢复儒家秩序而感到失望，但是也不断重复着她的发现：同治中兴的领袖们虽然热心于恢复他们的旧制度和儒教礼仪，但是他们也认识到要在清帝国框架内维护旧秩序，必然要作出重要改革。她指出，在同治中兴时期，社会秩序得到恢复与巩固，这些被认为是得益于"礼"（社会习俗原则）的建立。同治中兴的所有支持者，包括中外人士都十分关注传统文化中"变"的观念对于当时国家稳定的支持。卫三畏对此有着精妙的形容，他评价以曾国藩为代表的儒家精英阶层一直在寻找旧体制可维持的最大限度——"为确信中国的新生像食品中的发酵剂发生效力一样，不会涨破盛装器皿就能取得成功提供了某些依据"❷。但是芮玛丽也提出这样的疑问：中国在 19 世纪 60 年代内外交困的困境中不得不产生的"变"，是否也应归属在中国历史常规设想中能推动社会发展的"变"的范畴之内呢？❸

就像芮玛丽提出的，中兴时期此类关于这种"变"的作品与太平天国前期论证统治技巧（经世）的作品形成了鲜明对比，但是仍不能与 19 世纪 90 年代

---

❶ WRIGHT M C. The Last Stand of Chinese Conservatism: The T'ungchih Restoration, 1862–1874 [M]. New York: Atheneum, 1957: 61.

❷ WILLIAMS S W. The Middle Kingdom [M]. New York: Charles Scribner's Sons, 1883: 742.

❸ WRIGHT M C. The Last Stand of Chinese Conservatism: The T'ungchih Restoration, 1862–1874 [M]. New York: Atheneum, 1957: 80.

的作品中关于"变"的程度相比。正如前文所说，这需要各方面的完美契合。既需要恢复中国政治传统中高级文官的管理效能，又离不开文官控制体系中从中央到地方有效而复杂的网络；既要依靠国家整体政策中对恢复百姓经济力量的倾斜，又与帝国重振军队、调整对外关系的策略密不可分，而最重要的，儒家政治领袖期盼在帝国的每一个领域和角落都深深根植儒家思想与教义，并形成良好的儒学教育和学术研究。❶

芮玛丽指出，面对需要作出"变"的挑战，中国官员认为，最重要的是中国要学习西方的技术知识，而不必经历类似西方对旧有社会结构认知或政治哲学的任何真正变化。在儒家思想中，学者们找到了克服内在危险的道德力量，而儒家思想本身则赋予中国在新的国际世界中重建地位的道德力量。为了证实这一点，芮玛丽列举了张之洞（芮玛丽强调这是一个类似曾国藩的人物）《劝学》篇中表达的中国在教育中的救赎，指出他心目中的教育是中国古典文学、历史、地理和政府学与西方科学、技术和宪法学的结合。接受这种教育的人应该是儒家学者，因为他的话是"中国的未来只取决于她的文人"，因此，中国的复兴是建立在儒家的基础之上。

曾国藩到底对于可以实行的"变"的程度是如何把控的，芮玛丽并没有给出一个明确的答案。迈克尔认为曾国藩坚持改革、反对腐败，并试图在现有社会结构的框架内改变镇压和剥削。对此，他自始至终都是诚实的，尽管他担任过许多高级职务，但他死时并没有很富有。他对皇帝的报告，虽然总是为士绅的利益而写，但充满了对现存条件的批评。❷

在切实学习西方先进技术以保证儒教一体化秩序长治久安方面，曾国藩等中兴名臣们兴起了洋务运动，芮玛丽总结了他们在军工、采矿、货币金融、教育等方面做出的有限创新与变革。

---

❶　WRIGHT M C. The Last Stand of Chinese Conservatism：The T'ungchih Restoration，1862–1874 [M]．New York：Atheneum，1957：85．

❷　MICHAEL F. Revolution and Renaissance in Nineteenth–Century China：The Age of Tseng Kuo-fan [J]．Pacific Historical Review，1947（16）：144–151．

　　首先，芮玛丽分析了曾国藩急于接受西方军队的装备和训练，并利用西方知识建立造船厂的迫切心情，但他不想让作为顾问的外国人实际控制中国组织。以曾国藩为代表的中兴名臣们坚信中国要自强，要用自己的内在力量战胜危机。邓嗣禹也指出，曾国藩兴办洋务的主要成就是他和李鸿章一起筹办的江南制造局❶，陈其田也曾记载清朝于1862年开始模仿西洋技术。当时，曾国藩在安庆这一刚刚从太平军手里夺回的战略要地上建立了著名的安庆军械所，制造土炮和火绳枪之类的旧式武器，还试图制造榴霰弹和雷管❷，曾国藩还于1863年派遣容闳去美国选购"制器之器"。

　　其次，芮玛丽在史料中发现，曾国藩、李鸿章等中兴政治领袖非常热衷于按照西方的现代化实验技术打造中国采矿业的基础，但是一旦面临雇佣的外国技术人员有可能扰乱中方人员对采矿事业的主导权和控制低位时，他们就变得犹豫起来。❸曾国藩指出，"只要用人得当，发展矿业就不会扰民，在外国，采矿业是一项经常性的生产，并没有引起不安。根据外国人的理论，如果中国人自己不开采矿山，外国人就会开采"。而芮玛丽指出，实际上困难在于中国找不到组织采矿企业的有效办法，一是没有现代技术进行大规模开采，二是没有能够控制的资本，三是没有相关技术背景的专业人员和管理人员。所以，中兴时期的最后几年，帝国尝试了用官督商办的方式来开采云南铜矿业，但是由于以上种种原因，最后还是以失败告终。❹

　　最后，芮玛丽指出，中兴时期的政治家们对商业和采矿业的兴趣都十分有限，而工业发展更是完全被他们摒弃在考虑的范畴之外。在整个同治中兴时期，中国现代工业的很多领域都得到了初步发展，但是却没有一个人认为应该考虑军工以外的其他工业的发展，大力主张引进外国制造业的冯桂凤也只是将

---

❶ TENG S Fairbank. China's Response to the West: A Documentary Survey（1839-1923）[M]. Harvard: Harvard University Press, 1954: 85.

❷ CHEN G. Tseng Kuo-fan [M]. Peking: Peking Press, 1935: 20-25, 40-42.

❸《英国国会档案》《中国卷》第12号 1869年.

❹ WRIGHT M C. The Last Stand of Chinese Conservatism: The T'ungchih Restoration, 1862-1874 [M]. New York: Atheneum, 1957: 225.

关注的焦点放在火器的制造上。大批中兴领袖者对于军工行业的持续投入带来了明显的成效，但好景不长 ❶，在芮玛丽看来，西方科技是不可能与中国传统政治体制完美结合的，要想取得现代工业的全面而持续的发展，必须停止对旧体制的修修补补，而彻底重塑现有的行政体系。❷ 所以，无论中兴领袖在旧有制度的框架内如何努力地兴办实业，也注定了不能收获令人满意的成果。

芮玛丽同时还指出，中兴时期对货币和金融的改革策略也是暂时和不彻底的。依据曾国藩的建议，朝廷应该每年向全国公开白银和铜币的比价，并以此为基础来调整和维持这一比价在主要经济领域和行政区域的稳定性和合理性。另外，曾国藩还认为军队薪饷和某些税款不必使用白银，铜币就能发挥足够的效用。然而，在当时分散的帝国经济体系中，在各地情况不同的经济模式运营中，根本无法对银钱比价进行强有力的调整措施。所以，无论银钱比价呈现何种状态，总有一些利益会被牺牲，也总有部分地域的经济模式会被打破。❸

芮玛丽认为，以曾国藩为首的儒家遗产继承人心目中的教育是中国古典文学、历史、地理和政府学与西方科学、技术和宪法学的结合，认为"中国的未来只取决于她的文人"。因此，曾国藩理解的中国复兴是建立在儒家信仰复兴的基础上的。❹ 从儒家的角度来看，选任那些有才能和品德的官员是达到社会稳定和政通人和最重要的条件。所以，在芮玛丽的眼中，同治中兴的首要举措便是恢复科举，为巩固和培养儒家教义的后继者创造条件，他们要实现的是恢复儒家行政体系的绝对地位，这必然要建立在网罗大量人才，并对他们的思想、品格、修养、志向进行训练和引导的基础之上。正如左宗棠所说：天下之乱，由于吏治不修；吏治不修，由于人才不出；人才不出，由于人心不正，此

---

❶ WRIGHT M C. The Last Stand of Chinese Conservatism: The T'ungchih Restoration, 1862−1874 [M]. New York: Atheneum, 1957: 225.

❷ WRIGHT M C. The Last Stand of Chinese Conservatism: The T'ungchih Restoration, 1862−1874 [M]. New York: Atheneum, 1957: 227.

❸ WRIGHT M C. The Last Stand of Chinese Conservatism: The T'ungchih Restoration, 1862−1874 [M]. New York: Atheneum, 1957: 228.

❹ MICHAEL F. Revolution and Renaissance in Nineteenth−Century China: The Age of Tseng Kuo-fan [J]. Pacific Historical Review, 1947（16）: 144−151.

则学术之不讲也。

对于同治中兴，芮玛丽的总结是，晚清帝国政府已经尽其所能创造了同治中兴的最好局面，以至于在中外人士心中都留下了深刻的印象。然而由于以曾国藩为代表的文官阶层始终不能舍弃儒家观念中的"重农抑商"等传统模式，也难以放松对西方入侵势力的警惕和担忧，随着中外合作的逐步加深和军工产业近代化的深入进展，越来越多的问题暴露出来，让曾国藩等中兴政治领袖不得不直面国家行政体制和政策转向先天不足所带来的漏洞和遗憾。❶ 芮玛丽指出，越来越多的地方大吏在中兴的过程中愈发深刻地体会到：国家在前10年对于发挥整体行政功效的缺失，这不可避免地带来了旧制度和实施成效之间的巨大鸿沟，他们不得不在思考和反省中重新寻求各方面的平衡与和谐。曾国藩被同时代的人认作最杰出的政治思想家，甚至在20世纪60年代的中国学界，人们还是把他作为中国传统文化保守主义的典型代表人物。虽然他也曾一再强调和推出调整政策，力图实现在旧体制内达到中国财政、行政、法律等方面的改革和发展，但是与这些表现相比，曾国藩更注重用传统的儒家视角来遴选人才和保护农业，维护中国千年来屹立不倒的经济模式，深深地给他打上了"保守"主义分子的烙印。曾国藩对农业的保护明显而迫切的，在他眼中，农业是立国之本，是民生之依。❷

芮玛丽评论说，中兴期间几乎没有进行行政体制和程序方面的改革。这主要是因为两江总督曾国藩对此持反对态度，他甚至固执地认为用长江来区划中国行政地理会影响国家的大一统。芮玛丽全文分析了他的上奏："臣愚认为：疆吏尚贤，则虽跨江、跨淮而无损于军事、吏事之兴；疆吏苟不贤，虽划江分治而无补于军事、吏治之废。"❸ 芮玛丽对儒家改革观的洞见十分具体，明

❶ WRIGHT M C. The Last Stand of Chinese Conservatism: The T'ungchih Restoration, 1862–1874 [M]. New York: Atheneum, 1957: 119–120.

❷ WRIGHT M C. The Last Stand of Chinese Conservatism: The T'ungchih Restoration, 1862–1874 [M]. New York: Atheneum, 1957: 84.

❸ WRIGHT M C. The Last Stand of Chinese Conservatism: The T'ungchih Restoration, 1862–1874 [M]. New York: Atheneum, 1957: 87.

白在中兴名臣的认识论中，相信在正统思想的界限内依据前例改变行政管理方法是可能的。❶ 这些思想上的限制严重缩短了同治中兴的时长，虽然很多浅表的问题和弊病都通过中兴改革而得到清除或解决，但是诸如"腐败"等顽固恶疾，就像长期存在于旧体制中的顽固寄生虫，轻易是不能根除的。而中兴要求对传统道德、传统礼教的普遍恢复，这必不可少也将腐败这一问题的对策带回了人们讨论的范畴。当时大部分的官员都支持通过道德培训来达到禁绝腐败的目的，甚至建议通过"现实主义"变革来抑制这一问题的泛滥。❷ 这种有关变通的教导起源于中国文明的形成时期（《易经》及其评注已成为辩证法哲学的主要范例），纵观中国历史，帝国在统治过程中经常会引发对于改革的讨论，而文官和学者对于《易经》这一古典阐述方式的长期追捧，也能时时在倡议变革的奏折中被轻易发现，同治中兴也没有逃开这一规律，在"法穷则变，变则通，通则久"思想影响下，中兴官员一直在变革的敏感边缘疯狂试探。❸

　　20 世纪 30 年代到 70 年代初是美国学界曾国藩研究的繁荣发展阶段，在这个阶段，美国学界从各方面加深了对曾国藩的研究，并呈现出与前一个研究阶段截然不同的特点：（1）随着一批中国历史学家辗转赴美，有力地推动了美国学界对中文史料的广泛开发与利用，也形成了中美学者联合研究中国近代史的潮流，最典型的便是恒慕义、费正清和邓嗣禹的合作，为学界贡献了一大批优秀的研究成果。这也给美国学界的中国学研究带去了颇具中国特色的文化解读，大大推动了美国学界对中国学者研究成果的认可和吸收；（2）基于史料的扩充和视角的拓宽，这一时期的研究彻底摆脱了前期传教士视角的束缚。以费正清为代表的第一代美国中国学专家在自己的研究中大大吸纳了中文史料和中国文化视角，并灵活运用中国学者的研究成果，这对中国近代的研究方法和视

---

❶　WRIGHT M C. The Last Stand of Chinese Conservatism：The T'ungchih Restoration，1862–1874［M］. New York：Atheneum，1957：80.

❷　WRIGHT M C. The Last Stand of Chinese Conservatism：The T'ungchih Restoration，1862–1874［M］. New York：Atheneum，1957：113.

❸　WRIGHT M C. The Last Stand of Chinese Conservatism：The T'ungchih Restoration，1862–1874［M］. New York：Atheneum，1957：80.

角都起到了积极的推广作用，同时也让读者时刻领略到中西文化在研究作品中的对撞和融合；（3）更多学者从细节入手，探讨了曾国藩的思想境界和文化修养，并以此为代表和突破口，进一步挖掘中国儒家信仰的本质及与西方文化信仰的区别，不少学者将曾国藩各方面的成功归结于他的思想文化信仰——对儒家的坚守、阐释和改进；（4）不少美国学者从宏观的角度，将曾国藩的成就和局限与中国近代化进程联系起来进行研究，特别是他对传统文化的坚守和对西方技术的接受等方面。

第四章 "精英文化自救者"：20世纪70年代中期之后美国学界的曾国藩形象

第一节 美国中国学和曾国藩研究的转向

在这一阶段，美国中国学研究成果斐然，特别是费正清与众多学者合作编著的通史类巨著——《剑桥中国史》的问世，不仅将前辈学者的研究结晶融会贯通，而且是费正清个人作为最重要的美国中国学专家，为后世留下的杰出代表作。费正清在编纂这部作品的过程中，明显表现出了与前期成果截然不同的研究视角和特点。如果说上一个阶段与邓嗣禹、恒慕义的合作，让费正清逐渐领略了中国文化的精髓，在掌握了中国学规律的基础上提出了长期影响西方中国学界的"冲击—回应"研究模式，那么在这个阶段，费正清则展现了从"西方中心论"到"中国中心观"的明显转变。尤其在《剑桥中国史》中，费正清尤其重视挖掘中国文化的本质与内驱力，并以此来解释中国近现代的一系列反应与变革。虽然学界普遍认为"中国中心观"是柯文提出的，但是在《剑桥中国史》这部宏伟巨著中，在1800—1911年被费正清称为"突然中断的巨变"

这段时间 ❶，面对外界的冲击，中华民族深入文化内核，不断调整和探索，逐渐走上了近代化发展之路。费正清虽然在研究中坚持"冲击—回应"研究模式，但在对中国文化各方面的挖掘探索中，在客观上促进了对于中国文化引领自身近代发展的解读，不自觉地展示了与"冲击—回应"模式相悖的观点：是中国文化内核，而不是西方范式，让中国摸索出了一条具有"中国特色"的近代化之路。

几年之后，以柯文为代表的美国中国学专家指出，西方由于"从来没有尝试过从外界来观察自己"，所以在研究他国近代化进程时总是以西方模式作为样板，这样势必会使研究视角狭隘和研究成果片面。柯文提出"移情"等核心概念来研究中国学，倡导将自我全部渗入"移情"的对象之中，并倡导轮流使用"局中人"与"局外人"的观点来进行比较史学的分析，同时还提出保留另一种"更关注理解及评价基督宣教活动在中国所扮演的角色"的研究角度。这些研究方向也为曾国藩研究提出了新的挑战。

然而，"中国中心观"也有自身的缺陷，威尔逊就指出，"中国中心观"过分强调特殊性和地区性，忽视了整个帝国范围内的官僚体制研究，过度看重历史现象的个性与独特性，而缺乏对历史发展的规律与共性的探索。❷ 柯文自己也承认，这一模式并不是一个完整严密的方法论体系，正如译者林同奇所说，柯文深信历史发展的歧向性、强调历史统相的独特性、批判狭隘主义（Parochialism）与历史发展目的论（Teleological Change），❸ 否定历史现象具有重复性和共性的理论框架。但这个理论框架的边缘模糊，存在本身无法克服的缺陷。

在"中国中心观"的外围，也存在不少挑战，如"新清史"学派用"清代中心"及"满州中心"凸显差异性，挑战入关后的满人已被汉人同化这一观

---

❶ FAIRBANK J. Liu. Cambridge History of China in Late Qing Dynasty［M］. Cambridge：Cambridge University, 1978.

❷ WILSON A A. et al. Methodological Issue in Chinese Studies［M］. New York：Praeger, 1982：15.

❸ 狭隘主义指受限于自身文化、社会倾向而造成的历史视野狭隘；历史发展目的论指相信人类按照特定的目标和方案向前发展的看法。

点。部分华裔学者的"文化中国"观，突出了与"中国中心观"的区别。近百年来，美国中国学家在研究中发现的核心内容便是如何解释和评价西方入侵对中国近代历史产生的冲击作用，带来了何种变化等。这些变化，势必会影响曾国藩研究的走向和发展。

另外，文化冲突论也在研究中面临挑战。过分强调文化差异的历史研究容易导致不幸的扭曲，正如柯文提出的，正是在文化冲突论的影响之下，造成了卫德明对于曾国藩思想的解读，进而将曾国藩早期思想打下了深深的"威权主义"的烙印。柯文认为，当讨论自由与宽容时，不同文化的人们，在面对类似历史挑战时所共同经历的事务有相似性，不应过分强调文化边界与文化失调。

整体来说，从 20 世纪 70 年代中后期开始，美国学界对于中国学的研究方式从"冲击—回应"模式逐渐过渡到"以中国为中心"的范式，重新肯定中国近代化发展模式的独特性与复杂性，各路学者也纷纷从西方模式的审视角度过渡到对中国区域史、行业史等领域的研究。柯文的《在中国发现历史》强调中国主体论，摆脱"殖民地史"研究框架，从中国社会内部按照中国文化和近代化历程来展开独立研究，反对将这一研究视为西方历史研究的延续。这样的研究理念成为 20 世纪后 30 年美国中国学研究的主旋律，这段时间的相关研究成果也在这个主旋律的影响下呈现百花齐放的繁荣景象。

随着 20 世纪 70 年代中后期出现的中国学研究视角和模式的新转向，曾国藩研究也随之产生了明显的变化。直到 20 世纪末，美国学界对曾国藩的研究逐渐偏向地方化、细节化和局部化的特点，对曾国藩的专题研究逐渐减少，本阶段仅有谢正光的博士论文，对曾国藩做了较全面的人物传记介绍；❶ 卫德明也在自己前一阶段的研究基础上，继续深挖了曾国藩思想的源头，对曾国藩的家乡湖南进行了较为新颖的地方文化史研究，并分析了省、县、家族和朋友等精

---

❶ HSIEH C K. Tseng Kuo-fan, A Nineteenth-Century Confucian General [D]. New Haven: Yale University, 1975.

英圈层对于曾国藩思想的影响；❶ 心理学教授谢尔顿·科恩（Sheldon Cohen）撰文详细描述了曾国藩哮喘病症的经过 ❷，费正清在《剑桥中国史》中对曾国藩的思想建树、实践改革进行了深入浅出的研究；柯文也在某些领域对费正清—列文森"冲击—回应"模式下展开的曾国藩及其儒家文化研究成果做了评论；❶ 波拉切克从鸦片战争对中国统治阶层思想的影响方面谈论了曾国藩的思想构成及其与京城南城文人对于当时政府决策的影响。❹ 进入 21 世纪，裴士锋 ❺、卜正民分别在自己的研究专著中专题介绍了曾国藩。❻ 然而，随着美国中国学研究各条脉络和各个领域的同时发展，曾国藩及其代表的儒家文化渐渐从主流研究的舞台上走下来，历史描绘的精细化发展让曾国藩不再成为美国学者研究近代中国时绕不开的庞大目标。从此以后，对于曾国藩的专题研究渐渐走向了尾声。

第二节　卫德明对曾国藩受精英文化影响的研究

一、对曾国藩在湘接受精英教育的研究

谢正光在研究中指出，曾国藩立志要成为一个儒家官员。他在湖南的家庭

---

❶ HELLMUT W. The Young Tseng Kuo-fan: Home Influences and Family Background [J]. Monumenta Serica, 1976 (32): 21-54.; HELLMUT W. Tseng Kuo-fan and Liu Ch'uan-ying [J]. Journal of the American Oriental Society, 1976 (96): 268-272.

❷ SHELTON G C. Tseng Kuo-fan (1811—1872), Chinese Scholar, Stateman, and General [J]. Athma Among the Famous, 1997 (18): 182-185.

❶ COHEN P A. Discovering History in China [M]. New York: Columbia University Press, 1984.

❹ JAMES M P. The Inner Opium War [M]. Cambridge: Harvard University Press, 1992.

❺ PLATT S R. Provincial patriots: The Hunanese and modern China [M]. Cambridge: Harvard University press, 2007.

❻ BROOK T. Rowe W T. China's Last Empire: The Great Qing [M]. Cambridge: Harvard University Press, 2009.

以及他与北京一批学者和官员的交往等背景因素，促成了这一愿望。曾国藩出生于一个长期以来重视社会声望的家庭，这种声望只有在科举考试中取得成功才能获得。为此，他从小就开始为自己的文官生涯做准备。曾国藩的生活连续23年都是以考试活动为主，然而，当他终于在1838年获得进士学位并成为翰林学者后，他发现自己只成功了一部分。他深信，自己对儒家经典的了解，只是达到了考试的标准。他还对自己的个人行为感到失望，他认为这种行为不符合儒家的道德准则，这种觉醒是他与当时生活在北京的一批有良知的儒家士大夫交往的直接结果。❶

（一）湖湘的精英士风影响

为了彻底弄清曾国藩在湘接受的基础教育和风俗影响，卫德明整合了大量材料，甚至对曾国藩的乡县——湖南湘乡进行了深入的调查研究，并将调查研究所得作为研究论文的第一章。他认为湖南人有着特殊的个性❷，他们崇尚独立和自信，常常为自己的家乡在近期领导了暴力反对外国人的运动而自豪（曾国藩的儿子曾纪泽，因为奔父丧归乡，乘坐了外国的小轮船，几乎被顽固派开除省籍），他们尚武、易激动、真诚和直率。他们严格地遵循乡俗，非常尊敬有学问的人。可以肯定的是，虽然湖南人的几个特点在其他省也有不同程度的体现，但是他们的独立倾向（甚至针对政府）非常明显，派出代表的个性不是一般的强硬。里希霍芬（Richthofen）曾这样评价："这些地方官的权力很有限，有些地区的乡民似乎支配着地方官。"而《湘中记》是这样点评的——"士少官情"。❸

卫德明分析了可以获得的数据，得出的结论是：相较于其他省份，湖南

---

❶　HSIEH C K. Tseng Kuo-fan, A Nineteenth-Century Confucian General [D] New Haven：Yale University，1975：9.

❷　HELLMUT W. The Young Tseng Kuo-fan：Home Influences and Family Background [J]. Monumenta Serica，1976（32）：21-54.

❸　HELLMUT W. The Young Tseng Kuo-fan：Home Influences and Family Background [J]. Monumenta Serica，1976（32）：21-54.

拥有显著的特殊地位，而且湖南士绅也具有鲜明的个性。表4-1提供了卫德明总结的1753年各省的田赋配额，并比较了同时期的人口数和耕地数。这些数据反映了湖南当时的田赋配额数量低得惊人，尤其是和邻近的省份江西比较起来。江西具有和湖南差不多的人口和生产力，所以可以成为一个恰当的参照物，也更进一步说明了湖南是一个拥有特权的省份。卫德明据此推测：湖南一定有一位强悍的代表在朝廷中，朝廷不得不安抚独立、自负的湖南士绅。他认为只有这样才能解释为什么湖南相较于其他省份处于特权地位。❶

表4-1　各省人口数、耕地数和田赋配额

省份	1947年人口数/人	1753年耕地数/顷	1753年田赋配额	
			税银/两	税粮/石
直隶	13 933 258	657 191	2 411 286	101 229
奉天	406 511	25 243	38 110	76 206
江苏	20 972 437	689 084	3 371 334	2 115 021
安徽	21 567 929	338 120	1 688 000	845 248
山西	9 509 266	329 586	2 970 266	169 246
山东	24 011 829	971 054	3 346 257	507 680
河南	12 847 909	722 820	3 303 080	248 865
陕西	6 734 158	252 371	1 539 170	168 453
甘肃	5 709 526	177 831	257 723	503 476
浙江	11 877 436	459 787	2 812 049	1 130 481
江西	8 428 205	470 270	1 879 810	899 632
湖北	7 527 486	566 913	1 108 153	286 554
湖南	8 672 433	312 287	1 163 063	277 641
四川	2 506 780	459 416	659 075	14 329
福建	7 620 429	128 070	1 177 899	168 453

❶　HELLMUT W. The Young Tseng Kuo-fan: Home Influences and Family Background [J]. Monumenta Serica, 1976 (32): 21-54.

续表

省份	1947 年人口数 / 人	1753 年耕地数 / 顷	1753 年田赋配额	
			税银 / 两	税粮 / 石
广东	6 460 638	328 832	1 257 286	348 095
广西	3 687 725	87 400	382 597	130 375
云南	1 946 173	69 499	153 750	230 848
贵州	3 075 111	25 491	100 156	154 590
总计	177 495 039	7 081 142	29 611 201	8 406 422

　　表 4-2 提供了卫德明总结的清末 8 省的人均耕地数、人均田赋和每亩耕地平地田赋，根据这些数据他也能推断出相同的结论。

表 4-2　人均耕地数、人均田赋总额与每亩耕地平均田赋

省份	人均耕地数 / 亩	人均田赋总额 / 两	每亩耕地平均田赋 / 两
湖南	3.6	0.17	4.6
江苏	3.3	0.26	8.3
安徽	1.6	0.11	7.5
山东	4.0	0.16	3.9
河南	5.6	0.28	4.9
浙江	3.9	0.33	8.6
江西	5.8	0.33	5.8
湖北	7.9	0.185	2.5
平均值	3.9[a]	0.224[b]	5.76[b]

注：（a）全中国范围；（b）8 个省范围。

资料来源：HELLMUT W. The Young Tseng Kuo-fan: Home Influences and Family Background [J]. Monumenta Serica, 1976（32）: 21–54.

　　由于非农业财富并没有被计算在内，所以不能贸然地将一列数字作为所有财富的衡量标准。和其他省份一样，湖南的非农资产很多，但是因为田赋是按

土地来征收的，所以，把它作为加到土地上的税收来研究还是适用的。但这一数字还是不能作为研究农业产量的基础，因为不同地区的土地产量差别很大。湖南每人平均3.6亩，这个数字就比山东人均4亩的产量还要多得多，这便是一个明显的例证。山东在上交税谷的8个省中单位土地产出率是最低的，卫德明为了计算第二和第三列数字，把粮税折合到了银税中，一旦米的平均粮税设定为一两白银。如果从税收配额就可以认定湖南具有特权地位，那么另一组数字也反映出湖南乡绅对政府和官员的自负。表4–3和表4–4给出了科举考试名额与各省人口总数之间的关系，最能说明问题的便是各省进士名额的比较。

表 4–3 进士名额和人口数

省份	1799年名额/人	总进士数占比/%	1783年人口数/百万人	每百万人口进士名额/人	1809年名额/人	1822年名额/人	1838年名额/人
旗人	11	5.4	—	—	13	17	15
直隶	22	10.5	22.3	1.01	23	22	19
奉天	1	0.5	0.8	0.8	2	2	1
山东	15	7.1	22	1.47	19	18	17
山西	11	5.4	13	1.17	12	10	8
河南	11	5.4	20.6	1.9	10	10	9
陕甘	9	4.3	23.4	2.6	10	8	7
江苏	18	8.6	30.4	1.7	20	18	17
安徽	13	6.2	28.5	2.2	14	14	8
浙江	22	10.5	21	0.9	23	21	19
江西	18	8.6	18.5	1.05	19	17	17
湖北	9	4.3	17.2	1.9	11	10	7
福建	11	5.4	12.4	1.13	13	11	7
广东	10	4.8	15.6	1.56	10	9	7
广西	3	1.4	6	2	6	5	5
四川	6	2.9	8.1	1.35	7	6	6

续表

省份	1799 年 名额 / 人	总进士数 占比 /%	1783 年人口 数 / 百万人	每百万人口进 士名额 / 人	1809 年 名额 / 人	1822 年 名额 / 人	1838 年 名额 / 人
贵州	5	2.4	5.1	1.2	9	8	4
云南	7	3.3	3.3	0.47	11	9	6
湖南	7	3.3	15.7	2.24	9	8	5
总计	210	—	284	1.35	241	223	182

资料来源：HELLMUT W. The Young Tseng Kuo-fan: Home Influences and Family Background［J］. Monumenta Serica, 1976（32）: 21-54.

表 4-4　进士名额和人口数

省份	总进士数 占比 /%	1842 年人口 数 / 百万人	每百万人口 进士名额 / 人	1886 年 名额 / 人	总进士 数占比 /%	1885 人口 数 / 百万人	每百万人口进 士名额 / 人
旗人	8.2	—	—	17	5.4	—	—
直隶	10.4	36.9	1.94	23	7.3	17	—
奉天	0.6	—	—	3	0.9	—	—
山东	9.3	36.2	2.13	21	6.6	36.5	1.74
山西	3.4	10.3	1.29	10	3.2	10.8	1.01
河南	4.9	29.1	3.7	17	5.4	21.1	1.3
陕甘	3.8	29.8	4.4	23	7.3	8.7	0.38
江苏	9.3	29.6	1.74	25	7.9	21.3	0.85
安徽	4.4	36.6	4.55	17	5.4	20.6	1.21
浙江	10.4	30.4	1.6	24	7.6	11.7	0.49
江西	9.3	26.5	1.56	21	6.6	24.5	1.17
湖北	3.8	28.6	4.08	14	4.4	33.6	2.4
福建	3.8	25.8	3.7	22	6.9	23.5	1.07
广东	3.8	21.1	3	16	5.1	29.7	1.85
广西	2.6	8.1	1.62	13	4.1	5.1	0.4
四川	3.3	22.3	3.41	13	4.1	71.1	5.5

省份	总进士数占比 /%	1842 年人口数 / 百万人	每百万人口进士名额 / 人	1886 年名额 / 人	总进士数占比 /%	1885 人口数 / 百万人	每百万人口进士名额 / 人
贵州	2.2	4.8	1.2	11	3.5	7.7	0.7
云南	3.4	6.2	1.03	12	3.8	11.7	0.9
湖南	2.6	20	4	14	4.4	21	1.5
总计	—	419.6	2.3	316	—	—	—

　　从表 4-3 和表 4-4 可以看出，政府在皇朝伊始曾尝试将进士名额分配给不同地区，但是从 1652 年，中央开始对地区进行配额，但是那时全国只分为三大区域：北部，南部和中部。每个大区中还要增加单独的旗人名额。这个系统在接下来的 60 年中被不断地废止、重启和修改，直到 1712 年才确定将每次会试考试的名额分配到各个省，每个省的名额决定了将参加选拔考试的考生人数，它的多寡要参考这个省的大小和人口总数。这个系统被或多或少地不断维持着，而且配额一旦确定，就会产生对其有利的惯性，但这些数字也体现出了各省之间激烈的竞争。

　　表 4-3 给出了 1799 年和 1838 年的关于各省进士名额和人口总数的数据，1838 年是曾国藩考取进士的那一年。另外，1886 年因为镇压太平天国运动，情况发生一些变化。卫德明认为可以从借鉴的角度推断出相同的趋向，朝廷在 1809 年和 1822 年两年增加了湖南的名额，以体现相对的稳定性——湖南甚至在这两年中没有占满名额。湖南的名额一直远低于平均水平，这证明了湖南人的出仕欲望并没有像其他省份的学者那样强烈，而只有在和安徽、陕甘等省相比时，这些数字才又提高了几个百分点。这些数据完美地支持了前文中卫德明的结论："（湖南）士少官情"。

　　和进士录取的情况相比较，乡试的图景虽然也存在一些变化，但是却更加印证了卫德明的推测。首先，因为这些数字比起进士名额来更加缺少变化，所以说服力更小。1744 年设定的名额直到王朝结束都只有微小的变化，湖南在这种选拔官员的考试中再一次表现出低于平均水平的情况；然而，卫德明对于湖南最低程度和等级的生员和监生的数据考察则完全扭转了以上情况。众所周知，取得这两种资格的考试并不能让他们做官，而这两组数据变化的巨大涨幅让卫德明坚信，湖南人对于乡绅资格的看重更甚于出仕做官。需要说明的是政府在提供考试的那一年，并没有对购买监生的名额进行限制，而当时的实际数字仅仅取决于有意愿的士绅数量。与之前的数据对比，非常明显的是，湖南对于最低程度和等级的参与度远高于平均水平；而与其他省份相比，只有南方、西南方靠近国界的几个省份及山西的数据超过了湖南。根据卫德明的研究，这些数据不容置疑地表明湖南人可能没有出仕的愿望，但是他们一定有做乡绅的心意，也看重士绅的身份。

卫德明对于湖南人的独特个性非常感兴趣，曾国藩写在一部湖南人文集扉页的一段话引起了卫德明的注意。文中曾国藩不仅追溯了湖南的精神传统，还形成了一个非常有趣的观点，那就是他关于土地非常贫瘠的论述。因为他爷爷正是依靠这大山里的沟沟坎坎让曾家致了富，所以曾国藩难免有些过度地渲染了这个观点。值得一提的是，卫德明注意到曾国藩在更高层次上对湖南的特性展开了讨论，并提出湖南是文化的边缘地带这一观点。曾国藩对湖南的描述让卫德明联想起顾炎武在这方面的思考（卫德明的博士论文是针对顾炎武思想的研究），他对比了顾炎武在其《天下郡国利病书》中描述湖南省农业的句子，进行了全英文翻译，并摘录在他的作品里：

> 长沙的土地是富饶、肥沃的。溪流从山上涓涓而下，作为洞庭湖的支流从这片土地的低洼处流过。因此少有旱涝，是一个鱼米之乡。这里的农民仅仅是为了温饱而穿着蓑衣，在农田里挥舞着锄头劳作。他们没有闲暇去关注周围的邻居。从其他地区来的移民赤手空拳地来到这里，在他们中间安顿下来，张开嘴巴讨生活。起初本地乡民享受着移民的力量，用他们来开垦南方的土地，并且经常把他们带回家中，以农奴或佃户的身份对待他们。但是移民变得越来越聪明，最终超过了当地地主。当地地主意识到

自己不是移民的对手时，相继都屈服了。但是他们不是希望移民一同来分担赋税和徭役，就是把多石的不毛之地分给移民耕种，并且未将从移民那儿收来的税全部交给官府。一段时间之后，移民开始建造自己的房子，耕种自己的田地。再后来当地民众不得不承认退败，承认他们利益被侵蚀的过程。这是一个移民侵占了土地、而当地民众承担赋税和徭役的实例。这个进程是：当当地民众强大的时候他们要剥削移民，而当移民强大的时候他们又阻挠当地民众。这种情况下分歧逐渐增加，难以终止。管理这片土地的地方官应该调查实际（移民和当地民众）的侵占状态，评估他们的强弱以平衡双方，而不是根据两派喋喋不休的争执来决定事情。这些地方官充分认识到了这个问题吗？❶

前文引述的事件在清初具有广泛的代表性。虽然湖南具有非常特殊的情况，但大批涌入的难民为了自己的生计和富足而努力奋斗着，这使湖南又一次被认作是某种意义上的前沿地带。卫德明觉得用图尔纳（Turner）的"边疆理论"来解释湖南人的独特个性，❷也许并不算太牵强。尤其是在太平天国运动爆发之后，湘军的积极作为让全国人民从内心深处刷新了对湖南人的认识，甚至许多来华外国人都对湖南人留下了深刻的印象。有一位外国观察家这样描述湖南人："湖南人是个刚毅且独立的种族……尚武、急躁、顽强，同时又自尊心强、保守、倨傲。天生的冲劲使他们放弃了更平和的人生目标，从而使中华帝国的军队成员大概过半数是湖南人。许多文职也由这些人把持，他们的性格使他们头角峥嵘，成为国家自然而然的领导人"。❸

而曾氏家族从前一个朝代之初就世代生活在湘乡县，这是湖南省非常贫苦

---

❶ HELLMUT W. The Young Tseng Kuo-fan: Home Influences and Family Background [J]. Monumenta Serica, 1976（32）: 21-54.

❷ 图尔纳提出了著名的"边疆假说"。这一假说认为："直到现在为止，一部美国史在很大程度上可说是对于大西部的拓殖史。一个自由土地区域的存在，不断的收缩，以及美国定居的向西推进，可以说明美国的发展。"

❸ WILFRID A C. Our Entry into Hunan [M]. London: Robert Culley. 1870: 215.

的地方。在河谷中人们可以获得非常稀少的土地，尤其在涟河河谷。当地的农作物产量十分有限，而要想获得正常收成，只能靠农民在河谷、山脊的坡地上艰辛地耕作。卫德明在研究中引入了《湘乡志》对这种情况的评论：

> 这个地区物产贫乏，基本上不能完全满足这个县的需要。不要说将过剩的农产品输送到其他县，恐怕连维持本县的温饱都是问题。以前官员不知道如何时不时地从乡民那里收税，乡民也不可能认可哪怕是一丁点儿的赋税，不可能接受这更悲惨的命运，究其原因，无非是粮食产量太少了。❶

卫德明指出，湘乡县的主要作物是水稻，但因为各方面条件限制，不可能在当地种植双季稻。盐是从涟河上运来的井盐，运输量很少，另外，据说有硫磺和硝石矿。湘乡的种茶业是在外部需求的刺激下才发达起来的，这非常明显是以后的事情。里希霍芬曾说过在 19 世纪初湘乡是一个有名的煤田，但是卫德明没有找到任何证据来证明这一点。

根据卫德明的查阅，《湘乡志》中提供的耕地数据是 1 336 471 亩，所有产物要供应这个县 77 750 个家族，满足 489 555 张嘴，人均享有 2.7 亩田地，而湘乡县明显是这个省的贫困县。这本书也记载了这个县境内没有大的商贸通道经过，也不能产生水上贸易，没有富商大贾是必然的。官员对湘乡特殊的态度，以及乡民为了生计而不得不艰苦劳作的状态，显而易见地加强了当地贫困的趋势，而这种趋势是被全省广泛认同的。值得一提的是，《湘乡志》中也特别指出了，湘乡比其他县更倾向于服从宗族。

卫德明提出，曾国藩曾经这样评价自己的家乡：湘乡是一个多山的县，士绅展现出更多的谨慎和自制，这里随处都民风淳朴，侠义、节俭之风盛行。士以礼为本，民以力为本。不得不说，曾国藩对自己家乡的特点把握得是比较全

❶ HELLMUT W. The Young Tseng Kuo-fan: Home Influences and Family Background [J]. Monumenta Serica, 1976 (32): 21-54.

面而具体的。

（二）家族的精英培育引导

曾国藩是在一个怎样的家族中长大的？在曾国藩的父亲考取生员之前，曾家算不算士绅？这些问题在很长一段时间内成为美国学者们不断争议的话题。虽然他们提供的论据并不十分严谨，但是大多数人对这些问题持肯定的态度。

根据黑尔博士的论述，曾家以他们的姓氏自豪，因为这使他家在这个县成为乡绅。在中国历史上，孔、严、曾、孟四个家族的确因为他们的著名祖先而享有一些声誉上的特权，但是这也仅仅体现在山东省的直系后代，或者非常有限地适用于全国其他省的同姓。根据谢正光的研究，曾国藩的祖父曾玉屏从 35 岁开始，以一种比以前更负责任、更严肃的方式对待生活。他开始与乡里受过教育的人交朋友，对公共事务表现出极大的兴趣。他对慈善项目慷慨解囊，并主动提出调解当地纠纷。到了中年，曾玉屏在湘乡的地位与（绅士）差不多。❶黑尔博士曾提起曾国藩在信中似乎表明他的家族拥有乡绅资格，信写于 1845 年 7 月 3 日，其中有这一句："自从我家属于乡绅……"。卫德明认为，实际上这句话也有可能被解读为：曾国藩指的是最近这段（他父亲和他通过考试后的）时期，这恰恰说明了曾国藩对士绅这个概念的正式、严肃的态度；卫德明在研究中也引用了蒋星德的描述："他的家庭属于缙绅无疑"，因为他家一直"半耕半读"。曾家绵延了这个文化传统，如果不是三代，那么也至少有两代的时间，这是有据可查的。但是这个描述似乎也显得模糊而不能让人信服，所以卫德明又引用了萧一山提出的理论：因为曾国藩的祖父曾玉屏经常从事传统乡绅才处理的事务，所以他本人可以被认定为乡绅的一员。卫德明还借用萧一山列举的曾玉屏平日处理事务的大致范围来说明这个问题：

（1）为他的宗族修建了一座宗祠，并在每年的 10 月献上祭品；

（2）每季度在宗族墓地举行祭祀；

---

❶ HSIEH C K. Tseng Kuo-fan, A Nineteenth-Century Confucian General [D] New Haven：Yale University, 1975：10.

（3）与士人为伍，并给予热情款待；

（4）热心邻里事务，扶危济困；

（5）热心做邻里纠纷的调停者和仲裁者；

（6）规划并进行桥梁和道路的修复。

由于曾玉屏所进行的事务是一位乡绅例行的重要而典型的事务，卫德明据此认为，曾国藩出生在一个士绅家族。

为了证明曾国藩家族的士绅身份，卫德明还查证了《湘乡志》中的"封荫"章节，明确证明了曾玉屏有这类活动——他捐了监生资格。同一个材料也证明，曾国藩的叔叔曾骥云也捐了监生。❶《曾氏族谱》也记载了曾家有几代人都努力成为最初级的乡绅。族谱中说，曾国藩五代之前的祖先叫曾应桢，他是一位好学的人，并且凭自身的努力使家庭致富，他还有一个儿子是九品官。曾国藩爷爷（曾玉屏）的大哥曾民升是监生，曾国藩父亲的一位堂兄弟曾凤书是廪生，他位列五品官，是一个学校的训导。卫德明认为，这些情况完全可以作为判断曾家是乡绅的依据。谢正光也指出，曾国藩的祖父曾玉屏已经深刻地认识到：在清朝，除非家里有人考取学位，否则就不能平等地与士绅交往。曾玉屏可能觉得自己年纪太大，没有必要做准备，便催促长子攻读学位。为了让曾麟书全身心投入考试准备，曾玉屏把他从家庭责任中解放出来，让他接受最严格的训练。曾国藩认为，曾玉屏纪律严明，"即使在大庭广众之下，也经常骂儿子"。❷

除此以外，卫德明还记载了曾国藩的父亲非常看重士绅身份的一些表现。他不但开办私塾，而且拥有公认的道德。刘蓉是曾国藩最亲密的故乡好友，他

---

❶　卫德明强调曾国藩甚至认为有必要为曾国潢捐一个监生资格。当其他兄弟在战场上南征北战时，曾国潢在家延续香火，他在家乡表现尤其像一位乡绅。但是，他似乎借助他哥哥的声望来仗势欺人，这招致了尖锐的批评，其中也包括来自曾国藩的批评。《湖南省志》提到在同治 8 年乡绅曾国潢修缮了双峰书院。在曾国藩文集《诰封光禄大夫曾府君墓志》中记载曾国藩的弟弟曾国华也捐了监生资格。

❷　HSIEH C K. Tseng Kuo-fan, A Nineteenth-Century Confucian General［D］.New Haven：Yale University，1975：10.

在一封信中和曾国藩的父亲讨论了乡绅这个阶层的重要性。刘蓉作为曾国藩父亲的晚辈，他关于乡绅应该重视或者避免事务的建议在曾国藩的父亲看来是非常合理的。

> 兹者窃闻太老伯嘉惠乡里，举扬节孝。某辄僭易，有所于陈。窃以士大夫闲居乡闾，优游里巷，其于郡邑利病之故，生民休戚之端，职在有司，义无干预。计其势所得为、道堪共济者，惟是修明乡约，设置社仓，为有济抚绥之政；振兴学校，表章节孝，为有裨教化之道。是二者不至上侵有司之职，而下可以造乡里之福，上可以佐国家之治。士大夫苟欲展布才猷，嘉惠桑梓，计无有先于此者矣。然某尝游历郡国，见所称搢绅士夫，盖鲜留意于此者。独闻崇浮屠之宫以邀福，致沙门之客以市恩。甚或怙势以作威，居间以牟利，重为官吏所苦患、乡人所怨讪者，往往是焉。盖其醰豢于富贵之馀，既安且荣，方汲汲恣情纵欲、罔上徇私之不暇，岂复有世道人心之念入其怀者！太老伯平居恂恂，既深以此类为鉴，而复倡兹阙典，用播休风，此诚搢绅先生之盛举也……❶

于是，卫德明采用并充分认可了萧一山的说法，认为曾家500~600年来都以农为业，从没有读书求功名的。曾国藩祖父好接近文士，对老成之人极其尊重，尽力做些慈善公益的事业，渐渐得到了乡里族众的信任，遇事排难解纷，为人威重刚直，后来就成为地方上的绅士了。

另一个在卫德明研究文献中讨论过的问题是曾国藩家族的经济状况。为了驳斥当时一致认为曾国藩相当贫穷的意见，卫德明指出：有迹象表明，如果不是富裕的话，曾家至少已经有好几代人处于某种繁荣状态。曾国藩的曾祖父曾竟希一定已经是个有钱有势的人了，以至于能够让儿子过上游手好闲的生

---

❶ 节选自《上曾封翁论举节孝书》。曾封翁，即曾国藩之父曾麟书。据《刘蓉年谱》载，此信作于道光二十五年秋，时曾父举扬节孝，凡孤贫而无力请旌者，议建总坊。刘蓉此信请旌表其去世之从姑。

活。曾玉屏是五个儿子中的一个，他讲述了自己年轻时是如何与城里的混混们结伴跑进跑出游玩的往事；直到 35 岁，他才开始在"陡如梯，小如瓦"的田里从事农业活动。他开垦的新土地达到了"十多亩"的程度，这确实不是很大一笔钱，也不可能是他唯一的谋生手段，特别是这些田地的劳动并不限于家庭成员，而主要是雇农。除农业外，他还提到了蔬菜园艺和养猪养鱼。家庭成员实际上从事农业劳动的程度一定是有限的，而曾玉屏的大儿子——曾国藩的父亲，则致力于学习。他的教育和赡养至少在他开办一所学校之前（1817 年）就已经给家庭预算增加了负担。另外，每一代都捐一到两个监生资格以及曾玉屏的乡绅义举都会加重家庭的经济负担。曾玉屏和曾骥云的乡绅身份使他们一定有一些没有记录的收入，也能使家庭得以维持当时的生活水准，这个结论是必然的。

卫德明也记载了曾国藩的家族构成，来证明曾家的经济情况。曾国藩有四兄弟和四姐妹，他们的成长、教育和婚嫁都不可能由一个教师（他父亲）的工资来支持和满足。作为一名老师，收入一定不能满足子女的抚养、教育和婚嫁费用。尽管他们生活得不奢侈，但是没有一丝迹象表明他们过得贫困。曾国藩待在书院里的时间很短，在那里他可能还能领些津贴。卫德明也提到他借了两次钱，在 1836 年他曾经在路过南京时借了百两，用于买书，他的父亲闻言立即偿还了这笔债务，并提出要求：要他真正读好这些书。1837 年，他从他的岳父那里又借了 32 串大钱，为他第二次到北京考进士提供资金（他的第一次赴京可能是官方资助的），这实际上是一笔不多的钱。卫德明借用《曾文正公年谱》对这件事评论表达了自己的观点："在他的同学中，没有人比他更穷。"卫德明指出，这句话当然是指一时的情况，但是也很可能会误导人们产生曾国藩出身贫寒的联想。

（三）出湘前的精英文化感悟

卫德明指出，我们仅仅知道曾国藩老师们的名字，对他们其他方面却知之甚少，关于老师们对曾国藩的精神造就究竟起到了什么作用也知道得不多，唯一能够肯定的是，他主要是从祖父和父亲那里接受了精英引导和启蒙教育。曾国藩在后来的书信中承认，父亲把他所有的知识都给了他，显然也传授给他严格的纪律来约束这一学习方式，使曾国藩之后也以同样严厉的态度对待他的弟弟。当他长大了，超出了父亲的教育能力，他被送到衡阳一位小有名气的老师汪觉庵那里学习。尽管他在 1830 年只和汪觉庵老师待了几个月，但汪老师给曾国藩留下了深刻的印象，因为后来他曾向他的弟弟们建议接受相同的教育。但是，卫德明再次提到，曾国藩在这种影响下究竟获得了什么我们也不得而知。次年，曾国藩在湘乡就读于涟滨书院，这是该县四所引以为豪的书院之一，也是考生们参加举人考试时最后冲刺的地方。当时的校长是刘象履，关于他的唯一已知事实是他在 1825 年考取了举人。卫德明指出曾国藩后来提到他在这个地方的停留并没有给他带来什么好处。1833 年，他在 7 次考试失败后通过了秀才考试，他本人认为这已经非常迅速了。于是，他考入了长沙附近著名的岳麓书院，那是朱熹曾经教学过的地方。当时的校长是欧阳沧溟，虽然后来也曾被曾国藩特别表彰，但卫德明对此人和他的学问还是一无所知。同年 1834 年曾国藩通过了举人考试，之后，他立即向北京进发，目标是考取最高级别的进士。但他在 1835 年的会试和 1836 年的恩科会试中都不及第，接下来的几年出于对历史和文学的兴趣，他在长江下游的省份和本省进行了广泛的游历。正是从这个时候起，他确立了与郭嵩焘的终身友谊。1838 年他又进京赶考，这次他考试成功了。经过一段时间的漂泊之后，他以翰林院校正的身份安定下来。

卫德明几乎没有什么找到任何关于曾国藩精神面貌、抱负和人生哲学方面的信息，有的只有片言只语。如 1835 年他喜欢韩愈，1837 年在浏阳孔庙学习古乐，1839 年他在耒阳杜甫的纪念堂里向这位忠贞诗人致敬。然而，卫德明指出，曾国藩第一次在京时期所写的两套组诗可以为了解他的思想提供一些证据，虽然这不关乎他的个人品质，但是中国政治精英人士都渴望在创作中抒发

他们的政治思想和政治热情。❶

第一组诗是《咏史五首》，这组诗能够为两件事提供一些线索：一是曾国藩的荣耀理想，二是他认为值得他崇敬的英雄是什么类型。第一首诗中提到了田单，他曾经成功拯救了被燕国围剿得只剩下一个城池的齐国，主题是功绩不一定有回报。第二首诗是关于一个被冤屈而且建议并未被采纳的官员，卫德明大胆猜测他的诗指的是晁错，因为晁错有着强烈的法家倾向，为了加强中央集权，与反对的地区作了激烈的斗争。另一首诗是赞美孔子的，特别是他在逆境中的坚韧和不妥协。第四首推崇管子为英雄，强调他在经济策略成功的同时也把思想控制实现了，卫德明认为这首诗仿佛在批评紫禁城内的不当行为。最后一首是对变革不可避免的哀叹，认为即使是一位英明的统治者也无法建立永恒的繁荣，而灾祸必然随着荣耀的时代而到来。结合曾国藩一生的戎马经历，以上五首诗无一不体现着他儒家文化精英的思想雏形，同时也是他复杂人生经历的投射。

卫德明认为，根据中国文人"诗言志"的传统，诗中能体现出曾国藩的一些政治思想要素，那么由此可以得出，曾国藩的理想政体是一个高度集权的帝国，经济和意识形态的控制杆牢牢地掌握在舵手手中。官员必须具有随机应变的智慧，最重要的是坚定不移的忠诚，还要有即使面对失败、误解或不公正的迫害也不会崩溃的坚韧。虽然这一切还没有显示出曾国藩当时具有多少思想独创性，但至少说明曾国藩此时已经有能力从更宽广的视野中去评估局势，他已经能看到任何一个问题都有几个不同的侧面，甚至这套组诗的标准道家式结尾也证明了这一点。卫德明认为最后一首诗的主题当然更倾向于表现美感，而不是严肃的政论，但事实上，这首诗并非只表现前者，它表达的观点相当有道理：即严格的管控和明智的计划并不能保证一个长期而且稳定的繁荣。❷

---

❶ POLACHEK J M. The Inner Opium War [M]. Boston：President and Fellows of Harvard College，1992：63.

❷ HELLMUT W. The Young Tseng Kuo-fan：Home Influences and Family Background [J]. Monumenta Serica，1976（32）：21-54.

卫德明认为，在这一时期结束时，唯一系统介绍曾国藩儒学精英思想的现有史料就是他于 1838 年在朝考中撰写的策文。卫德明将这篇文章全文翻译成英文，并借此详细分析了曾国藩早期的儒学思想。卫德明虽然否定了这篇文章的独创性，然而，令人震惊的是，它所包含的思想让人联想到吕秋安和王守仁的学派传统，甚至在某一点上，连王夫之所特有的折中主义和曾国藩多面性的来源也在这里再次被揭示了出来。这是一种协调能力，在这种能力中，曾国藩显示了未来将可能成为"意识形态战略家"的预兆。这些品质，在一定程度上，在曾国藩生命的下一个阶段被淹没了，在这段时间里，他全神贯注地深入他的推理过程和思想内容。不可否认，曾国藩最早的作品中已经包含了他成熟时期的许多一般方法和一些基本原则，虽然这些作品只是他家庭和青年时代的反映。❶ 对于卫德明来说，在他生活的那个时代，他对于汉学学术研究有着最全面的了解 ❷，这也为他赢得了"海外中国学先驱"的称号。❸ 在那样的学术氛围下，卫德明借助自身对中国文学和哲学的熟稔，在翻译过程中最大程度保留了这篇名作的文学价值，同时也深刻挖掘了曾国藩儒学精英思想的形成与建构。

卫德明指出，作为优美的骈体文，《顺性命之理论》是曾国藩的朝考策文，全篇共得 618 字，其中不仅蕴含了作者少时的治学之道、儒学思考和易学见解，也彰显了曾国藩深厚的诗学功底和独特个性。曾国藩被称为晚清最伟大的哲人及政治家 ❹，《顺性命之理论》写成于他 27 岁时，其中蕴含着他朴素的哲学思想萌芽和对儒家"仁义观"的深刻理解。曾国藩提倡顺"性""命"以成"理"，更主张仿自然之态势，拟天、地、日、月等天然存在而建构人类社会之权威，重振清帝国业已松散甚至濒临崩塌的传统秩序。《顺性命之理论》虽创

---

❶ HELLMUT W. The Young Tseng Kuo-fan: Home Influences and Family Background [J]. Monumenta Serica, 1976(32): 21–54.

❷ 康达维. 华盛顿大学汉学研究与中国和欧洲的渊源 [J]. 蒋文燕，译. 国际汉学，2011 (1).

❸ TAYLOR G E. Hellmut Wilhelm, Pioneer of China Studies [J]. Oriens Extremus, 1992: 35.

❹ LEVENSON J R. Confucian China and Its Modern Fate [M].Berkeley: University of California Press, 1958: 165.

作于曾国藩青葱岁月之时，但其中体现的籍"性命之理"以树"权威之道"的思想，无时无刻不在他毕生立德、立言、立功的行为中被一一践行。卫德明将《顺性命之理论》翻译成835字的英语文篇，所克服的挑战不仅在于辨义文字，更在于对中国哲学各流派之间关系的恰当理解、正确辨异、及深入思考和整理。

根据卫德明的分析，曾国藩倾全篇之力，意图析清"性"、"命"这两大易学核心概念与"理"的关系，旨在劝说世间万物，应各趋其位。"性，浑沦而难名"，但"按之曰理"；"命于穆而不已"，但"求之于理"。❶卫德明强调，曾国藩深受宋学修身齐家治国平天下的精英思想熏陶，用"理"来解释"性"与"命"的内涵和精髓，从儒学的角度阐明了这两者的内在规律；而在文章末尾，曾国藩做出了由自然运转排列到社会权威秩序的过渡和总结。曾国藩深受宋学和湖湘文化的影响，认为太极是天地初生的状态，是一切规范的规范，一切形式的标准；它是内在的、不具人格和被动的，是客观规律的源存在。他在文章中用"太极"来定义"命"，说明"命"的形成不是无往而来的，而是深受客观规律制约的存在。作为朝考策文，曾国藩在"太极"和君权之间寻求着政治上清净无为、寡欲内修、反对强权并强调天子美德的思想。

根据卫德明的翻译与研究，《顺性命之理论》作为曾国藩的早期作品，除了能表现出他本人的哲学理念和伦理道德观之外，也是展现他诗学功底与文学塑造力的佳作。诗学功能作为文学的主导功能，在打造文学鉴赏性和传播性的同时，也对文学作品的翻译提出了更高的要求——即在保留原文的诗学功能的基础上再现原文的诗学效果。❷《顺性命之理论》为骈体文，又称骈俪文，句式两两对仗，最是讲究声韵平仄与韵律和谐，注重藻饰与用典，在诗学功能上表达了曾国藩对于"性"和"命"的理性定义。"性"不是无中生有的，而是

---

❶ WRIGHT M C. The Last Stand of Chinese Conservatism: The T'ungchih Restoration, 1862–1874 [M]. New York: Atheneum, 1957: 35.

❷ JAKOBSON R. Linguistics and Poetics [M] // In K. Pomorka (ed.). Roman Jakobson: Language in Literature. Cambridge and London: The Belknap Press, 1987: 66.

人在出生时便有了定数的；"命"也不是光靠外在环境的刺激、要求所决定的，而是在天地未开、混沌未明时就已根植甚至成型的。卫德明指出，曾国藩在论证中反复强调"性命之理"是不可违背的，人们在遵循此理时切忌高谈阔论，而忽视其在生活细节之处的妙用，任何倒行逆施或迷离惝恍均将导致"顺"之难求也。

卫德明认为曾国藩将"仁"作为与其他德行并行排列的儒家精英人才的重要品质之一，重在协调人与人之间关系的人道和仁慈，成为构建社会阶级秩序和推行权威主义的核心要素之一。儒家鼓吹建立一种以道德、伦常和自然等级状态为基础的社会政治组织制度。在社会的顶端是一位圣贤的君主，他的基本职能是给人民以正确的道德指导；他通过以身作则，而不是依靠使用强力，来教育人民行为规范，使他们能够保持与生俱来的善。卫德明指出曾国藩心中合乎道德的行为基础是"仁"和"礼"这两种观念。"仁"是人心中固有的本质，是关心他人的一种感情，这种关心以人与人之间的关系为基础来展开人类感情的交流，每一个人都要检点自己的行为，不要使自己的生活伤害他人。儒家主张不要隔断过去，而要恢复周朝初期那种依靠习惯法、理想化了的以礼为中心的封建结构。曾国藩在《顺性命之理论》中四度使用了"仁"，无一不在阐释个人的"仁爱"与"仁慈"，这些修养是维持纲常伦理和政治清明的最高境界。

在西方学术界，以卫德明为代表的新一代中国学家，与老一辈宗教译学家威妥玛、卫三畏、理雅各等相比，已经大大摆脱了传教士身份带来的拘束和狭隘；对于中国经典文化和礼学知识的多年研读及与中国知识分子的长期浸染，也让他们大大缩减了中西文化差异和弥补了前辈经学功底不足的遗憾。卫德明教授在他父亲研究和翻译《易经》的基础上，持续不断地研究、诠释这部经典，是美国学者中较早开始研究中国辞赋和哲学，并在此领域作出卓越贡献的中国学家之一。在中国现代史最艰难的一段时间里，卫德明始终住在中国，一边对中国文学和历史进行广博而精深的研究，一边与中国民众一起切身体会那心酸而深刻的近代化转型之阵痛。他对于中国传统文化溯源的理解之深远、对中国知识分子的思想解读之深刻，对中国近代社会动荡的体会之深切，是很多中国学家不能比拟的。卫德明曾多次强调曾国藩对中国精英文化的理解和践行,对中国近代社会转型发挥了重要作用,起到了重要影响,也是少数将曾国藩论著翻译成英语的中国学家,此举嘉惠学林,为中国近代典籍外译做了一个较好的范例。对于百多年后的今天来说,在"中国文化走出去"的政策指导下,回顾并重新审视卫德明对曾国藩《顺性命之理论》一文的英译,具有重要的学术价值和现代意义。

卫德明对曾国藩的《顺性命之理论》的成功解读和英译,源于其对《易经》的深刻理解和对顾炎武(对曾国藩思想有重大影响的先哲)儒家思想的研究。❶ 另外,作为经历过"一战"和"二战"的德国犹太人后裔 ❷,卫德明从事中国文学和哲学研究时,难免在惊羡东方文明的同时,对西方文明感到失望。这促使他继承其父卫礼贤之志,重新将眼光投向被作为"智慧之书"和"卜筮之书"的《易经》,力图用东方文化来补充和救济经历过"一战""二战"摧残和毁灭的西方文明。卫德明对《易经》卫—贝译本的诠释和研究,正处于西方人对机器文明、工具理性和科学崇拜的信仰破产期,经他阐释和解读的东方经典文明,瞬间便吸引了广大知识分子和精英阶层的目光。美国学术界亦纷纷转向从东方智慧中寻找出路和慰藉之路,一度引领了美国的"易经热"。这股文化热潮借助学界对于《易经》的诠释,提出"穷—变—通"的逻辑关系,以此来勉励欧洲人在战后奋发图强、重整家园。

卫德明英译《顺性命之理论》,通过从中文到英文的异语场景过渡,实现了中国文化价值信息的传递,特别是对中国近代转型的关键人物——曾国藩早期儒学精英文化思想的解读。尽管曾国藩的功业一度被传教士们对华尔、戈登的赞歌所掩盖,但后经黑尔博士、费正清等学者的评述立传和高度评价(将曾国藩比拟为中国的华盛顿),海内外学者对他的功、业、言也进行了充分研究,即便如此,仍然鲜少有人对他早期的精英文化思想理念进行深入探讨。虽然曾国藩在镇压太平天国和洋务中兴方面大放异彩,但这也不足以掩盖他前期儒学

---

❶ 曾国藩. 曾国藩全集[M]. 长沙: 岳麓书社, 1986: 232.

❷ 卫德明母亲为犹太人。

观点的重要意义。卫德明独具慧眼，认为曾国藩在湘时已然在思想领域显现出战略大师的眼光，在《顺性命之理论》中，借助"理"之成则，阐述了以威权为中心的秩序观。

卫德明通过翻译《顺性命之理论》探索了淬炼出曾国藩思想精华的强大能量和元气。"性命之理"（图4-1）看似是在迷离恍惚中看透世间万物，以发掘人世间众多现象和本质之间关系的人生处世哲学，其实却包含着无比清醒睿智的哲学思考，是哲人注意宇宙观念、对待权威态度之间的相互联系，其终极目标当然是希望人类所有活动都能顺应大道至德的自然规律，以达到那无所不容的宁静和谐之精神境界。性命相合则性强命壮，性命之理即阴阳之理，也正是古人所谓的道德。卫德明指出，正是在吸收这些底蕴深厚的中国哲学养分的过程中，曾国藩最终形成了修身立命和构建社会稳固架构的权威主义和经世致用思想——"礼"。

就英译版而言，本身已存在和流行的传播媒介，必然会大大影响一个"他者"在进入异域文化语境时，所能采用的观察视角和所能形塑的文化印象，尤其是面对中文这个如此庞大而复杂的语言文化系统。正如前文所说，卫德明虽已大大脱离了老一辈传教士对中国文化误读的窠臼，但是他所处的欧洲汉学中心，长期坚持以宗教视角来审视一切跨文化活动，这无疑会对卫德明产生潜移默化的影响；同时，卫德明的众多译作和研究都是在其父卫礼贤前期研究基础上展开的，这一脉相承的研究路径让卫德明的学术之路更宽更远，却也为前路的方向带来了命定的限制。卫德明承卫礼贤对于儒家术语的理解，仍未能跳出以"基督教普世主义所追求的以自由、和平、正义为基础的大社会"的认知视角。❶

性 { 非虚悬 / 寓于肢体之中 / 以肃、义、哲、谋为范 / 以仁、敬、孝、慈则 / 按之曰理   命 { 非外铄 / 宰乎赋畀之始 / 其所以主宰乎五事者 / 其所纲维乎五伦者 / 求之于理

图4-1 "性命之理"内容结构

❶ 范丽娜.论卫德明对曾国藩易学思想的英译［J］.湘潭大学学报，2021（5）：164-170.

综上所述，从 20 世纪 70 年代中后期开始，美国学界更多将曾国藩与儒教精英文化捆绑在一起进行研究。美国学者非常注重曾国藩在出湘之前所接受的儒家精英式教育，重点回顾了曾国藩进京之前，湖湘学派对他思想形成的深刻影响以及家族对他的精心培育。谢正光在介绍曾国藩时，提到他按照祖父的要求，从四岁起就开始备考，在家中度过的 8 年求学光阴为他将来的科考、文学素养和为官生涯打下了坚实的基础。他父亲在科考道路上所表现出来的坚韧不拔，也对曾国藩影响很大，谢正光强调曾国藩后来曾自豪地肯定了父亲的坚持，并形容他是"一个苦苦挣扎的学者"。❶ 在家乡和家族的共同引导下，曾国藩立志要成为一个儒家精英。谢正光认为，曾国藩湖南的家庭及他之后与北京一批学者和官员的交往等背景因素，恰恰促成了他这一愿望。

综合这段时间的研究成果，可以肯定的是，曾国藩出生于一个长期以来重视社会声望的家庭，而这种声望只有通过在科举考试中取得成功才能获得，所以，他从小就开始为成为儒家精英文官而做准备。曾国藩的在湘生活连续 23 年都是以考试活动为主的，然而，当他终于在 1838 年获得进士学位并成为翰林学者后，他发现自己只成功了一部分。谢正光指出，当时的曾国藩经常自省，认为自己对儒家经典的了解，只是达到了考试的标准。在以后的学习和为官生涯中，他也时时发觉对自己的个人行为感到失望，更常常因为自己的某种行为不符合儒家对精英的道德准则而深感自责与内疚。这种觉醒一部分是来自于他在湖湘接受的最朴实地扎根最深的儒家精英培育模式的影响，另一部分则是他与当时生活在北京的一批有良知的儒家士大夫交往的直接结果。❷

---

❶ HSIEH C K. Tseng Kuo-fan, A Nineteenth-Century Confucian General [D] . New Haven：Yale University, 1975：12.

❷ HSIEH C K. Tseng Kuo-fan, A Nineteenth-Century Confucian General [D] . New Haven：Yale University, 1975：9.

二、对曾国藩在京结识精英文化圈的研究

卫德明指出，在北京生活的早期，曾国藩的朋友和导师大多是来自理学学派的精英。然而在后期，曾国藩对汉学表现出极大的宽容，甚至对清初的汉学大师表现出非常高涨的热情。卫德明便提出了这样一个问题：曾国藩是在谁的影响下改变了自己的学术思想方向呢？卫德明认为在这个转折中应该被提及的名字是刘传莹，尽管曾国藩对刘传莹的影响似乎大于刘传莹对曾国藩的影响。另外值得一提的是聚集在张穆身边的圈子中有好几个学者都是曾国藩的好友，可能在他们帮助下，曾国藩提升了对汉学的兴趣，并了解了这一派内部的发展状况。❶

卫德明在考察曾国藩对汉学思想的接受过程时，参考了萧一山在他写的《曾国藩传》中描述的关于曾国藩和刘传莹的关系。萧一山认为他们是在崇高道德范围内努力修行的一对光辉典范，这是一个相互促进的辩证过程。萧一山还认为曾国藩思想形成的关键时期是 1846—1848 年，而这恰好是在刘传莹离开北京之前。卫德明强调他并未获得足量的关于刘传莹的信息，仅仅从曾国藩自己、曾国藩近亲及朋友和一些可能受到刘传莹影响的人那里得到了片言只语。而刘传莹本人除了汇编一部朱熹引用孟子的语录集——《孟子要略》以外，没有留下任何作品。这部作品很可能是受曾国藩的启发而作的，并且被曾国藩编辑并收录在自己的文集中。因此，卫德明只能间接地了解到刘传莹的实际建树，以及他对曾国藩影响的程度，这种影响是萧一山认为刘传莹所具有的。❷卫德明记载到，从曾国藩所写的刘传莹的墓志铭、传记文章（汉阳刘君家传）和对孙鼎臣《刍论》的序言、梅曾亮为刘传莹写的墓志铭和方宗诚、李元度写的传记速写中可以看出，他出生于汉阳的一个贫苦家庭。在道光十九

---

❶　HELLMUT W. Tseng Kuo-fan and Liu Ch'uan-ying [J]. Journal of the American Oriental Society, 1976（96）: 268-272.

❷　HELLMUT W. Tseng Kuo-fan and Liu Ch'uan-ying [J]. Journal of the American Oriental Society, 1976（96）: 268-272.

年（1839 年）中举，任国子监学正，然后辞职并返回故乡，在 31 岁时去世，那时是道光二十八年（1848 年）。❶李元度把他和姚雪塽、潘谙相提并论，认为这两人都是宋学的著名学者。方宗诚也主张将刘传莹归入宋学派，并且将他同张履祥、陆陇其这两位宋学大学者划为一类，梅曾亮也表示出将他同宋学联系在一起的倾向。目前，关于李元度对宋学的偏爱、方宗诚返回到桐城派的传统、梅曾亮的派性这三方面都已经被普遍认可。尽管这三个人的评价有可能被他们对信仰的忠诚所蒙蔽，但是梅曾亮的某些重要描述已经将刘传莹从通常的宋学派中区别开来。❷在分析刘传莹思想特点时，卫德明大量引用了梅曾亮、曾国藩等对刘传莹的介绍。尽管学界普遍认为刘传莹倾向于桐城派和宋学，但是他激进地坚持人格尊严和独立的行为又揭示了其精英文化思想的影响。曾国藩描述他"实究心汉学者之说，而疾其单辞碎义"。

　　卫德明经过反复推敲，得出了以下结论：（1）曾国藩与刘传莹关系密切，经常讨论一些观点；（2）最初刘传莹是清初汉学大师的坚定追随者，他对汉学毫不怀疑，被理想主义所蒙蔽而特别强调训诂方面的研究。但是当他和曾国藩交往之后，他深深地被曾国藩影响了，思想从最初的位置发生了偏移。他渐渐怀疑考据的意义，而越来越转向桐城派的精神世界，甚至也接受了更多的宋学。尽管曾国藩强调刘传莹偏重唯心的分析，而不是注重实际的经世之学，但是从他的描述中也可见刘传莹的转变是明显的。这也在梅曾亮、方宗臣、李元度的记述中得到印证。刘传莹戏剧性的辞官是他思想转变的高潮，他将家庭责任凌驾于社会责任之上。但是从他反叛的诚挚和坚决中可以发现他的观念形成过程。❸卫德明推测萧一山的描述是基于一个先入为主的观念——认为存在一个相互影响的辩证过程，因为这个阶段实际上也是曾国藩思想形成的关键时

---

❶ HELLMUT W. Tseng Kuo-fan and Liu Ch'uan-ying [J]. Journal of the American Oriental Society, 1976（96）: 268-272.

❷ HELLMUT W. Tseng Kuo-fan and Liu Ch'uan-ying [J]. Journal of the American Oriental Society, 1976（96）: 268-272.

❸ HELLMUT W. Tseng Kuo-fan and Liu Ch'uan-ying [J]. Journal of the American Oriental Society, 1976（96）: 268-272.

期，他的确也从他们的相互讨论中吸收了许多观念。因为在他的狂热好友的敦促下，曾国藩至少在一定程度上是相信汉学的。这让他改变了对汉学，尤其是训诂的态度，以至于对清代初期的汉学大师更加尊重。这个转变表现在曾国藩在退休后致力于语言文字学的行动上，也表现在随后曾国藩非常重视地理学和经济学上。

卫德明在调查曾国藩同汉学者接触所可能受到的影响时，发现不仅顾炎武的个性深深影响了他，而且张穆的朋友圈子也对他产生了影响。张穆精通汉学流派中的语言学，也是政治学的研究者，更是著名的地理学家。他编撰了顾炎武的标准编年体传记，是顾炎武纪念馆的奠基者之一。纪念馆坐落在北京城南，紧邻报国寺，不久之后张穆自己也被纪念在此，这些事实都证明了张穆崇拜顾炎武。曾国藩和张穆直接见面的证据很少，但是张穆圈子中有两个人也明确属于曾国藩的朋友圈。一位是何绍基，字子贞，他本身就是顾炎武的一位热忱崇拜者，在 1843 年积极推进顾炎武纪念馆的建造工作。曾国藩早在 1842 年的一封家信中就提及了他，说他们的共同爱好是书法。在同一年的另一封家信中，他表扬何子贞的五个优点："一曰《仪礼》精，二曰《汉书》熟，三曰《说文》精，四曰各体诗好，五曰字好。"在另一封信中他还称赞何子贞富于智慧。基于何子贞对顾炎武的崇拜，这让卫德明很难想象他不会竭力将曾国藩拉入圈子。曾国藩的几封信也证实了：在以后的许多年中他们不仅保持了友谊，而且还相互交流了学术观点。❶另一位是年轻的何秋涛，专精汉学。他和张穆共同的兴趣是地理学，尤其关注包括俄罗斯的北方地区。曾国藩写给他的几封信至今仍然保存完好。汉学的这个圈子还包括祁隽藻，他负责编辑张穆的文集。祁隽藻的父亲是祁韵士，一位著名的历史学家。苗夔是祁隽藻的一位学生，是顾炎武音韵学的继承者，也紧接着成为曾国藩文学研究的激励者。曾国藩曾给苗夔写过一篇墓志铭，并将之收录入自己的文集中，这篇文章恰好证实

---

❶ HELLMUT W. Tseng Kuo-fan and Liu Ch'uan-ying [J]. Journal of the American Oriental Society, 1976（96）: 268-272.

了他们之间存在着相互的学术探讨。❶

　　根据卫德明的记述，在宋学朋友的影响下，曾国藩制订了严格的日课，不仅包括大量阅读，还包括情感和道德修行，开始了他坚持一生的儒家精英训练。他为了专注学问不被打扰，有一段时间曾经隐居在京城南部一座庙中，但是碰巧的是这座庙正好对着顾炎武纪念馆。曾国藩就是在这个时期开始仰慕桐城派的，并自始至终认为自己是这一派的信徒。他在二十年后的一封家书中总结的"八本说"，有两条是重复姚鼐关于读、写的经验总结。❷谢正光也总结了卫德明对于曾国藩入京后思想成型期的研究，提出新儒学给曾国藩带来了全新的体验，当时清朝把这一体系作为考试所依据的正统国学。但是，作为一种生活方式和培养人格的手段，理学最初是由一群翰林同僚介绍给曾国藩的，他们以试图按照理学的道德原则生活而闻名。以倭仁、吴嘉宾、何桂珍和唐鹏等为代表的翰林官员表现最为突出，尽管程朱理学在他们的时代仍然是清政府的信条，但它受到了许多专门研究理学作为在官场上自我提升手段的人中盛行的野心主义的严重损害。他们认为，19 世纪初出现王朝衰落的征兆，是因为儒学作为士大夫信仰的衰落。他们深信，帝国的复兴取决于他们哲学信条的复兴。基于这样一种信念：人可以通过自我努力来完善自己，好人是国家和社会的基本财富，这些翰林官员致力于通过一个广泛的"品格建设"计划来改善他们的人格，这个计划是由清初的新儒家学者如陆陇其和张伯行制定的。谢正光称卫德明为著名的理学家，并引用卫德明对这项计划的评价——"恭敬守信"来形容曾国藩接受理学的精髓。对于清初的学者来说，崇敬作为一种指导一切行为的人的态度，最初是从心理学的角度来构思的。他们坚持认为，一个人需要分析自己的心理，并调查它如何衡量自己的态度和行动。自我分析和自我批评是通过采用一些标准技巧来进行的。其中一种方法是写一本自责日记（日课），每天对自己的态度和行为进

---

❶ HELLMUT W. Tseng Kuo-fan and Liu Ch'uan-ying [J]. Journal of the American Oriental Society, 1976（96）: 268-272.

❷ 读书以训诂为本，作诗文以声调为本。

行检查和批评，并制定指导原则，这些原则可以是引用经典或自己的表述。这些自我剖析的日记被朋友们带到各处，他们被邀请在自己的日记中加入自己的批评。另一个自律技巧是制定工作时间表。这个时间表，包括每天的作文和书法练习、阅读清单和冥想练习，旨在让一个人沉浸在经典的精神中，并训练有意识和无意识的心志。所有这些技巧及对批评和自我批评的自觉服从，都是为了最终征服（或克服）一个人的自我主义。❶

这样的人格培养体系，吸引了曾国藩在翰林书院的一批同僚。在这个群体中，倭仁（有时被后来的历史学家视为极端反动派）是一个强大的知识分子。从曾国藩在写给家人的信中对倭仁的评价来看，他在 1842 年下半年开始与倭仁及其团体交往。曾国藩对倭仁的敬重，远远超过了一个下级官员对高级官员的敬重。他敬佩倭仁对程朱理学的献身精神，认为倭仁是一个品格卓越的人。曾国藩还模仿倭仁的行为，开始构建自己的日常生活，实施程朱理学的道德教诲。他听从倭仁的建议，写日记，对自己的行为进行反思，并记录下每一次对自己制定的规则的偏离。曾国藩在日记中夹杂着严厉、自嘲的言辞，这说明程朱理学对他来说不仅仅是一种抽象的哲学，相反，这是一个积极的生活指南。曾国藩以最大的认真运用到他的日常行为，努力践行着使自己的行为符合程朱的道德戒律决心。❷

---

❶ HSIEH C K. Tseng Kuo-fan, A Nineteenth-Century Confucian General［D］New Haven：Yale University, 1975：19.

❷ HSIEH C K. Tseng Kuo-fan, A Nineteenth-Century Confucian General［D］. New Haven：Yale University, 1975：21.

第三节　对曾国藩精英治国观的研究

一、对曾国藩儒家精英政治理想的研究

谢正光在研究曾国藩的专题论文中提出，曾国藩的哲学理论来自对"文"的深刻理解，认为"文"即儒家的精英文化世界，包含了中国传统政治理论中一些最基本的原则。统治者和历史学家都专门为儒家"君子"保留了这一传统，他们通过研究经典而获得了对儒家君子之"道"的深刻认识，并通过按照儒家的道德戒律行事，来展示他们的知识和对精英文化的代表。因此，这些人不仅有智力，而且道德完善。这种知识和道德的结合使他们有资格成为政治上的精英领袖。谢正光认为在构建和谐社会的努力中，他们充当了统治者的顾问、官僚机构的管理者和普通民众的道德模范。因为他们受过儒家经典的训练，所以他们不是靠武力，而是靠道德说服，实现他们的精英政治理想。❶

而卫德明认为，在嘉庆（1796—1820年）和道光（1821—1850年）统治时期，中国开始经历前所未有的社会动荡，内忧外患的困境唤醒了一批文人梦想家的治国之道，他们一个接一个地把目光转向政治、经济和实际问题。费正清根据记载指出，上层精英人物的士气和活力在19世纪初期都有所复兴，而这种新出现的复苏气象早在白莲教反叛时便已初见端倪（比如严如煜利用经世思想来对付白莲教）。

在费正清看来，清朝自嘉庆皇帝统治时期便慢慢恢复了汉族官员的地位，

---

❶　HSIEH C K. Tseng Kuo-fan, A Nineteenth-Century Confucian General［D］. New Haven：Yale University，1975：8.

渐渐形成了汉族官员掌握省级主要行政职务的局面 ❶，湖南精英领袖陶澍等就在这时走上了帝国行政改革的前台。在内忧外患的艰难时代，曾国藩带领一大批儒学斗士镇压太平天国并取得胜利，主要的原因也是曾国藩抓住了儒家精英绅士集团的人心和支持。❷ 在此基础上，费正清将晚清帝国自上而下对于改革和创新的拒绝与排除，都归结于汉族精英文化阶层在 19 世纪之前早已形成的以中国儒家文化为中心的东亚秩序和世界秩序的强烈自信心和顽固保守力。在这种氛围下，他们始终无法感知世界的变化与进步对于中国经济模式和政治秩序可能存在的挑战和威胁。

史华慈认为中国儒家文化中一直崇尚的精英政治治理理想，将国家权利视为行政治理的核心内涵，并且这种理想被牢固地锁定在忠于家庭和厌恶竞争这两个特性上，以至于他们沉迷于恢复上古礼制秩序，无法从本土文明曾取得的高光时刻中抽离，更不能与过去的辉煌决裂，附身面对眼前的困局并作出必要的任何形式的改革。❸

在"中国中心观"的研究范式下，20 世纪 90 年代，波拉切克（James M. Polachek）对鸦片战争和之后的列强入侵为何未能引起清帝国的强烈反应和带来体制变革感到疑惑。波拉切克认为，鸦片战争理应对晚清帝国造成了巨大的冲击力进而引起剧烈变化，但是这样的变化直到 19 世纪末 20 世纪初才真正实现。是什么阻碍了清帝国对外交政策的重视，延迟了她迈上近代化改革的道路？波拉切克通过研究，发现鸦片战争后清帝国的战败、赔款和签订条约，为汉族文化精英重回统治阶层创造了历史时机；他还认为晚清中央政府在汉族儒家精英群体的引导下没有及时调整对外政策，也没能让统治阶层的文人领袖动摇帝国在政治体制、军事系统和经济模式中的自信心。波拉切克提出了对儒家

❶ FAIRBANK J K., K C Liu. The Cambridge History of China in Late Qing Dynasty, 1800–1911［M］. London：Cambridge University Press, 1978：111.

❷ FAIRBANK J K., K C Liu. The Cambridge History of China in Late Qing Dynasty, 1800–1911［M］. London：Cambridge University Press, 1978：548.

❸ POLACHEK J M. The Inner Opium War［M］. Boston：President and Fellows of Harvard College, 1992：6–8.

精英治国观的独到见解 ❶，并指出儒家精英文化并未把鸦片战争的战败作为现存政治体制和军事战斗力已经破产的真实证据 ❷，他们对政治体制的优越感和自信心带来了帝国中央政府政治体制的惰性，这是让晚清帝国未能及时调整外交政策的主要障碍。

波拉切克主要是从满汉两族利用鸦片战争和太平天国运动在清帝国统治集团内部争夺决策权这一角度来展开分析的，他的视角和结论不一定全面和恰当，但也是这个阶段美国学界研究曾国藩的重要成果，特别是大大加深了对中国儒家精英文化的认识与研究，也为曾国藩和中国学研究提供了新资料、引发了新思考。

（一）对汉族文化精英重回政权舞台的研究

波拉切克从鸦片战争前后涉及的重要官员下手，深入研究了道咸统治期间，清帝国汉族儒家精英为实现自己政治理想的持续努力和对后世产生的深远影响。❸ 他认为，与鸦片战争这场军事对峙同时发生的，还有满汉两族文化精英对于清政府决策权的争夺之战。波拉切克深刻分析了中国晚清汉族文化精英在面对满族决策的朝廷统治时，经过自己的不懈努力和政治策略，在鸦片战争中制造舆论内战和镇压太平天国运动中取得统治阶层的信任和依赖，最终为本民族文化精英争取到统治集团的重要一席。

波拉切克首先展示了自己对于中国汉族儒家精英文化阶层的分析，认为这个阶层最初是一个汉族文人集团，他们通过与晚清高层政治领袖的密切关系形成了一个神秘的次生集团。为了证明这一点，波拉切克特别举出了北京南城文

❶　POLACHEK J M. The Inner Opium War［M］. Boston：President and Fellows of Harvard College，1992.

❷　POLACHEK J M. The Inner Opium War［M］. Boston：President and Fellows of Harvard College，1992：141.

❸　POLACHEK J M. The Inner Opium War［M］. Boston：President and Fellows of Harvard College，1992：1-2.

人、顾祠会祭等影响朝廷政治决策的例子❶，并认为这个翰林集团通过分享儒家
文化中的审美情谊观来促进成员们在政治意识形态、阶级纲领和宗教信仰方面
的共性，用他们的政治意图和影响力逐渐形成了19世纪的文人思想体系，进
而促成长久的政治联盟❷，并凭借团体认可和文人之间的友谊来谋求仕途升迁和
掌握核心权力。

根据波拉切克的研究，19世纪中期之前，已经有不少在北京扎根的文人
派系为来京寻求入仕门路、渴望升职信息的科甲精英提供与京城权贵或达官贵
人达成连接的服务。他们充分发挥桥梁的作用，通过他们的文人信息网络鼓动
更多的科甲精英投身19世纪的京城政治行动。❸这个汉族文人精英集团在朝廷
对鸦片战争的态度和策略等政治活动中发挥了重要作用，波拉切克对这些行动
进行了整体归纳：（1）通过要求严惩鸦片吸食者的倡议来体现文人精英集团对
社会和政治责任道德感，并在此基础上逐渐形成汉人学术阶级独立领导文人精
英，探索道德伦理和政治决策方向的氛围；❹（2）通过对京城政治领袖和满族官
僚在鸦片战争中的失利进行道德谴责，塑造一种新颖的对帝国和政权坚毅忠贞
与直言不讳的精神印象；❺（3）通过遍布全国的文人区域信息网络来揭露京城官
僚的腐败内幕，突出对官僚治理体系制度优化的功能；❻通过对广州地方抗英
"胜利"的渲染和对英策略失当导致战败的宣传，推广地方精英应该接管军事

---

❶ POLACHEK J M. The Inner Opium War［M］. Boston：President and Fellows of Harvard College，
1992：12.

❷ POLACHEK J M. The Inner Opium War［M］. Boston：President and Fellows of Harvard College，
1992：25.

❸ POLACHEK J M. The Inner Opium War［M］. Boston：President and Fellows of Harvard College，
1992：23.

❹ POLACHEK J M. The Inner Opium War［M］. Boston：President and Fellows of Harvard College，
1992：132.

❺ POLACHEK J M. The Inner Opium War［M］. Boston：President and Fellows of Harvard College，
1992：100.

❻ POLACHEK J M. The Inner Opium War［M］. Boston：President and Fellows of Harvard College，
1992：34.

力量和迅速恢复军事自信的政治理念。❶

通过这些政治行动，京城的汉人儒家精英文化圈得到了巩固和进一步发展，并形成了一个相对稳定的精英政治集团。他们的政治行动建立在对儒家经典规范和文本解读、研磨的基础上；他们互相监督彼此在践行儒家精英的自省和伦理道德自律；他们通过分享文学意趣结下君子之交，满足自己作为文化精英的精神需求，并在社会公共生活和交际中强化集团内部的价值观和政治观❷，达成他们追求的冷静、兼容并蓄的原则和审美的共通性。❸波拉切克在总结这些政治行动和影响的过程中，也分析了他们的政治意图与根本原因。隐藏在汉人文化精英政治行动背后的，是他们与清帝国长期严密监视和控制汉族力量崛起的政治策略之间的深刻矛盾，是对满族统治者一直以来对汉人士大夫阶层企图凭借文化阶层内部的私人合作，寻求政治发展和治理权的严防死守表现出的强烈不满。❹

波拉切克也分析了京城汉人精英集团在鸦片战争的舆论战场上造成的深刻影响，他认为鸦片战争造成的国内舆论之战激起了汉族文人集团争夺政治权利的政治抱负，他们对满人作战策略失误的过度解读同时也造成了自己进一步的思维僵化，甚至在政治理念和行动方面形成了更加固化的排外主义❺，认为中国战败的原因不在于政治体制的问题和军事系统的退化，从而促使文人更加紧密地绑缚于中国战略自负的旧思想。❻而当他们意识到形势的危机时，文人精英

❶ POLACHEK J M. The Inner Opium War [M]. Boston：President and Fellows of Harvard College，1992：180-181.

❷ POLACHEK J M. The Inner Opium War [M]. Boston：President and Fellows of Harvard College，1992：26-29.

❸ POLACHEK J M. The Inner Opium War [M]. Boston：President and Fellows of Harvard College，1992：51.

❹ POLACHEK J M. The Inner Opium War [M]. Boston：President and Fellows of Harvard College，1992：20.

❺ POLACHEK J M. The Inner Opium War [M]. Boston：President and Fellows of Harvard College，1992：30.

❻ POLACHEK J M. The Inner Opium War [M]. Boston：President and Fellows of Harvard College，1992：180-181.

集团提出的针对外国侵略问题的解决方案来得太迟，内容也缺乏新意，以至于错过了最好的时机，最后陷入被动。❶

（二）顾祠会祭与曾国藩上疏事件

波拉切克对于汉人文化精英阶层的政治理想和思想信仰进行了分析，认为顾炎武在凝聚汉人儒家文化精英的过程中发挥了无与伦比的作用，成为几乎所有士人都支持和拥护的学术理想的代言人。❷波拉切克分析到，包括曾国藩在内的诸多文化精英都将顾炎武视作自己的政治偶像，这一方面是因为他们信奉顾炎武对学术本身应该成为选拔人才和挑选精英这一宗旨的捍卫，认为这是比追随某个主流学派更本质更持久的信仰；❸另一方面顾炎武对研究方法的创新也是让他受到学术精英力捧的重要原因。顾炎武的研究方法本身便是一种对与其同时代文人精英普遍习惯的反抗。顾炎武的学术风格可以被视为极具反传统和反叛性的，而且非常不同于墨守成规和主张清净无为的价值观，后来这种价值观在清朝中期和汉学相联合。对于参加顾祠会祭的年轻人来说，令人肃然起敬并激发出思想共鸣的恰是顾炎武学术特点的这一独特方面——成功蔑视当时的主流思想——而不是其特殊的音韵和训诂研究。这成为19世纪40年代文人效仿顾炎武的重要原因和意义。❹他磨砺谨慎的精神可以被视为弥合了19世纪初期敌对思想流派之间的分歧，通过仿效顾炎武的这种学术人格，勤奋的汉学士人和热情的古文派士人能再次自视为团结在一种共同的学术理想中。❺所以，

---

❶ POLACHEK J M. The Inner Opium War [M]. Boston: President and Fellows of Harvard College, 1992: 284.

❷ POLACHEK J M. The Inner Opium War [M]. Boston: President and Fellows of Harvard College, 1992: 229.

❸ POLACHEK J M. The Inner Opium War [M]. Boston: President and Fellows of Harvard College, 1992: 219.

❹ POLACHEK J M. The Inner Opium War [M]. Boston: President and Fellows of Harvard College, 1992: 230.

❺ POLACHEK J M. The Inner Opium War [M]. Boston: President and Fellows of Harvard College, 1992: 233.

在顾炎武精神的感召下, 19 世纪的京城汉人文化精英每年在顾炎武纪念堂对他进行拜祭, 同时形成政治联盟, 被称为"顾祠会祭"。

曾国藩在 1850 年对新任皇帝咸丰上疏的过程, 被很多美国中国学家描述过, 沈陈汉音介绍了上疏的详细内容, 谢正光分析了曾国藩针对朝廷弊端而提出的解决方案, 而波拉切克却从政治角度出发, 认为曾国藩的此次上疏具有浓厚的政治谋略意图。首先, 波拉切克解读了曾国藩当时的政治理想, 认为他作为梅曾亮的门生, 向皇帝陈述了四个官场通病、两个京官办事的通病, 并分析这都是由于清朝对精英文化的早期特征矫枉过正造成的, 而纠正这些问题的唯一方法是彻底绕开京城根深蒂固的官僚恩庇体系。这样的见解应该被视作 19 世纪 40 年代顾祠会祭内盛行的某些认同清议合理性的观点。❶ 其次, 波拉切克认为曾国藩的上疏得到了潘世恩和杜受田的支持, 他们热烈地回应了曾国藩的《应诏陈言书》, 为此递交的奏折文本还完好地保存于清政府的档案中。❷ 所以, 这次上疏应该被看成是一次巧妙的政治试探, 如果能得到咸丰皇帝的首肯, 必然会引出朝廷对重要官员任职和罢黜的重新审视, 并带来一连串的政治反响。❸ 幸运的是, 曾国藩的上疏成功引起了皇帝的注意, 顺应了咸丰皇帝对提高文人在北京政坛地位, 以鼓励曾被压制在僵化政府文职机构底层的贤才, 开创一个崭新的统治时期的政治愿景。❹ 最后, 以曾国藩 1850 年上疏事件为起点, 顾祠会祭和南城文人展开了一系列为寻求恢复文化精英制度化权力的重要尝试。

曾国藩的上疏得到了咸丰皇帝的积极回应, 他提高了精英人士对官僚机构内部人才选任的发言权, 为了重获士人阶层的忠心, 也恢复了文人领袖的地

---

❶ POLACHEK J M. The Inner Opium War [M]. Boston: President and Fellows of Harvard College, 1992: 235.

❷ POLACHEK J M. The Inner Opium War [M]. Boston: President and Fellows of Harvard College, 1992: 267.

❸ 事实上, 朝廷之后确实恢复了林则徐和姚莹的官职, 并罢黜了之前弹劾他们的满大臣。

❹ POLACHEK J M. The Inner Opium War [M]. Boston: President and Fellows of Harvard College, 1992: 236.

位。❶此时汉人社会精英的能量再度有效配合官僚机构恢复控制的努力，南城
权力追逐者也再度在政治合作中被给予了利益。朝廷政策的指引越来越倾向于
来自汉人精英，特别是在官僚机构中处于边缘地位的汉人精英❷，文化精英在
决策过程中发挥了更大的作用。❸曾国藩上疏是汉族文化精英重新取得治国决
策权的标志性事件❹，不仅开启了晚清满汉权力博弈的新格局，而且为自己打
造了儒家"精英文化自救者"的经典形象。比如，当时满大臣耆英就对汉族地
方精英通过团练而组建并控制一支实力强大的军事队伍表示了强烈的不满和担
忧。❺在对战太平天国的过程中，湘军和淮军因为采用了西方先进武装设备而
使地方军队的战斗力大大超越了京师的八旗军队，这马上让满人将军对地方军
队取得的优势产生了戒心，甚至将这种提防在曾国藩逝世后转化为骚扰，甚至
想方设法去阻挠淮军的进一步现代化，成为试图将重振军备限制到绝对最低程
度的特定利益集团。❻

　　波拉切克在自己研究作品的最后将汉族儒家精英的治国观描述为"阶层沙
文主义"或者"文化沙文主义"，指出汉族文化精英认为只有自己这个阶层才
能实现在中华国土上真正的国泰民安，他们应该在最低程度的干扰下实行自己
治国理政的抱负，将文人友谊和师承关系而形成的精英集团作为恢复政治力量

---

❶ POLACHEK J M. The Inner Opium War ［M］. Boston: President and Fellows of Harvard College,
1992: 241-242.

❷ POLACHEK J M. The Inner Opium War ［M］. Boston: President and Fellows of Harvard College,
1992: 274.

❸ POLACHEK J M. The Inner Opium War ［M］. Boston: President and Fellows of Harvard College,
1992: 283.

❹ POLACHEK J M. The Inner Opium War ［M］. Boston: President and Fellows of Harvard College,
1992: 238.

❺ POLACHEK J M. The Inner Opium War ［M］. Boston: President and Fellows of Harvard College,
1992: 249.

❻ POLACHEK J M. The Inner Opium War ［M］. Boston: President and Fellows of Harvard College,
1992: 275.

的重要手段。❶波拉切克认为这种精英集团的政治理念和政治行为更深层反应了汉族精英文化阶层在置身于一个满族人控制的政治体系中表现出的深刻不安感，这种不安感必然需要通过团体扶助下的仕途升迁得以缓解。❷

二、对曾国藩转向战时实用主义的研究

费正清认为曾国藩卫道之心固然值得赞誉，然而儒学主张的超功利主义道德观，以及对远离一切功名利禄的"善"的追求，是不具有现实效益的。或许这样的品性修养对"上智之人"有效，但是对于占人口绝大多数的"中人以下"者，单纯的道德劝善和驯化引导势必不能发挥作用，要想他们达到或者接近这种理想状态，只能通过功利性的目标来激励和警戒。在费正清看来，儒家一向强调格物、致知、诚意、正心等修身养性之道，实在是精英自我修炼以达到"明明德"的纯甄境界之正途，是一条凡人君子皆羡慕的"从凡至圣之达道"。然而那些中、下器之人，"不深穷理之士，无知无识之人"，只要一到"理""性"，就会将之归为"圣境"，并认为与自己的"凡愚"境界相去甚远，是穷自身之努力也无法企及的高度，而"不肯奋发勉励"，费正清指出曾国藩在选人、用人、平定太平天国时常对此有所感触。❸

费正清提出，曾国藩一度认为，理想的军事将领应"不汲汲于名利"。他可以用"圣人"之道来要求自己，也可以勉强团结湘军最初的士族将领。费正清指出，到19世纪50年代中期，随着江忠源、胡林翼的阵亡，他发现理想和现实之间存在遥远的距离，曾国藩越来越感触到，只有真正的物质和名利才能

❶ POLACHEK J M. The Inner Opium War [M]. Boston：President and Fellows of Harvard College，1992：285.

❷ POLACHEK J M. The Inner Opium War [M]. Boston：President and Fellows of Harvard College，1992：286.

❸ FAIRBANK J K., K C Liu. The Cambridge History of China in Late Qing Dynasty, 1800−1911 [M]. London：Cambridge University Press，1978：477.

刺激下级军官在战场上奋力搏杀。❶ 他不得不改变他对儒家精英治理信念的坚守，在行军实践中推行极致的"实用主义"。

费正清认为，湘军的基本骨干乃是因清政府正规军战力的日益衰退，而在中国各地兴起的乡团（保护村、镇乃至有钱乡绅家宅的小型自卫民兵队）。❷ 湘军这一建军方法，在帝国体制里前所未见，帝国体制必然会把这些军队对地区的效忠视为对帝国效忠的威胁。❸ 所以，费正清注意到，正是在湘军短暂的元气恢复期间，曾国藩在两三年内将之扩充到了 4 万人左右，同时他本人的用人理念也产生了明显的变化。❹ 在研究曾国藩在湘军用人思路转变的过程中，费正清也对援助曾国藩剿灭太平天国的常胜军进行了研究，认为虽然密切领导常胜军的将领是李鸿章，但是允许接纳外国军备援助攻剿太平军，也正反映出曾国藩远离精英文化思想，在实用主义的道路上越走越远。所以当白齐文不受管辖时，李鸿章便决然地试图罢弃常胜军，直到戈登再次归入麾下，虽然也有过两次哗变，但整体上是在李鸿章的控制下发挥了巨大的作用。❺

费正清虽然肯定了华尔和常胜军的作战力，但是他仍然认为曾国藩在平定战乱中始终贯彻了实用主义思路，并判定这对他取得最后的胜利是至关重要的。❻ 费正清还研究了曾国藩在战争胜利后做出裁撤湘军的决定，认为这也是

---

❶ FAIRBANK J K., K C Liu. The Cambridge History of China in Late Qing Dynasty, 1800–1911 [M]. London: Cambridge University Press, 1978: 408.

❷ FAIRBANK J K., K C Liu. The Cambridge History of China in Late Qing Dynasty, 1800–1911 [M]. London: Cambridge University Press, 1978: 277.

❸ FAIRBANK J K., K C Liu. The Cambridge History of China in Late Qing Dynasty, 1800–1911 [M]. London: Cambridge University, 1978: 264–317.

❹ FAIRBANK J K., K C Liu. The Cambridge History of China in Late Qing Dynasty, 1800–1911 [M]. London: Cambridge University, 1978: 409.

❺ FAIRBANK J K., K C Liu. The Cambridge History of China in Late Qing Dynasty, 1800–1911 [M]. London: Cambridge University, 1978: 419.

❻ FAIRBANK J K., K C Liu. The Cambridge History of China in Late Qing Dynasty, 1800–1911 [M]. London: Cambridge University, 1978: 419.

他践行实用主义的思想路线。❶

　　费正清还注意到，为了取得战争的胜利，曾国藩对于财政方面的用人原则也逐渐产生了变化。❷ 根据费正清的研究，厘金制度是当时曾国藩能将镇压太平天国战争进行下去的重要保障。1860 年，曾国藩采纳胡林翼的做法，最初只用文人当厘金税的税吏。❸ 费正清记载了李鸿章在 1862 年 4 月代任江苏巡抚时，接管了厘金税，并使当地的厘金税收总数大幅度攀升，为扩充淮军、支援曾国藩、曾国荃打下了坚实的经济基础。❹ 曾国藩的厘金税制扩大到两江辖区以外，1860 年夏他得到了湖南巡抚骆秉章的同意，在长沙成立东征局。清帝还同意将广东省的厘金系统扩大供湘军使用，于是他就在广东北部的韶关和广州设立新的厘金局，这两个机构的办事人员都从曾国藩大本营抽任，这种跨省的措施是因为曾国藩得到了清帝的支持才得以实现。❺

　　所以，费正清总结道，曾国藩的核心思想在征战太平天国的过程中不断让位给眼前的具体形势，他不断向实用主义让步的一系列举措，不仅让湘军内部风气迅速衰败，而且还因这些战时政策导致了地方的军事化趋势。❻

　　除了在行军中践行实用主义，费正清还研究了曾国藩在战后对恢复王朝实力而兴办实业的尝试，这也是对他行军前一直坚守的儒家精英文化的背离。曾

---

❶ FAIRBANK J K., K C Liu. The Cambridge History of China in Late Qing Dynasty, 1800−1911 [M]. London: Cambridge University, 1978：429.

❷ FAIRBANK J K., K C Liu. The Cambridge History of China in Late Qing Dynasty, 1800−1911 [M]. London: Cambridge University Press, 1978：436.

❸ FAIRBANK J K., K C Liu. The Cambridge History of China in Late Qing Dynasty, 1800−1911 [M]. London: Cambridge University Press, 1978：430.

❹ FAIRBANK J K., K C Liu. The Cambridge History of China in Late Qing Dynasty, 1800−1911 [M]. London: Cambridge University Press, 1978：420.

❺ FAIRBANK J K., K C Liu. The Cambridge History of China in Late Qing Dynasty, 1800−1911 [M]. London: Cambridge University Press, 1978：430.

❻ FAIRBANK J K., K C Liu. The Cambridge History of China in Late Qing Dynasty, 1800−1911 [M]. London: Cambridge University Press, 1978：282

国藩在 1861 年 9 月收复安庆后，便开始着手振兴地方经济和文化。❶ 成功镇压太平天国之后，暂时出现了为当时统治阶级津津乐道的在同治年间的王朝复兴，费正清注意到，作为中兴和经世复兴的首政，曾国藩显然继续坚持他的"人存而后政举"的信仰。❷ 费正清也及时分析了中兴时被摆在第一位的重要举措，即曾国藩大力提倡的恢复科举考试。费正清认为，在儒家思想中，学者们找到了克服内在危险的道德力量，而儒家思想则赋予了中国在新的国际世界中重建地位的道德力量。❸ 费正清也看到了曾国藩将改进吏治和实行更严格的军训制度囊括在自强政策之内。❹ 在曾国藩的带领下，李鸿章、左宗棠等对旧制度的改革提出了更多更深入的建议 ❺。

费正清分析了曾国藩在兴办洋务实业方面的具体举措。1872 年他与李鸿章联名上奏，得到敕准选派青年学生赴美受训。❻ 费正清还记载了 1867 年曾国藩决定江南制造局制造大船的情况，因为他已然感受到轮船对于中国长期防务的至关重要。

在费正清看来，洋务运动引起了传统文化守旧派的冷嘲热讽和猛烈抨击，曾国藩在奏稿中也曾提出自己的主张，认为应该坚持一种更加灵活而依然是正确的儒家观点，这显示了他思想的转变。而他的长子曾纪泽开始学习英文和西洋算学，这大概也是父亲鼓励的结果。同年，曾国藩赞助了丁日昌因受容闳鼓

---

❶ FAIRBANK J K., K C Liu. The Cambridge History of China in Late Qing Dynasty, 1800−1911［M］. London：Cambridge University Press, 1978：434.

❷ FAIRBANK J K., K C Liu. The Cambridge History of China in Late Qing Dynasty, 1800−1911［M］. London：Cambridge University Press, 1978：433.

❸ FAIRBANK J K., K C Liu. The Cambridge History of China in Late Qing Dynasty, 1800−1911［M］. London：Cambridge University Press, 1978：479.

❹ FAIRBANK J K., K C Liu. The Cambridge History of China in Late Qing Dynasty, 1800−1911［M］. London：Cambridge University Press, 1978：487.

❺ FAIRBANK J K., K C Liu. The Cambridge History of China in Late Qing Dynasty, 1800−1911［M］. London：Cambridge University Press, 1978：490.

❻ FAIRBANK J K., K C Liu. The Cambridge History of China in Late Qing Dynasty, 1800−1911［M］. London：Cambridge University Press, 1978：496.

动而发起的建议，1871年，曾国藩授权在上海设局招生。❶虽然曾国藩已经走在了他曾经引为同伴的汉族儒家精英的前列，但是这个集团的顽固排外性和对传统文化信仰的坚持时刻束缚着曾国藩主张变革的步伐。

第四节　柯文对美国学界曾国藩研究的批判与创新

柯文自己也承认，"中国中心观"这一研究范式是有局限性的，他本人明确指出，"中国中心观"本来就不是一套完整的理论，它"只是一组趋向，而不是某种单一的、界限分明的取向"，从对这种研究范式的应用和评论，可以窥视美国中国学研究思潮和方法的发展趋势和特点。另外，柯文也提倡精细化的研究，这在一定程度上反映了历史研究的学术水平，但是在强调"区分"的同时，却低估了"综合"和总框架的重要性。这样的研究转向遭到了墨子刻等人的批评，他们认为只研究中国社会中很有局限性的若干方面，会忽视了对整个体制演变的系统关注和研究。

柯文回顾了20世纪前70年美国中国学研究范畴内的曾国藩研究，并从"中国中心观"的角度提出了自己的诸多见解和批评，如对卫德明研究中将曾国藩称为宋学的权威主义的拥护者这一观点进行了驳斥。柯文从"晚清历史和西方有关联的方面"分析了太平天国、同治中兴等与曾国藩有关的历史大事件，旨在探讨以上研究是否仅仅从西方冲击——中国回应方面作出了有限的评论。

首先，对于一直受西方世界瞩目的太平天国运动，柯文结合前期学者迈克尔、孔飞力和列文森的研究，否认了太平天国是对西方挑战的回应，但是认为它对中国回应西方入侵产生了重要影响，而以曾国藩为代表的晚清精英文化领

---

❶　FAIRBANK J K., K C Liu. The Cambridge History of China in Late Qing Dynasty, 1800–1911［M］. London: Cambridge University Press, 1978: 524.

导人误以为对这些问题已经通晓熟悉，便把注意力转向了内部，却没有重视对西方文化威胁下的帝国政体和经济进行改革和转型，从而被处于相似转型时期的日本大大超越。❶

其次，在柯文看来，在 19 世纪 60 年代前后，当时以曾国藩为典型代表的中国大部分精神领袖或儒教改革家关心的主要是国内叛乱问题，完全没有意识到西方有可能会成为一个棘手的问题。在汉满两组贤才的竭力支撑之下，清朝奇迹般地起死回生，甚至开始了所谓的"中兴"。和芮玛丽的观点一样，柯文认为这次"中兴"与历史上的多次中兴的重要不同就在于"西方入侵"贯穿始终，并造成了重要影响。所以，柯文更加深入地讨论了同治中兴在多大程度上是对西方的回应之一的核心观点。经过多方面的考察和论证，柯文认为同治中兴时期的改革与其说是"革新"不如说是复旧，并从中举出了文官制度、经济领域两个方面的具体情况进行评说。❷

柯文对芮玛丽和刘广京的研究成果表示赞同，认为当时的重点是重新恢复内乱前的经济。❸柯文认为，曾国藩尽管非常重视农业的恢复，但是他更多的关注是调整田赋；另外，柯文指出，奕䜣、曾国藩、李鸿章都对于商业不感兴趣，对兴修铁路、建立电报系统更是持反对意见，他们不相信扩大中西贸易能给中国带来繁荣发达的利好局面。所以，在柯文看来，中兴时期的领导人对经济增长这一概念始终无法理解，这一方面是因为以曾国藩为代表的儒家精英阶层并未看到西方文化的内在本质，另一方面也来自他们对中西经济存在方式不同的完全忽视。❹

---

❶ COHEN P A. Discovering History in China [M]. New York：Columbia University Press, 1984：127.

❷ COHEN P A. Discovering History in China [M]. New York：Columbia University Press, 1984：128.

❸ WRIGHT M C. The Last Stand of Chinese Conservatism：The T'ungchih Restoration, 1862–1874 [M]. New York：Atheneum, 1957；FAIRBANK J K, LIU K C. Cambridge History of China in Late Qing Dynasty [M]. Cambridge：Cambridge University, 1978：409–490, 606–608.

❹ COHEN P A. Discovering History in China [M]. New York：Columbia University Press, 1984：129.

　　然而，柯文也承认，在军事和外交方面，中兴领袖是切实在按照西方的路线进行改革的。❶柯文提出，在西方技术的援助下，曾国藩建立了近代兵工厂与船坞，作出了相当巨大的努力来提升中国军队的效率，并引进了更加有效的训练方法，开始了"自强"运动，他们这样做的目的是让国家的安全得到长久的保障；另外，柯文指出，中兴时期清政府恢复了以进贡为基础的制度，成立了总理各国事务衙门，这在当时的中国是具有划时代意义的壮举。❷

　　最后，从是否对西方冲击作出回应的角度来考虑，柯文认为中国一方对西方军事的学习，实际上是按照中国文化中固有的主旋律来进行的。正如中国历史上曾多次向"夷人"学习作战技术一样，向西方学习军事技术并建立一个新的部门，这完全不能算作违背祖制的革新，因为建立这个制度，其初衷就是为了恢复旧制度而临时实行的措施。❸即使在革新因素比较明显的部门中，普遍存在的保守倾向也是很突出的，所以大多数领导人根本没有认识到进行根本性变革有什么价值。柯文质疑了芮玛丽对同治中兴研究的主要论点："同治中兴的失败是因为近代化要求与儒教稳定性的要求背道而驰"❹，认为同治中兴最终是在国内斗争中受挫了。在此基础上，柯文提出了自己的观点：与其说是近代化与建立稳定的儒教秩序水火不容，不如说当时大部分中国改革者不愿意或者不可能理解改革的必要性和紧迫性。❺

　　回顾20世纪美国学界对曾国藩的研究，不难发现，几乎每一个学者都认为中国文明是一个静止的状态，用柯文的话来说，他们都相信"一个停滞不

---

❶　PLATT S R. Provincial patriots：The Hunanese and modern China［M］. Cambridge：Harvard press，2007：29.

❷　COHEN P A. Discovering History in China［M］. New York：Columbia University Press，1984：130.

❸　TENG S Y.，J K Fairbank. China's Response to the West：A Documentary Survey（1839-1923）［M］. Harvard：Harvard University Press，1954：48.

❹　WRIGHT M C. The Last Stand of Chinese Conservatism：The T'ungchih Restoration，1862-1874［M］. New York：Atheneum，1957：8, 9.

❺　COHEN P A. Discovering History in China［M］.New York：Columbia University Press，1984：131.

前、沉睡不醒的中国等待着充满活力、满载历史变化的西方，把它从无历史变化的不幸状态中拯救出来"❶。柯文对 20 世纪五六十年代享有盛誉的美国学者列文森的批判清晰地表现了他对这种观点的不认同。柯文指出："就列文森本人而言，他当然对中国文化表现了深刻的敬慕。引起他不满的并不是这一文化本身，而是中国近代保守派拒不承认这个文化已经死亡。"❷ 柯文更进一步驳斥了列文森以"冲击—回应"研究模式来展开对于曾国藩研究的评价：列文森对于曾国藩思想上的折中主义（曾国藩自己称为"礼学"）的解释是：作为一个忠诚的但是接近过西方人的中国人，曾国藩似乎已经无心注意中国内部的种种思想差别，对于他来说，一旦意识到西方思想为另一种可能的选择时，中国的教义就只能是接收并蓄、几乎包罗万象了。❸ 柯文认为列文森力图在曾国藩的折中主义和西方挑战之间找到因果联系，这一思路乍看起来很有道理，在逻辑方面似乎也无懈可击，但是却完全没有事实根据。柯文进一步证明了折衷主义在中国思想生活中源远流长的历史事实，而且曾国藩最后采用的那种特定的折中主义学说，曾受到早些时候折中主义思想家的强烈影响（前文分析过卫德明举证的刘传莹）。此外，柯文还举出大量证据来说明曾国藩"礼"学的思想基础在他任京官时期（1840—1852 年）早已大体形成，而且当时他主要是在翰林院任职，与中国的对外事务毫无联系，他在这段时间形成的思想体系是在完全没有意识到西方冲击的环境中产生的。❹

　　带着对"西方冲击—中国回应"研究模式的否定和批判，柯文对中国近代发生的疑似中国回应西方威胁的重大事件一一作出了分析和回顾，得出的结论是：中国近代是从中国文明自身发展过程中产生出的力量和源泉的推动下往前

---

❶　COHEN P A. Discovering History in China［M］.New York：Columbia University Press，1984：168.

❷　COHEN P A. Discovering History in China［M］.New York：Columbia University Press，1984：49.

❸　LEVENSON J R. Confucian China and Its Modern Fate［M］.Berkeley：University of California Press，1958：54，57.

❹　COHEN P A. Discovering History in China［M］.New York：Columbia University Press，1984：185.

发展的，而不应该被纳入在西方影响和拯救的节奏下被推动发展的"殖民地模式"。不论柯文的论证过程是否史料周全、逻辑合理，他提出的"寻找中国史自身的剧情主线"这一重要论题，本身已经为中国文明的自我发掘和自我更新带来了新的研究视角和研究内容，也彻底将美国学界对于区域史和中国学问题的研究思路引上了一个全新的发展方向。对于美国学界的中国学研究来说，对曾国藩的思想理论和他在世的各种实践的研究也更加具有历史意义和研究价值，是中国文明和中国近代史研究中的重要一环。

结　语

　　美国学界对于曾国藩的认识始于太平天国，并伴随着对中国近代化研究的发展而逐渐深化、历久弥新。美国学界对曾国藩的研究涉及媒体、历史学、社会学、哲学、伦理学、文学六大领域，在"他者"视角下的研究成果、研究方法和研究模式，对于我们加深对曾国藩的理解和认识自己的文化性和民族性有着一定的启发和补充作用，国外学者常将从中国经典人物研究和中国文化整体研究中提炼出来的共性和特点称为 Chineseness（中国性）。不得不承认，有时跳出自我定义和自我熟悉的常规范式，从别人的评价和解读中检视自我，可能会刷新我们对自我认识的深度，也可能会促进我们对自我发展做出更深刻的反省和展望。

　　在美国学者眼中，曾国藩在短短的 60 年生涯中享有超过许多中国文化名人的好声誉，然而他处理天津教案的方式几乎耗尽了他历经艰难所累积的好官声，也大大降低了美国学界对他的评价，天津教案更被美国主流学者作为同治中兴收尾的标志性事件，中外和局也从此告罄，曾国藩受尽同族唾骂而奋力维护的晚清政府亦步入其命定的终结期而苟延残喘，并最终被推翻。这段时间正是民族革命从幕后走向台前、逐渐崭露头角并成为社会政治主力的转折时期。美国学界认为，曾国藩时代的落幕，也标志着他竭力维持的全国大一统政局将重新面临危机和挑战。作为一个在儒家保守思想的传承中实践中国近代化改革的经典人物，曾国藩一直被认为是研究中国近代史和中华传统文化的关键人物。

　　传教士作为美国中国学研究的首发者和探险者，他们的宗教使命感将他们的研究视野牢牢禁锢在曾国藩与太平天国的抗战方面，总是围绕着晚清政体的残败而展开评价，研究也缺乏系统全面的中文史料，而主要依赖外文媒体资源，这使他们的研究存在明显的缺陷与不足；以费正清为代表的第一代美国中国学研究团体，积淀了深厚的中国文学、历史、哲学方面的识读和辨别能力。同时，与中国学者长期合作与研讨，也使得他们能深入中国传统文化背景，针对中国近代化转型，提出一系列史学研究理论，进而首次对曾国藩和以他为代表的中国儒家保守力量作出了评价。在"冲击—回应"理论的指导下，美国的一批中国学研究专家纷纷聚焦西方思潮对儒家思想的打击，深刻挖掘曾国藩等一批近代精英文化阶层的保守主义儒家改革思想，并从中研究中国近代史上的重大历史事件与中国传统文化思想发展的关系；以柯文为代表的第二代美国中国学专家，在继承前辈研究成果的基础上，创造性地提出"以中国为中心"的中国学研究理论，提倡"在中国发现历史"，并试图在研究中释放和激活中国原有制度、体系和思想的自我革新力与进步性，对于理解"中国性"的丰富含义起到了积极的作用，这些理论成果也适用于对曾国藩这一历史人物的深刻理解和研究。以往，美国学界多将曾国藩定义为反抗西方冲击的保守主义代表人物，而这一阶段的研究也多注重曾国藩所处历史时代的内部矛盾，从曾国藩本人的思想斗争层面来探索他在中国近代史上的作用。

一、20 世纪美国学界曾国藩研究各阶段特点

　　美国学界对曾国藩的研究贯穿了整个 20 世纪，留下了不少珍贵的资料和研究成果，成为美国学界中国学研究的重要内容和发展方向。其实，美国学界对曾国藩的研究不止限于 20 世纪的百年。20 世纪之前，美国学界对曾国藩研究的学术积累主要依靠外文媒体和传教士的咨情报告，《北华捷报》对于中国战情和西化道路的报道在帮助外国列强政府调整战略的同时，也为学术研究留

下了珍贵的史料，其中关于曾国藩的报道多与军事和中外合作有关。卫三畏作为首个对曾国藩作出长篇幅述评的美国学者型传教士，肯定了他在镇压太平天国方面做出的贡献，也确定了美国学界对于曾国藩的初次印象。与曾国藩研究息息相关的还有美国学界对于中国儒家文化的研究，似乎在那个时代逐渐开始的中国近代化探索的道路上，以曾国藩为首的儒家士绅起到了关键的作用。当然，作为传教士的第一批美国中国学家，他们是嗅着曾国藩联儒抗耶的味道，敏感而自觉地开始了瓦解儒家权威地位的传教之旅和在中国强力推介西方文化为目标，开始他们的研究的。

进入 20 世纪，以马士和黑尔博士为代表的新一代美国中国学家们不仅有了踏足中国政界和教育界的身份，还逐渐将宗教视角和史学研究方法相结合，深入地展开了专业化的中国学研究。特别是黑尔博士能较全面地收集和掌握中外史料，大大拓展了曾国藩研究的领域，同时为后世持续而深入的研究提供了比较完备的文献资料。马士从中外合作的角度肯定了曾国藩和李鸿章联合国外势力，一同镇压太平天国的创举，但是也分析了曾国藩自始至终对外国势力介入中国政局、社会经济和文化信仰等领域保持戒备的心理，并在评价同治中兴和处理天津教案的过程中对他大加鞭挞，讽刺他固守旧观念、拒绝接受友好外国专家（主要是马士的上司赫德）的中肯建议。而黑尔博士出于地缘感情，在对曾国藩的评述中总是展现同情和理解的一面。黑尔博士最突出的学术贡献是反复指出曾国藩在一穷二白的基础上创立、训练并壮大湘军，对他东拼西凑地筹措二百万两白银维持了 11 年的征战生涯展示了强烈的共情。黑尔博士也是美国学界第一位研究曾国藩军费开支的学者，这比中国学者张宏杰的近作——《给曾国藩算算账》足足早了 90 年。另外，黑尔博士还将曾国藩提高到美国开国总统华盛顿的高度来评价，认为他一力挽救了国家免于被瓜分的困境，并在奠定大一统局面后功成身退，成万世名。黑尔博士还坚称曾国藩已经比同时代很多中国优秀人士更加愿意接受改革，对他在天津教案中所承受的骂名，也表示出愿意相信他是出于不良的健康状况、舆论压力、政局窘况而做出了妥协，并承担了不应有的误解、委屈和责任。

20世纪30年代至70年代初是美国学界对曾国藩和儒家思想研究的繁荣昌盛期，这一时期最大的特点是中美学者的合作，大大提高了此领域的研究水平，这也让研究成果得到了大大丰富。另外，也有部分从中国赴美国进行学术研究的华人学者和从欧洲赴美国的学者在美国学界发表了关于曾国藩研究的重要成果，越来越多的美国学者开始广泛收集中国史料和参考中国学者的学术成果，如卫德明就大量采用了蒋星德、萧一山对曾国藩的研究观点。他们广阔的视角、领先的学术方法和新颖研究范式大大提升了曾国藩研究的学术价值。20世纪前70年美国学界对曾国藩的研究几近完善，后30年虽然也有相关研究，但是在相关度和研究深度上已经远远比不上前两个阶段，谢正光、费正清在前人研究的基础上大大加深了对曾国藩思想转变的研究，柯文利用"中国中心观"对前期的曾国藩研究展开了批判和创新，但是新的研究视角和理论也让作为中国学整体研究代表方向的曾国藩研究，迅速让位给区域、部分与细节研究。进入21世纪，曾国藩研究虽然早已不是美国中国学研究的主题，但是所有涉及中国近代史的研究成果往往都绕不开曾国藩，在后"中国中心观"研究范式指导下的各领域研究，也常常与曾国藩在政治、经济、军事、文化、思想、教育、外交方面的研究产生千丝万缕的联系。

（一）20世纪之前的研究基础

总体来说，20世纪之前的研究主体仍然是赴华传教士，他们的著作是当时西方研究中国的重要资料。可以说，迄今为止，没有一个研究近代中国的学者可以不参考传教士的著作。但是，这些著作几乎都带着作者自己的狭隘想象和浓厚的宗教感情色彩，而且遇到有争论的议题时，这些传教士往往容易带着过多的激情，使报道的正确性和评价的公正性都受到不同程度的影响，从而无法真正表现这段时期研究成果的学术性与客观性。

此外，随着美国国力的逐渐增强，美国学者在做跨文化研究时不时流露出自高自大的心理优势。他们虽然也承认中国曾经拥有优秀灿烂的历史文化，但是整体而言，这段时期美国中国学和曾国藩研究呈现以下主要特点：首先，过分渲染所谓的中华民族的"劣根性";其次,认为中国因循守旧、自大保守,因而导致落后。他们反复评说:"西国万事争先,不甘落后,中国墨守成规,不知善变,此弱与贫所由来也。"❶最后,美国学界提出"停滞"的中国需要西方强力推动的观点。

从18世纪后期开始,美国就迫不及待地开始了海外贸易和传教活动,而中国就是它的核心目标之一。卫三畏作为继厄贝尔(R. David Abeel)和裨治文(Elijah Coleman Bridgman)之后较早来到中国的美国传教士,他在作品中总是用最大的诚意和善意去参悟和解读中国文化。但是由于他所有的言行都遵从其传教宗旨,而且他在基督教弛禁方面的努力被一再肯定。❷所以,在他眼中,基督教进入中国,对中国人民的宗教信仰和社会稳定造成了不可逆转的深刻影响;无论是太平天国运动还是贯穿于中国19世纪中后期的层出不穷的教案纠纷,都对中国人民的生命、财产、思想、信仰等带来了消极影响。

美国传教士是西方殖民势力对外扩张的急先锋,他们用武器和贸易力量作为后盾,成为西方入侵的尖锐力量。美国的中国学研究从一开始就有一种与欧洲中国学研究完全不同的使命感,他们充当美国当局观察中国的眼睛,为美国对华侵略政策出谋划策。

必须承认的是,美国传教士的中国学研究和欧洲中国学有着明显的区别,其内容已经远远超出欧洲中国学常规的古典文化的领域,为中国研究开创了新方法、新风格,增添了新内容和新特色。这个时期由美国传教士开创的中国学研究,在很长一段时期内奠定了美国中国学研究的主体内容和大致走向。

但是,这个时期美国传教士的中国学研究大多专业性不够,著述多以书札、报告、回忆录为主,较真实地记录了传教士的在华活动,为后来的同类研究提供了较好的一手资料。然而,这些著述一般学术性不高,缺乏严密论证,

---

❶　YOUNG J A. China and Neighbors[M]. Shanghai: Declaration Hall, 1882: 9.

❷　1874年当卫三畏博士在中国的久宦生涯结束时,(美国)国务卿表示:"首先,基督教世界将不能忘记,基督教弛禁这一宽大条款所以能列进我们的对华条约中,得力于你的地方,比任何其他人都要多些。"

表述也常有疏漏，所以普遍被视作萌芽状态的传教士中国学。此时的美国传教士中国学研究仍然停留在简单的引介阶段，这种情况决定了美国的中国学研究对欧洲的依赖性仍然很强，还有待下一步更深入探索和发展。

回顾这段学术史，美国学界首次关注曾国藩，始于外文媒体对曾国藩建立湘军以阻击太平军的报道。随着战事的进一步发展，英语媒体越来越关注太平天国与湘军的对峙，也对曾国藩本人逐渐产生了浓厚兴趣。当时西人眼中的中国，特别是对太平天国和曾国藩的记述，既是另一个视角下对中国彼时社会状况的记录，也是当代研究者回归历史语境、重塑历史真相的重要依据。为了厘清事实真相，还原历史本真，从当时西方人的角度来重新认识太平天国运动和曾国藩具有重要的学术价值。

在这个研究阶段中，值得特别指出的是卫三畏的《中国总论》，卫三畏对于太平天国和曾国藩的论述较多地参考了瑞典传教士韩山文（Theodore Hamburg）的记载。韩山文于 1846 年被派往中国，在广东传教，并于 1852 年在香港遇见洪仁玕。根据洪仁玕的陈述，韩山文用英文写成了《太平天国起义记》❶，并于 1854 年在香港出版。这部专著虽然不是美国学者的研究成果，但是对美国学界的中国学研究影响深远，成为后期美国学者研究太平天国运动和曾国藩的核心史料。

通过对曾国藩的研究，美国早期的传教士们进一步加深了对于中国文化本质和中华民族韧性的了解。卫三畏是最早开始深度解读中国国情、政治体系、文化维度和民风族情的学者，根据他的分析，中国政府因为《南京条约》的签订而愈发举步维艰，国家政局和社会秩序一度萎靡混乱，但还是没有糟糕到彻底停摆以至于全面瘫痪的状态。鸦片战争和之后签订的条约在很大程度上冲击了传统的专制主义观念，也让人民群众丧失了大量安全感。更可悲的是，中央政府对此采取了愚蠢的回避政策，不愿承认和接受这场有失颜面的战败给统治

---

❶ HAMBERG R T. The Chinese Rebel Chief, Hung-siu-tsuen; and the Origin of the Insurrection in China [M]. London, 1855: 29.

阶级和人民大众所带来的长远影响。❶ 太平军的成功进军鼓舞了全国各地心怀不满的首领揭竿而起，很多地方政府和地方部队很难有力地扶助皇朝去维持大一统。然而，这种情况在中国历史上并不少见，也不足以削弱国家对自身文化和制度的信念。❷ 卫三畏认为，从第一次鸦片战争到第二次鸦片战争，在历经了 16 年的斗争和纠结之后，中华帝国除了会在绝对的武力面前妥协让步，是不会甘愿放弃和改变自己的传统观念的：她既不愿意积极地融入当时的世界潮流，厘清自己所处的国际地位；也不愿从过去辉煌成就的沉迷中清醒过来。在卫三畏的眼中，晚清帝国一遇到更有技巧或更强大的对手，就陷于无助的地位，这是由中国地理上的隔离地位和长期以来奉行的东亚孤立政策而导致的。一旦遇到变化，以曾国藩为代表的儒家汉族领袖首要的愿望是这些变数不要过快地瓦解古老经济，要力促其中好的东西能保存下来，获得新生。❸ 在卫三畏的宗教世界里，中国人似乎已经穷尽了缺乏神圣启示的知识所能达到的人类征服的极致，接下来的改革和颠覆似乎指日可待。❹

虽然卫三畏对于中国文化的解读并不一定全面和正确，但是他的不断探索带动了一批批中国学专家前仆后继地展开"他者"视角下对中国文化的解读和诠释。在卫三畏的影响下，大多数美国中国学家始终对近代中国的前景持乐观的态度，认为历史发展的巨轮和时代进步的洪潮将促进在中国实现长期被延迟和耽搁的变革；而中国人民在经历了国家和社会的全方位变革之后，仍然会保持他们本性中的淳朴和勤奋，并尽力维持祖国的统一。❺

（二）20 世纪前 30 年的研究特点

20 世纪前 30 年，以马士和黑尔博士为代表的美国学者对曾国藩及其代表的中国文化进行了各方面研究，并取得了丰硕成果。马士的《中华帝国对外关

---

❶ WILLIAMS S W. The Middle Kingdom［M］. New York：Charles Scribner's Sons, 1883：1472.

❷ WILLIAMS S W. The Middle Kingdom［M］. New York：Charles Scribner's Sons, 1883：1501.

❸ WILLIAMS S W. The Middle Kingdom［M］. New York：Charles Scribner's Sons, 1883：569.

❹ WILLIAMS S W. The Middle Kingdom［M］. New York：Charles Scribner's Sons, 1883：573.

❺ WILLIAMS S W. The Middle Kingdom［M］. New York：Charles Scribner's Sons, 1883：518.

系史》无疑是那个时期研究中国学百科全书式的学术成果，为美国学界的中国学研究贡献了不少珍贵的史料与恰当的研究立场与视角。这部作品囊括了马士在赫德手下管理中国海关行政时的许多机密文件，也在很大程度上反映了英国官方的观点和赫德的立场。同时，这部书的另一个作用，是替美国对华政策路线和文化输出进行宣传辩护。作为美国大学长期使用的课本和早期重要的学术研究著作，这本书中有很多陈述都体现了马士不偏不倚的学者态度，但是他仍在书中指责中国不肯与英国贸易，就是违反了其国际义务，完全不顾英商实际上是在走私鸦片这一事实。对于这一谬论，国内学界当然应该是持拒绝并严加驳斥的态度。然而，必须承认的是，以马士为代表的"外交史家"对于改变美国中国研究的走向起到了重要的正面作用。与欧洲中国学一贯注重语言文化研究的旧思路不同，他们注重通过外交文件和档案研究来叙述近代中国卷入世界历史的进程。但是研究的局限性也主要表现有二，一是缺乏对中国社会历史的深刻了解，无法得出科学论断来分析本质问题；二是在史料使用的全面性方面存在着天然的不足。美国中国学要得到真正发展，必然需要研究者加强对事物的把握和对研究对象语言的理解。虽然马士在以上两点上表现出了明显的缺陷，但是他的研究成果对中国学术界和西方人对于中国晚清和近代的理解所做的贡献也是同样巨大的。

马士在研究中感叹，列强环伺的特殊历史环境，让清帝国时时顾此而失彼，这无疑掣肘了统治阶级对于太平天国的镇压；而以曾国藩为代表的地方势力在阻击太平军的过程中，逐渐摸索着如何在利用洋枪洋炮以对抗太平天国的同时，消化平衡掉来自外疆的以武装力量为后盾的对中国主权和利益的蚕食势力，特别是在太平军时而无限接近于外国力量的积极援助的情况下，还妄图使中国从地方的蹂躏和政府的解体中缓过一口气。❶ 很有意思的是，马士对于中西文化的杰出人物进行了对比，并得出了这样的结论：曾国藩和左宗棠可能都被认为是在模仿查塔姆伯爵威廉·皮特的温和，而李鸿章则是在和平与战

---

❶　MORSE H B. The International Relations of the Chinese Empire, The Period of Conflict 1834−1860 [M]. Yokohama：Kelly and Walsh Limited, 1910：512.

争中，以斯蒂芬·福克斯爵士的方式抓住了机会。在马士的认知中，这三人同样坚定、同样伟大，但是各自也表现出不同的特色。在战略上，左宗棠拥有最优的品质，这在之后镇压青海西藏的叛乱中可以看出。三位政治家都担任了总督，虽然左宗棠与另外两位相比并没有表现出超凡脱俗的能力，但他也绝不是一个失败者。曾国藩从南京被调往直隶省，在天津教案的危急关头，表现出犹豫不决和无力控制，破坏了他作为行政长官的声誉。而李鸿章——他的前部下、当时的对手、他的继任者、下一届直隶总督，显示出迅速的决策力和宽泛的政治家风度，这使他成为中国各条约的谈判代表，一直到他去世，都稳坐帝国虚拟首相的交椅，直到他因与日本的战争而名誉扫地。❶

比起马士的研究，黑尔博士将他的眼光牢固地锁定在曾国藩身上。诚然，在中国居住研习的20年既给了黑尔博士共情的能力，也赋予了他更全面的判断力。他尽其所能用公允明白的语言向读者传达了两点：（1）对不利于清朝的偏见表示怀疑；（2）终结了"外国人最终镇压了太平天国运动"这一无稽之谈。

黑尔博士指出，如果有人认为曾国藩的工作太拖拉，那就必须要正视这个事实：正规军在对战太平军中表现出完全无能为力，而曾国藩在极度艰难的情况下取得了对太平天国作战的胜利，这是十分不易的。黑尔博士将曾国藩面对的困难进行了分类和列举：（1）自己缺乏军事训练；（2）缺乏鼓励；（3）与正规军官兵之间时常发生摩擦；（4）需要时刻向官员们乞讨，否则就无法获得资金；（5）必须忍受被人嘲讽，失去尊严的窘况。他在面对所有这些困难时表现了非于常人的耐心、坚韧和勇敢。❷

黑尔博士强调，在现代历史中几乎不能找到能与曾国藩相媲美的人物。像他这样的儒将，虽然能在战场指挥若定，但终究还是需要在文学、哲学和信仰

---

❶　MORSE H B. The International Relations of the Chinese Empire, The Period of Conflict 1834–1860 [M]. Yokohama: Kelly and Walsh Limited, 1910: 520

❷　HAIL W J. Tseng Kuo-fan and the Taiping Rebellion [M]. New Haven: Yale University Press, 1927: 274.

中寻找自己的灵魂归宿，这一点从曾国藩的书信风格和文章典范中都可以总结出来；除此以外，他在散文创作方面的造诣也一直为人们津津乐道，他对 18位中国历史经典诗人作品的汇编文集让他名列清朝一流的作家与学者。❶ 在行政管理方面，黑尔博士认为曾国藩甚至开创了一个先例，在他手下服务的若干人在未曾担任低级官职的前提下均快速地被提拔到省府一级的实权位置，实在是对清朝建立以来人才任用的大大突破。在黑尔博士看来，罗伯特·哈特爵士等之所以对曾国藩持否定观点，很大程度上是他们没有完全掌握曾国藩所处的特殊历史环境，以及中国传统文化信念给他设置的尴尬局面；另外，西方人士普遍囿于曾国藩对天津教案的处理不得人心，而更加重了对他的偏见。❷

根据黑尔博士的自述，他在著作中对于年轻的"中华民国"、对于曾国藩的评价做出了一些积极的回顾，他同意民国论潮对于"曾国藩拥戴异族人的清王朝，支持绝对专制的君主政体"的批评，指出"君主政治和任何形式的帝国主义，在中国和在欧洲一样不受欢迎"，正是因为太平天国运动和其他运动被成功镇压了下去，才保持中国一直的统一和独立，直到民国建立并对西方国家采取了另一种态度，这种结果都是曾国藩及其能干的合作者们带来的。❸黑尔博士在专著的最后也提出了一个问题，大清王朝是否值得拯救？指出曾国藩也是因为和清王朝紧密地捆绑在一起，而频频遭到诅咒。

来自美国的那些认真的思想家们，无论是在 19 世纪中叶还是在 20 世纪初年来到中国，只要他们曾经与中国人有密切接触，都毫无例外对中国人的性格有一种良好的观念，并对他们极为尊重。以马士、黑尔博士为代表的那个时代的美国中国学家们也逐渐领悟到，中国千百年来所求于西方的没有别的，只不过是让她安然自处，也从未派遣使节前往外国去解决困难或探求有关外国的方

---

❶ HAIL W J. Tseng Kuo-fan and the Taiping Rebellion [M]. New Haven: Yale University Press, 1927: 271.

❷ HAIL W J. Tseng Kuo-fan and the Taiping Rebellion [M]. New Haven: Yale University Press, 1927: 274.

❸ HAIL W J. Tseng Kuo-fan and the Taiping Rebellion [M]. New Haven: Yale University Press, 1927: 3.

法与专长来谋求自身的发展壮大。❶那些同中国行政方面有密切关系的人，当完全了解中国行政的缺点和弊端以后，一般都认为中国学者和官员们只需要学习现代西方行政方法的优点，便会迅速采取措施使这个帝国与现代世界相协调。❷马士坦率地承认对于中国的未来抱着积极的态度，他引用自己最尊敬崇拜的赫德的话来描述对于中国的憧憬：这个国家将要在各式各样的错误中蹒跚向前，但却总是在前进，并且这些前进必将带来智慧和力量的同时增长。❸

20 世纪前 30 年是美国学界开始正面研究曾国藩的重要阶段，马士和黑尔博士的研究成果是这段时期的杰出代表作品，这些研究成果对曾国藩镇压太平天国、推动同治中兴、维护中国文化传统和奠定中国近代化基础等方面均有涉及。以上两位美国学者的重要论述，为美国学界的曾国藩研究打下了扎实的基础，也为之后的深入研究和专题研究指明了方向。在他们的研究基础上，美国学界迎来了 20 世纪 30 年代至 70 年代初期曾国藩研究的繁荣时期。

（三）20 世纪 30 年代到 70 年代初的研究特点

美国学界 20 世纪 30 年代至 70 年代初对曾国藩的研究丰富而深刻，在这一阶段，无数杰出的美国学者从研究曾国藩出发，逐渐深入到研究中国儒家思想的核心内涵，并根据不同的视角得出了结论。以列文森、墨子刻、芮玛丽为代表的美国学者在研究中国近代进程的过程中提出"儒家文化已死"的论调。芮玛丽甚至把同治中兴的失败归结为中国传统儒家文化的内核与西方近代思想的不可融合性。

美国学界对于中国近代化的探讨进一步推动了对中国儒家传统思想的发掘和研究，以费正清、列文森、墨子刻、芮玛丽为代表的美国学者用"西方冲

---

❶　MORSE H B. The International Relations of the Chinese Empire, The Period of Conflict 1861–1893 [M]. Yokohama: Kelly and Walsh Limited, 1918: 227.

❷　MORSE H B. The International Relations of the Chinese Empire, The Period of Conflict 1861–1893 [M]. Yokohama: Kelly and Walsh Limited, 1918: 227.

❸　MORSE H B. The International Relations of the Chinese Empire, The Period of Conflict 1861–1893 [M]. Yokohama: Kelly and Walsh Limited, 1918: 7.

击—中国回应"的研究模式，对于中国文明和儒家理论面对西方挑战作出的整理和调整进行了研究。

许多美国的中国学家都认为，当全世界都进入到近代社会的发展体系中，中国社会似乎还在儒家精英阶层的领导下做着无谓的抵抗。中国社会想要搭上世界发展的专列，必然要和传统社会进行彻底的断裂，然而，这种断裂可以完全决然而然地进行吗？所谓的"传统"与"近现代"之间是呈现全盘决裂还是仍有千丝万缕的传承与连续？列文森对此进行了深入的研究与探讨，他认为，中国社会并非完全纹丝不动或一潭死水，在看似平静的湖面下隐藏着丰富而多层次的冲突与对抗，但是这些都没有引发革命和中国的近代化，因为中国社会的正常秩序一旦恢复，儒教重新巩固了它的正统地位，中国本土的传统特色仍然具有压倒一切的支配地位。❶ 所以列文森认为，从科学的角度来看，正是由于近代西方世界的迅速发展让西方文化在极短的时间内积累了足够的世界声望和肯定，这给那个时代的中国人，尤其是精英人士巨大的精神压力，在这种强烈的冲击下，中国文化体系的拥趸者普遍产生了一种亟须在情感上得到肯定的需求，这种需求使得他们不断寻找中国思想体系的现代意义，绝不轻易承认它在西方文化面前的失利。❷

列文森认为，对于太平天国的实质，曾国藩有着清醒的认识。脱去"上帝"的外衣，洪秀全想要建立的是一个真正超验的君主制，他们利用"上帝"来攻击儒教，树立起他们新版的"耶和华"，其目的就是创造一个既不是非人格，也不是被动和内在的无限权力巅峰。而以曾国藩为代表的儒家官僚阶级，一直强调"太极"（具有逻辑优先权的一切规范的规范、一切形式的形式）对君权的约束，即要求君主在政治中清净无为、寡欲内修、反对强权并强调天子

❶ LEVENSON J R. Confucian China and Its Modern Fate [M]. Berkeley: University of California Press, 1958: 8.

❷ LEVENSON J R. Confucian China and Its Modern Fate [M]. Berkeley: University of California Press, 1958: 11.

必具美德。❶ 对于汉人士绅阶层来说，保护儒家遗产是最重要的。只要满族人是反西方的，中国的儒家文化至上论者就有可能团结在清政府的周围。❷ 曾国藩所处的历史时代所具有的局限性，使那个时代的儒家精英都不约而同地将名教，而不是国家视为关注的第一对象。对于他们之后的革命者来说，抛弃那些看起来没有多少用处的儒家文化价值是一件幸事，但是对于以曾国藩为首的同治中兴的领导者们来说，这无疑是难以割舍而痛苦的灾难。❸

当外来思想只是作为某种游离于传统儒家社会之外的抽象思想，并没有使异质的母体社会脱离原有轨道的功能时，中国上下无人会对这种外来思想产生警惕，他们会平和地将这种外来思想视为只发挥文学效应的新词汇，其功效往往只是对主流文化和思想的点缀和补充；如果这些外来思想开始攻击主流秩序和信仰，甚至产生颠覆作用的时候，就会强力地排斥本土思想，造成的改变远远不只是"词汇"方面的，而且是"语言"系统本身的。基于此认识，黑格尔认为中国是没有历史的 ❹，因为他认为这种外来思想对本土文化的侵入和颠覆，从来没有在中华大地上发生过。这也是以列文森为代表的新一代美国中国学专家所秉持的中国文化静止论的核心依据。

笔者认为，这种思考也是有漏洞的，中国传统"以夏变夷"的思想统一从来就没失去过魅力，起码一批又一批的传教士和众多中国学家沉醉在中国文化和儒家学说的解读中不能自拔，便是很好的例子。另外，按照芮玛丽的说法，同治中兴时期以英国为首的西方国家全力与恢复儒家秩序的清政府合作，曾经一度营造了一个和平发展的国际氛围，也是力证。另外，融合与颠覆都是需要时间和历史契机的。是融合还是颠覆，仍然需要反复考证；甚至于对这两者的

---

❶ LEVENSON J R. Confucian China and Its Modern Fate [M]. Berkeley: University of California Press, 1958: 194.

❷ LEVENSON J R. Confucian China and Its Modern Fate [M]. Berkeley: University of California Press, 1958: 78.

❸ LEVENSON J R. Confucian China and Its Modern Fate [M]. Berkeley: University of California Press, 1958: 79.

❹ LEVENSON J R. Confucian China and Its Modern Fate [M]. Berkeley: University of California Press, 1958: 8–9.

取证都很难在完全不受对方影响的前提下进行；再者，任何外来思想到中国也是一个入乡随俗的过程，绝对会经历适应和中国化的过程。中华民族骨子里的思想烙印是长期存在的，可能它在某一个时刻（特别是窘境中）暂时从交锋中败下阵来，但是它并没有在真正意义上被彻底颠覆或征服，一旦度过危机，便会卷土重来，甚至吞噬掉原来对它造成冲击的外来文化，最起码使它改头换面，以刻上深刻的中国烙印的形式在中国文化的融合中被保存下来。所以，外来思想更多的是被中国某些势力吸收、改造甚至作为自己的武器戡乱，最终还是会融入博大的中国文化，并成为其中一部分。

所以，列文森对中国儒家文化思想的理解存在很多误区，就像史华慈所描述的那样："列文森对由于文化移植而产生的令人困扰的处境具有精确的意识。他认识到，某一民族、社会的存活需要一种新的异质'真理'，此种真理将否定他们自己所拥有的传统价值，为此他们会经历一种巨大的精神迷失。列文森似乎经常是以一种反讽的心境来面对这种困境，而他实际上怀有某种同病相怜的感受。"❶ 因为他自身作为犹太文化的承继者，始终感受着这种文化的垂死挣扎。

墨子刻在《摆脱困境——新儒学与中国政治文化的演进》一书中提出了"文化传播是一条双轨线，它同时取决于输入观念的有效性和促成这种输入的内部刺激的广泛性，而这种任何一方都不可或缺。中国人的头脑不是一块可以随意接受外部知识的白板。"❷ 而费正清认为，在小块土地上花大量人力使稠密的人口与土地的精耕细作相依为命，彼此缺一不可，这是中国传统儒家思想得以长久流传并维持稳定的内在经济原因，这也这一度成为费正清等研究曾国藩抵御在中国兴办西方工业的重要理由。在中国文化定式中，人的生命同其他生产因素相比是充足的，因而是不值钱的。所以，费正清认为曾国藩在思想世

---

❶　LEVENSON J R. Confucian China and Its Modern Fate［M］. Berkeley：University of California Press, 1958：12.

❷　METZGER T A., Escape from Predicament［M］. New York：Columbia University Press, 1976：16-17.

界里紧紧握着对旧秩序的眷恋和执着，这已然成为束缚他进行任何改革的坚硬磐石。

在这一时期，芮玛丽的研究成果所使用的史料周全、研究立论严谨，堪称学术专著之楷模。她站在她的立场对即将分崩瓦解的儒教中国的几乎每一方面都提出了精辟见解，她对同治中兴的专题研究也带动了一批美国学者在此领域的"精耕细作"。不少专家都认为，和中央政府的清朝贵族相比，地方大员尤其是汉族官员，发挥了无与伦比的作用，曾国藩、左宗棠和李鸿章就是这些汉族精英官员的典型代表，他们在整个中兴时期发挥的作用给他们那个时代打上了深刻的烙印。芮玛丽认为曾国藩几乎代表了他那个时代的顶峰，对同治中兴研究和评价是无论如何都绕不开曾国藩的，甚至对他的评价能够代替对整个中兴时期的评价。在芮玛丽看来，曾国藩作为保守派领袖，在带领儒家精英阶层重塑社会信仰和政治稳定的过程中，尽其一切可能抵抗或调和了那个时代面临的社会革命问题。所以，对曾国藩的评价也与他代表的儒家社会体系密不可分。在他所能辐射的范围内，曾国藩广泛地受到了普遍尊重，人们认为对他的赞誉当之无愧。

在研究清朝中兴方面，芮玛丽的《同治中兴》无疑是重要的起点，为了完成这部重要的研究作品，芮玛丽大量参考了晚清各地域呈送中央的奏折文书、史料文献及《大清历朝实录》等核心中文著作。虽然参考范围如此广大，但她仍然漏掉了当时已经整理并公布于世的有关曾国藩和胡林翼的机密文信，以及一些地方一级督抚对于地方官员文书请示的"批牍"与"批答"。芮玛丽的作品在当时引起了美国中国学界的激烈讨论，迈克尔就对"同治中兴"一说提出了不同看法。他认为并没有所谓的中兴，因为地方势力在当时已经强大得足以抗衡中央政府，清政府在洋务运动中推行的兴办实业等并不能在除湖南、广东等几个大省以外的地区得到实践和推行。针对这种批评，芮玛丽以曾国藩和李鸿章为例进行了反驳，她认为地方和中央的抗衡与混淆虽然存在，但是仅仅只在曾国藩和李鸿章等手握中央与地方大权的少数人身上得到体现。而且就他们本身而言，中央的集权与利益始终被认为高于一切。贝斯也继续佐证了芮玛丽的观点，认为皇帝在当时仍然握有庞大的权力，特别是拥有任免管理的实权，这就决定了当时中央集权的程度仍然是比较高的，而且儒教的复兴进一步巩固了人们心中对皇权神圣不可侵犯的肯定。孔飞力为 20 世纪美国中国学界的太平天国研究贡献了重要的成果，他认为无论是在太平天国战争中还是被平定之后，地方乡绅和名流在组织小股军力保卫当地治安和阻击太平军、巩固地方治安和落实加强财政管理等方面均发挥了重要的作用，是各地进行战后重建的核心力量。这个观点的提出，让美国学界又一次思考地方权力的增加是否进一步瓦解了中央集权效力，同时也引起了学者求证和梳理前一个阶段众多史料的兴趣，进一步推动了地方区域研究的深化和细节化，特别是对地方动员和组织军事力量，模仿广州抗英战斗中的团练来加强地方治安的维持，并认为地方军队势力的崛起在当时早已百花齐放，不仅仅是曾国藩的湘军和李鸿章的淮军了。在此研究基础上，波拉切克推论当时官僚集团的势力早已被各地士绅阶层所超越，从而怀疑起曾国藩领导的以儒家经世致用思想实行的战后重建与改革吏治的有效性。波拉切克比较了几个领袖和思想家对于经世致用实践方面的区别，认为当时的改革并未得到贯彻，更多是停留在思想和理论阶段。他还指出佃户人数的上升，在一定程度上也反映了士绅阶层与官僚集团的改革仅仅只是美好的幻想，在面对实际困难时，却全然未将百姓的疾苦放在心上。市古宙三甚至提出曾国藩、李鸿章、左宗棠等人的理想信念和实践改革都是为了保护精英阶层的实力和"绅士地方利益"，是真正意义上的保守势力，他们所倡导的是不可能让改革危及自身利益。即便如此，他还是承认曾国藩对国家民族的维护意识是非常强烈的，这让他一生热心公务。然而，清朝作为当时的政治实体，在曾国藩心中的地位远高于国家和民族。斯佩克托也提出李鸿章借洋务运动来加强自身势力的观点，弗尔索姆认可了这一观点并进一步比较了曾国藩和李鸿章的异同，得出曾国藩卫道保护的是儒家文化，李鸿章则是为了保全中国这一结论。❶ 所以曾国藩被冠以"儒家爱国主义"的称号。

---

❶ FOLSOM K E. Friend, Guests and Colleagues: the mu-fu System in the Late Ch'ing Period［M］. California: University of California Press, 1968.

这一时期对于太平天国运动及其被镇压的研究虽然已经不像前一阶段那样备受追捧，但仍有不少新的研究成果问世。主流研究者早已承认了曾国藩在镇压太平天国运动中的决定作用，但是对他在战时采取的行政改革颇为关注，如幕府就成为此阶段研究的重点对象。弗尔索姆和波特都对幕府在晚清政府中发挥的重要作用进行了深入研究。弗尔索姆历数曾国藩在抗击太平天国的军事行动中创办的正式和半正式的机构，特别指出幕友通过与曾国藩本人正式或非正式的关系，在这些机构中所发挥的核心作用。而波特尤其关注中国晚清时期通过幕府这一非官方组织形式而聚集和培养起来的人才，这些人才已经不同于儒家传统教育系统所培植出来的旧势力，他们除了信仰儒家学说，具有极强的语言文字能力，还逐渐显示出明显的专业特长。内外交困的局面曾经迫使曾国藩等儒家精英领袖必须为推动专业化人才的蓄养而做出一定的妥协，这不光是为了解决战备一时的燃眉之急，也是为战后中外和局的形成与继续发展集聚智囊。而幕府制度的灵活性、多样性和非官方性，成为推动清政府政治体系合理化改革和发展的重要一环，并为自强运动的有力发展奠定了基础。

与其他学者相比，迈克尔（Franz Michael）更关注在全球视野中进行的发生在中国土地上的现代化改革❶，比如通过农业改革、深度的赋税、民政改革才能实现的经济现代化。他的大部分观点时至今日仍然还经得住考验。迈克尔在研究中注重对历史细节的深入挖掘，他提出罗泽南在组建湘军之初所立下的功绩，以及他以师生关系来处理军队关系、以戚继光的方法来练兵，这些曾被认为是曾国藩的创举。然而，迈克尔并不以这些发现来贬低曾国藩，反而认为他是那个时代最重要的人物。

20世纪30年代至70年代初，以卫德明、沈陈汉音的研究作品为代表，美国学界逐渐加深了对曾国藩思想形成过程的研究，他们都不约而同地详细描述了曾国藩如何从理学中抽身、转向宋汉兼容、吸收经世和桐城思想的过程。卫德明对曾国藩思想的形成有着浓厚的兴趣，他在1949年发表论文《曾国藩

---

❶　MICHAEL F. Revolution and Renaissance in Nineteenth-Century China: The Age of Tseng Kuo-fan[J].Pacific Historical Review, 1947（16）: 144-151.

思想的形成背景》(*The Background of Tseng Kuo-fan's ideology*)，将曾国藩儒家思想的形成分成了三个阶段：在湘研读阶段、在京历练阶段和出征实践阶段。按照卫德明的研究进程来看 ❶，他首先对曾国藩在京时期广纳众说的思想发展阶段产生了兴趣，然后分析了曾国藩身边对他影响最为深刻的儒家精英和学术名流，最后溯本求源地回顾了曾国藩在湘岁月的思想理论形成基础，逐渐构成了对曾国藩儒家思想的系统解读。卫德明强调曾国藩思想中的"威权主义"，并在之后一个阶段的研究中，不断从曾国藩的家乡和对他影响深刻的儒家文化精英圈中寻找这种思想的根源；❷ 沈陈汉音于 1967 年发表论文《曾国藩在北京1840—1852 时的经世和改革思想》，对影响曾国藩思想的几大学术流派进行了分析和比较，并重点讨论了曾国藩如何将儒家理想应用到实践改革中去，并最终在他所坚持的三个方面——人才的培养、建立稳健的金融系统和维持军事力量方面取得了惊人成绩。与卫德明相比，沈陈汉音注重对曾国藩思想中实用主义倾向的探索，强调了他在京期间形成的改革思路是他出山镇压太平天国、领导洋务运动等的思想源头。

与 20 世纪前 30 年相比，这一时期研究曾国藩镇压太平天国相关问题的成果已经大大减少，但是学者们纷纷在这一领域和方向内转向研究太平天国宗教色彩对儒家理念的冲击、太平天国与西方列强的关系及曾国藩建制近代湘军、裁撤湘军和剿灭捻军方面的研究。随着美国中国学研究团队的扩大（包括越来越多的中国学者赴美研究），中美学者联合研究的情况越来越普遍，很多中国学者在美国学界发表了重要的研究成果，大大丰富和拓展了本领域的研究，也逐渐确立了华人学者在美国中国学研究领域的卓越学术地位。在曾国藩创建湘

---

❶　卫德明在 1976 年又发表了两篇关于曾国藩思想形成的论文，分别是 Hellmut, W. The Young Tseng Kuo-fan: Home Influences and Family Background [J]. Monumenta Serica, 1976 (32): 21-54. 和 Hellmut W. Tseng Kuo-fan and Liu Ch'uan-ying [J]. Journal of the American Oriental Society, 1976 (96): 268-272.

❷　HELLMUT W. The Young Tseng Kuo-fan: Home Influences and Family Background [J]. Monumenta Serica, 1976 (32): 21-54.; Hellmut, W. Tseng Kuo-fan and Liu Ch'uan-ying [J]. Journal of the American Oriental Society, 1976 (96): 268-272.

军镇压太平天国的研究中，最突出的当属迈克尔、邓嗣禹、孔飞力、费正清和简又文。迈克尔着重研究了曾国藩代表儒家精英阶层与太平天国推出的"拜上帝教"的对峙；作为杰出的中国学者，邓嗣禹在美国学界成绩斐然，是海外中国学研究圈的华人精英，他就湘军建制的文化本质、思想内涵及裁撤过程作了精彩的研究；费正清继续着力于曾国藩的经世改革思想在湘军建制中的实践和变化，描述了他以"礼"学思想为指导改革军事建制的过程，同时也兼论了湘军和常胜军的战斗力；虽然孔飞力和简又文的研究重点是在太平天国运动，但是孔飞力对于湘军的组织结构和人事制度也进行了叙论。

20 世纪 30 年代至 70 年代初，美国学界对曾国藩利用中外和局与同治中兴进行儒家秩序的恢复进行了全方位的研究，包括战时的幕府制度、征收厘金、战后重建、兴办洋务等。学者们提出，在镇压太平天国的 11 年中，出于征战的需要，曾国藩作出了一系列实用主义的行政改革；而在战争即将胜利之时，曾国藩又开始大规模计划对儒家信仰和社会秩序的恢复与重建。关于这段时间，主流研究是芮玛丽对于以曾国藩为代表的儒家保守力量在同治中兴时顽固抵抗西方力量变革的研究；波特、福尔索姆认为曾国藩、李鸿章在战时启用并推进了幕府组织的发展，为攒集儒家精英应付太平天国和恢复儒家体系到了不可替代的作用，同时也彻底颠覆了清朝中后期满汉在统治阶层的势力分布局势；费正清在这段时间的研究成果大大加深了美国学界对于中国传统儒家文明和精英治理的理解，对中国近代化进程中遭遇的强大旧势力进行了解读和分析，也开启了曾国藩代表的文化力量与中国近代化之间的关系这一研究思路的大门。

（四）20 世纪 70 年代中后期到 20 世纪末的研究特点

20 世纪最后 30 年见证了美国学界曾国藩研究逐渐走向衰落的过程，这个过程伴随着"冲击—回应"模式让位给"中国中心观"的始末。虽然这一阶段的研究成果不如 20 世纪 30 年代至 70 年代初那样呈现出多层次多角度的特点，而展现出在"中国中心观"的影响下向部分研究和区域研究发展的特点，如卫德明对曾国藩思想形成深受湖湘精英文化圈影响的深入研究、费正清对以曾国藩为代表的汉族士绅与儒家文化复杂关系的深刻剖析、恒慕义对中兴后期中央势力对以曾国藩为代表的地方权势进行打压和剥夺的初步探索、邓嗣禹对曾国藩与太平天国势力对峙的继续探讨等，但也有以谢正光对曾国藩人物传记的全面研究为代表的整体研究。

在这一阶段，费正清与众多学者合作编著的通史类巨著——《剑桥中国史》的问世，将前辈学者的研究结晶融会贯通，更是费正清个人作为最重要的美国中国学专家，为后世留下的杰出代表作。在这部作品中，费正清初步展现了从"西方中心论"到"中国中心观"的转向，试图从中国文化内部的驱动力来解释中国近现代进程的所有动向，在客观上促进了对于中国文化引领自身近代发展的解读，不自觉地展示了是中国文化内核，而不是西方范式，让中国摸索出了一条具有"中国特色"的近代化之路。随着柯文正式提出"在中国发现历史"这一新理论，美国中国学研究正式而全面地从"冲击—回应"模式向"中国中心观"模式转变，柯文本人也从各方面回顾与批判了"冲击—回应"模式下的美国中国学研究，对曾国藩研究也提出了诸多问题和批评。比如柯文认为过去在"冲击—回应"模式的影响下，学者们过分强调文化差异和特性的研究方法，容易导致如文化本质论这样的不幸扭曲。这种扭曲将文化过度化约成一组其他文化无法体现的特殊价值或特征，如对于威权主义东方与自由宽容西方的刻板印象就严重影响了卫德明对于曾国藩思想的解读，将曾国藩早期思想打下了深深的"威权主义"的烙印。柯文提出，不同民族（如印度）或中国历史中也存在宽容或自由的传统，威权主义在西方也有历史来源的可能性，所以应该采用以观念内涵为优先的分析方式，而非仅从文化发源地或地理区域出发，武断地质疑文化边界、文化失调及文化特殊性的主张。柯文同时还保留了另一种"更关注于理解及评价基督宣教活动在中国所扮演的角色"的研究角度 ❶，同时提出了有关变迁的几个课题：渐进转变与革命的关联，从内部观点评

❶　COHEN P A. China and Christianity：The Missionary Movement and the Growth of Chinese Antiforeignism，1860-1870［M］. Cambridge：Harvard University Press，1963.

估社会变迁的优点、传统与现代性的复杂关系、中国传统与实际历史发展的差异、技术变迁与价值改变、19世纪与20世纪中国变迁的地理文化资源等，这些研究方向也为曾国藩研究提出了新的挑战。"中国中心观"将研究重点放置在分析框架的独特性上，这有助于让中国学专家们跳出传统的理论条框，用新理论和新方法来进行深入而独特的研究。这对美国中国学研究，特别是对美国学界的曾国藩研究，起到了真正的解放作用，其散发的批判锋芒也是相当尖锐的。以往美国学界多将曾国藩定义为反抗西方冲击的保守主义代表人物，而这一阶段的研究多注重曾国藩所处历史时代的内部矛盾、曾国藩本人的思想层面斗争来探索他在中国近代史上的作用。

然而，"中国中心观"也并非没有缺陷。威尔逊强调，"中国中心观"过度看重历史现象的个性与独特性，不同的地理情况和各异的区域风情深刻地影响了人群活动的范围、性质和效果，也逐渐积累并形成了文化总体进程和最终展现形态。但是仅从文化本身的视角去强调特殊性和地区性，或者只研究社会文化中很有局限性和代表性的若干方面，只集中讨论地区、社团而忽视了整个体制的演变和整体进程，进而缺乏对历史发展的规律与共性的探索，这是不可取的。❶ 在这一阶段的研究成果中，尤其值得注意的是曾国藩作为儒家精英文化的典型代表人物，美国学界对他的研究逐渐深化为对中国儒家秩序和农业经济的本质研究。特别是费正清等经典美国中国学专家都在研究中逐渐发现，传统而稳定的以农业耕作为主要生产手段的经济模式，在中国几千年的文明进程中一直坚如磐石。传统中国一直以来都以自己为中心看待整个世界，而以英国为代表的在西方商业文化模式中迅速崛起的帝国，奉行开放贸易和殖民全球的政策。他们对于古老中国推行以武力为后盾的经济蚕食，彻底打破了官僚政治体制下的中华帝国维持保守自闭的宁静。而曾国藩恰巧就是汉族精英士人的杰出代表，在卫德明、费正清等美国中国学家的眼中，不论他们承认与否，他们心中对于儒家信念和帝国秩序的美好设想，正在现实的打击中一点一滴逐步幻

---

❶ WILSON A A. et al., Methodological Issue in Chinese Studies [M]. New York: Praeger, 1982: 15.

灭。比起战争、赔款、传教、通商等看得见的剧变和灾难，这些心理的微妙转变似乎是无形的，是看不见摸不着的，但由此引发的对整个精英治理文化拔根而起的作用和影响，确实是长远而深刻的。❶

　　费正清对此进行了深入的分析，他认为中国古往今来都是崇尚无为而治的，而且从曾国藩身上，众多美国学者也看到了家庭、家族、宗族在中国社会中承担的巨大社会保障方面的功能。地方长官是中央政府任命的该地唯一官方代表，他只有与当地绅士头面的人物密切合作，才能全方位胜任他的工作，而位于北京的中央政府也依靠与他们的合作来维持稳定，所以中国精英文化和士绅治理体系是完整而稳定的。❷晚清帝国延续儒家政治体系中一直维持的中央—地方两级制约关系，将中央政府的管理效果、官僚机构的廉洁维系在各地政府与当地士绅精英的密切合作上，国家政权的稳定也是通过地方士绅精英阶层与各大宗族的支持和忠诚来实现的。虽然曾国藩从组建湘军到成为地方势力的代表，是广州在面对英军入侵时集结乡勇的延续，但这些行为中反映出来的忠诚，是汉族儒家信仰对精英阶层的召唤，是帝国统一的秩序遭到威胁时，儒家士绅精英为拯救天下与百姓，投身战场临危救世的担当与责任，也是他们对于自身文化自救的下意识反应。所以，费正清反复强调，掌握儒家教义和宗旨是精准解读中国传统文化和政治管理体制的要旨，也是恰当判断和评价中国精英阶层和文明精髓的关键阶梯。❸从另一个方面来说，从儒家学说入手来分析和研究中国近代史和经典文化人物，也是循着"中国中心观"的研究范式在中国发现历史的典型案例。

---

❶　FAIRBANK J K., K C Liu. The Cambridge History of China in Late Qing Dynasty, 1800–1911[M]. London：Cambridge University Press, 1978: 3.

❷　FAIRBANK J K., K C Liu. The Cambridge History of China in Late Qing Dynasty, 1800–1911[M]. London：Cambridge University Press, 1978: 21.

❸　FAIRBANK J K., K C Liu. The Cambridge History of China in Late Qing Dynasty, 1800–1911[M]. London：Cambridge University Press, 1978: 22.

（五）20世纪之后的研究走向

20世纪之后，美国学界关于曾国藩的专题研究成果寥寥，但在区域史、专门史等领域内还是常常涉及对曾国藩某一方面的述评。比较有代表性的有裴士锋（Platt S R）将曾国藩作为湖南地域研究的特色代表人物进行了评价，罗威廉（William T. Rowe）在《哈佛中国史》中对曾国藩轶事和儒家思想进行的梳理和论述。❶

裴士锋认为，长沙以"围起的圣地，其城门始终不向异族敞开"之形象著称于洋人圈。❷在这个为中国近现代史培育诸多领袖的地方，似乎有一种特殊性和神秘感，它召唤着学者来讲述它的故事。这里自南宋流传下来的抵抗与牺牲传统，鼓舞着前仆后继的年轻勇士用自己的实际行动来捍卫这个地域的统一与尊严，为此他们不惜付出生命的代价，来创造一个他们可以活得更好的幸福世界。❸湖南本来就是民心刚强的地方，而曾国藩在这里募练湘军，终成大功，这件事情给予之后的湖南人很大的刺激，以至于"从军"成为湖南人的一种风格。追根溯源，湖南人民的从军习惯，固然是来自于民族性的刚强，但也未尝不是深受曾国藩的影响。以曾国藩为代表的湖南人对中国近代化进程有着非凡的影响力，除了深深根植在湖湘民风和经世学派的精英救国源泉中，似乎还体现在湖湘人士所津津乐道的神秘地形和不屈"精神"，裴士锋据此判断这与湖南地域多山丘和饮食习惯有关。❹

裴士锋对曾国藩创建湘军尤其感兴趣，他详细介绍了曾国藩如何在组织零散的民兵的基础上，逐渐设立招兵机构并对新兵进行系统化训练，最后组合成

---

❶ BROOK T, ROWE W T. China's Last Empire: The Great Qing [M]. Cambridge: Harvard University Press, 2009.

❷ PLATT S R. Provincial patriots: The Hunanese and Modern China [M]. Cambridge: Harvard University press, 2007: 58.

❸ PLATT S R. Provincial patriots: The Hunanese and Modern China [M]. Cambridge: Harvard University press, 2007: preface.

❹ PLATT S R. Provincial patriots: The Hunanese and Modern China [M]. Cambridge: Harvard University press, 2007: 1.

联军，并建立起遍布全省的大规模军事网络的全过程。裴士锋进一步评价了曾国藩的建军模式，他的湘军中各级别之间环环相扣、互相牵制，低级士兵对直属将领效忠，同乡感情赋予了这支部队钢铁的意志、顽强的战斗力和惊人的团结。裴士锋高度赞扬了曾国藩对这支队伍的组织、训练和掌控，认为他整合了农民充当士兵和学者充当将领，不仅巩固并加强了效忠，而且还将湖湘优质精神灌注到这支队伍中，使其产生了惊艳世人的力量。❶

　　裴士锋不光注意到曾国藩筹建湘军的过程，也研究了他裁撤这支他一手建立起来的队伍的始末。根据裴士锋的研究，平定太平天国之乱后，曾国藩几乎立即宣布让他带领的湘军回到家乡的田间地头和书院私塾。往日湘军的气势瞬间消逝不见，但那些经受了战争洗礼而保留下来的至情至意让湘军的成功不仅留在了战场上，还遍布在湖湘的每一个角落，在每一个湘军士兵的脑海中。这些田野地头的农夫本无法与本地学者甚至是士绅精英有多少关联，但是他们在战场上的共同记忆把他们长久地捆绑在一起，让"湖南人""湘军"成为一个个镌刻在他们生命中的不朽印章，而这个省份的集体荣誉感和认知力，也在这场历经磨难的战争中成型，并在之后中华民族面临的苦难经历中不断得到印证与加强。这不仅让尚武精神和牺牲精神成为湖湘人士的气质，而且让三湘大地都成为儒家正宗源流的坚决捍卫地，也成为拯救国家大一统的正义之邦，这无疑又大大提升了湖湘地区的强烈自豪感。❷裴士锋的研究是美国学界 21 世纪在"中国中心观"指导下对中国区域史研究的代表之作，这部作品从湖南地区的视角来研究曾国藩，同时将曾国藩与他前后的湖湘名人串连成线，形成一个系统的地域文化传承研究，这不仅是对曾国藩研究的开拓创举，也是对前期美国学界曾国藩研究的继承与发扬。

　　曾国藩对儒家思想的弘扬给罗威廉留下了深刻的影响，他列举了曾国藩

　　❶　PLATT S R. Provincial patriots: The Hunanese and Modern China［M］. Cambridge: Harvard University press, 2007: 22.

　　❷　PLATT S R. Provincial patriots: The Hunanese and Modern China［M］. Cambridge: Harvard University press, 2007: 29.

重新出版王夫之作品的行为，并大力宣扬其提倡的"德性"这个儒家专业术语。❶ 通过分析曾国藩的卓越领导力，罗威廉揭示了士绅阶层在中国历来朝代更迭和政局动荡之时持续保持相对稳定的强大作用力❷，并饶有兴致地将中国与英格兰的士绅相比较，认为以曾国藩为代表的中国精英士绅，有着简·奥斯汀笔下身穿红外套猎狐的绅士贵族的神韵。他们守一方沃土，享有经济特权和政治声望，是主导地方文化的精英，过着儒家最崇尚的"耕读生活"。❸ 罗威廉特别赞羡曾国藩，认为他在结合苦行之道的哲学中，努力克服了个人缺陷，而去实现匡时救世的强烈使命。罗威廉对于岳麓系统的人才也尤为称赞，对湖湘经世改革思想也极为推崇。罗威廉在回顾同治中兴这段历史时，认为芮玛丽一反费正清将同治中兴阐述为西化高潮的论调，将之描写成为悲剧，特别是将曾国藩描述成了最失败的英雄是不完全恰当的。他个人的观点是：同治中兴在曾国藩等儒家保守改革家的领导下实施了一场"再封建化"的过程❹，这个惊人的观点为 21 世纪的美国中国学研究提供了一个全新的诠释视角。

二、美国学界对曾国藩的整体印象

（一）享有卓越声望的传统道德卫士

早在 19 世纪 60 年代，外国媒体便开始对曾国藩的湘军投注炙热的目光。随着战事的深入发展，美国学者越来越关注太平天国与湘军的对峙，也对曾国藩本人产生了浓厚兴趣，并围绕他镇压太平天国、领导同治中兴和个人儒学素养等方面展开了研究，逐渐形成了对曾国藩"勤政、清廉、拼搏、受尊敬、

---

❶ BROOK T，ROWE W T. China's Last Empire：The Great Qing［M］.Cambridge：Harvard University Press，2009：18.

❷ BROOK T，ROWE W T. China's Last Empire：The Great Qing［M］.Cambridge：Harvard University Press，2009：23.

❸ BROOK T，ROWE W T. China's Last Empire：The Great Qing［M］.Cambridge：Harvard University Press，2009：100.

❹ BROOK T，ROWE W T. China's Last Empire：The Great Qing［M］.Cambridge：Harvard University Press，2009：137.

肯奉献、守儒学"的正面印象。那些被西方大炮护送进入条约口岸的外国商
人，曾经与太平军领导人一样，强烈反对曾国藩的战时政策，但这样的对峙并
不影响他们发现曾国藩的光彩。他们认可曾国藩在晚清帝国通过个人努力而获
得的多方赞许，也承认他对中央政府、地方行政、儒家精英和普通民众的"广
泛影响"。曾国藩和李鸿章被他们并列为影响中国近代发展的时代巨人，一个
在道德上难以战胜，一个在肉体上难以折服。较之李鸿章，曾国藩被认为更排
外、更保守，但同时他也更具才能，更聪慧、更诚实和"绝不要花招"；❶站在
宗教信仰的对立面，外国媒体和传教士把他标榜为"守护中国传统保守文化的
顽固人物"，但这些刻薄的评论同样也没有阻碍他们对曾国藩人格品质所做出
的深刻而清醒的肯定和赞美。当曾国藩于 1868 年离开两江总督任上时，《北华
捷报》评论说"预计他由达官显贵们陪伴到至少扬州以远，这种陪伴总督的状
况以前从未发生过，因为他的官署不受达官贵人清规戒律弊端的束缚，所以他
总是和其部下打成一片。他很严厉，但是人们总是能够理解他的意旨，结果与
通常所发生的情况相比较，在他手下遭殃的官员总是微乎其微"。❷无论是西
方媒体、观察家还是商人、政治家，还是学者，西方阵营普遍认为曾国藩是最
令他们头痛的敌人，是顽固维护中国传统道德文化和封建政体的守旧分子。他
们一边嘲弄并抹黑他为西方阵营的工具，一边又不得不承认曾国藩的权威建立
在赢得他们不情愿或情愿赞扬他的各种品质之上。作为周旋于中外和局的重要
人物，曾国藩让西方人士又爱又恨，他们普遍了解曾国藩对中国开放程度的保
守性坚持。因为曾国藩本人十分清楚他获得的支持来自国内而非国外，外商逐
渐对曾国藩获得广泛群众支持的圣贤型人格加强了理解。几乎所有人都将曾国
藩视作儒家卫道士的经典衡量标准，然而他却总是不断对自己提出更严苛的要
求：他常常批评自己自律不够，担心身居高位会让子女沾染恶习。然而，就连
外国人都描述道：曾国藩总是身着朴素甚至寒酸，也从不摆架子。❸

---

❶ North China Herald, Jun. 13th 1857.

❷ North China Herald, Feb. 8th 1862.

❸ HACK. The Event in Taiping Rebellion [M]. London, 1891：463.

（二）守护祖国统一的儒家遗产继承人

洪秀全挟"拜上帝教"毁谤孔教儒学，激起一众依名教傍身立命的士绅名流之激烈反对，曾国藩更是写下了传世佳作——《讨粤匪檄》，将太平天国明确列为中国传统儒教的敌人，这恰好刺激了传教士们敏感的神经。百年来传教士（特别是新教）对于改变中国传统孔教（特别是祭祖仪式）都束手无策，而洪秀全将耶稣的地位凌驾在中国礼教偶像——孔子之上，这无疑激起了他们的强烈共情。初期，大多数外文媒体都对太平军保持着最大的同情心和期待，密切关注着时局的变化，也默默地将曾国藩视为中国传统文化保守、顽固的卫道士和基督教的敌人。早期的美国来华传教士大多认为中国对外来文化秉持着"蔑视与拒斥"的态度，习惯性地站在文化的制高点，对其他一切外来文化持居高临下的傲慢态度。

太平天国被镇压后，英美媒体、学界都掀起了一股"抢功"热潮。到底谁镇压太平天国？是曾国藩的湘军还是洋枪队的新式武器及西洋军队？无论是英国学界的"戈登说"，还是美国学界的"华尔说"，都把矛头指向了曾国藩。他们一致认为，清政府在和太平天国的军事对垒中长期处于下风，直到"洋枪队"的介入，才彻底扭转了战争局势，最后太平军战争的胜利得益于西式洋枪与西洋智慧。华尔和戈登成为外国媒体与英美学界争相追捧的对象。《北华捷报》大力肯定了华尔在镇压太平天国中的重要贡献，称 1861 年进攻松江的太平军在广富林镇被"那位用欧洲式的战术所训练的一团精干强健的兵士的华尔上校指挥下的帝国军队的勇敢和纪律"所击败，[1] 松江的收复也奠定了对太平天国战争的转折点；[2] 华尔本人也被擢升为中国军队里的镇台（相当于少将），皇帝还传谕赐予"常胜军"之称号；[3] 丁韪良认为如果没有外国的干涉，太平天国

---

[1] North China Herald, Feb. 7th 1862.

[2] North China Herald, Mar. 15th 1877.

[3] North China Herald, Mar. 22nd 1862.

运动会将罗孝全教士的学生——洪秀全推上中国的皇帝宝座；❶ 威尔逊曾高度评价戈登带领的常胜军，认为整支队伍不但组织严密，而且合作度高，再加上先进的装备、作战方法和训练有素，长官能适应不同的地形来指挥行动，并且以不倦的干劲对律令加以实施；❷ 美国传教士卫三畏也正面肯定了常胜军在镇压太平天国中的历史地位，夸奖他们面对敌人时表现勇敢，并逐渐赢得了中国官方及联盟者的信任 ❸，但他对于镇压太平天国的首功问题，始终有着清醒的认识。在《中国总论》中，卫三畏指出：在成功夺去了常州城以后，常胜军的英勇作战也就告一段落了。从当时双方的对峙力量来看，曾国藩领导的湘军已经取得了绝对的战争优势，而此时的太平天国只剩下一直固守的南京。曾国藩衡量利弊，做出了解散常胜军的重要决定，这既为朝廷节省了庞大开支，也保证了战胜的名誉与体面。❹ 所以从参战时间长度和战胜的决定性来说，镇压太平天国的首功都不应落在常胜军的头上。

这是美国学界第一次正面评价曾国藩在镇压太平天国中的功劳，之后黑尔博士明确指出外国观察家们被一支优秀的小部队所享有的名声所迷惑了，他们对华尔与戈登歌功颂德，完全将曾国藩领导的主力部队抛之脑后，而将战胜太平天国的军功和桂冠一股脑儿归献给洋枪队和李鸿章。黑尔博士指出这种评价极其不公，他盛赞了曾国藩在 10 多年来极少得到别人的协作、极度缺乏资金以维护军队、而且本人不懂任何兵法的前提下，克服了几百年来帝国行政那纷乱如麻的困难，实现了战争的扭转并最终取得了奇迹般的胜利。黑尔博士极度赞扬了曾国藩在战争中表现出来的清晰思维、审慎常识和永不丧失的耐心，除此以外，曾国藩并不在意自己军功战绩的荣誉与桂冠被安置在别人身上，也丝毫不担心他的光彩与名誉被别人遮蔽。他在抗击太平天国运动中将当时的有能者最大限度地聚集到自己的身边，在承认自己军事天分不足的基础上，充分调

❶　MARTIN P W. A Cycle of Cathay［M］. New York：Columbia University Press，1897：14.

❷　WILSON A. The Ever Victorious Army：A History of the Suppression of the Taiping Rebellion［M］. Edinburg：Edinburg Blackwood，1868：92.

❸　WILLIAMS S W. The Middle Kingdom［M］. New York：Charles Scribner's Sons，1883：1505.

❹　WILLIAMS S W. The Middle Kingdom［M］. New York：Charles Scribner's Sons，1883：1515.

动他们的积极性，真正做到人尽其才，大力扶持身边有才能者在最合适的位置发挥实力，并为他们向朝廷保荐。他组建的幕府聚集了当时晚清帝国最有智慧的头脑和最精明的将才。不可否认，黑尔博士眼中的曾国藩用自己的言行举止切实地践行着儒学精英人士的学识与教养，在日常的一点一滴中均以孔子的品质和信念为宗旨来要求自己，绝不在忠孝之道上偏离分毫，用德行将他那个时代的精英有力地团结在自己的周围，在一个缺乏诚信的时代以诚为本 ❶，为儒学精英文化树立了一个典范。

黑尔博士是第一个为曾国藩立传的美国学者，他盛赞曾国藩一力镇压了太平天国运动，使国家免于陷入四分五裂的状态，并将他与乔治·华盛顿媲美。同为战争的军事领袖，他们都凭借战功创下了累世名声，却都在巅峰时期功成身退，自愿从权力的顶点上走下来，放弃军权。黑尔博士之所以盛赞曾国藩，主要是看重曾国藩在内忧外患的复杂历史情势下再次团结了汉族士绅精英阶层，复兴了儒家信仰，避免了国家的四分五裂；同时，曾国藩的个人品性、文化习养、刻苦耐劳、勇于开拓、谦和善良等特点也给黑尔博士留下了深刻的印象。❷ 所以他对曾国藩晚年遭遇的不公耿耿于怀，认为曾国藩虽然创下了与华盛顿相当的盛世功业，却没有得到和他相似的回报，他拯救王朝的努力最终也被证明是不值得的。但是黑尔博士一直认为，这些评价都不会对曾国藩的言行举止产生偏差的影响，他会一直以无怨无悔、无条件忠于儒教传统文化的形象活在人们心中。

黑尔博士认为，应该理性地看待中外武装力量在镇压太平天国运动中的作用。首先，常胜军的杰出军功应该被重视；以常胜军为代表的西方势力无疑凭借自身优越的武器装备、杰出的谋略和训练有素的兵士在镇压太平天国运动中交出了漂亮的成绩单。在他们的援助下，政府军攻克了许多重镇，大大缩短了

---

❶ HAIL W J. Tseng Kuo-fan and the Taiping Rebellion [M]. New Haven: Yale University Press, 1927: 3.

❷ HAIL W J. Tseng Kuo-fan and the Taiping Rebellion [M]. New Haven: Yale University Press, 1927: 2.

战争的进程，也让清政府避免了因过长战线和耗时太久的战争所带来的窘境与困难。然而，如果仅凭这样的分析就断定或假定是常胜军，而不是曾国藩及其领导的湘军镇压了太平天国运动，还是十分轻率的。因为不论华尔还是戈登，他们所指挥的洋枪队或者常胜军在投入战争的全过程都没有组织起超过3000人的军队，在战争中取得的胜利也总是在清军支援和助攻的前提下获得的。其次，曾国藩率领的湘军自始至终都在镇压太平天国运动中发挥了最重要的作用，他们参战最早、持续时间最长、取得的战绩最多。在常胜军取得傲人胜利时，曾国藩一直坚守安庆，指挥着他的将领们坚守在安徽、江西和南京等要塞，持续不断地与敌人鏖战。与常胜军相比，他们的战绩也许并不耀眼，但是他们的长线坚守、对太平军心理上的冲击、在湖北河南战场预防太平军与捻军的联手等方面无疑对取得战争最后的决定性胜利意义非凡，正是因为他们坚持不懈地斗争，才能最终取得镇压太平天国的胜利。❶

马士在研究中指出，拯救清帝国免遭四分五裂的力量来自两个方面，一方面是替他打仗的外国人，另一方面就是两个伟大的中国人——曾国藩和李鸿章。马士赞扬他们发展了前辈儒家精英都没有的将才、组织能力和品质。称这两位文人拥有军人一样"在进军之时所需要的勇气和在失败时需要的镇定"，总是在紧急关头"优先考虑他们所须尽的责任和国家福利，用他们的组织能力为国家服务，恢复已经气馁的军队士气"。马士对于曾国藩、李鸿章善于利用外来援助以求自我发展也予以高度肯定。曾国藩和李鸿章在抗击太平天国运动中感慨于西方军事武器的先进，并深深感悟出帝国统治的恢复，必须依靠外国人的军事援助，而他们自己也从这种支援中得到了所需的强固基地。❷ 马士指出，曾国藩的军队在没有外国人援助（除了"常胜军"炮队的援助以外）的情

---

❶ HAIL W J. Tseng Kuo-fan and the Taiping Rebellion [M]. New Haven: Yale University Press, 1927: 203.

❷ MORSE H B. The International Relations of the Chinese Empire, The Period of Conflict 1861—1893 [M].Yokohan: Kelly and Walsh Limited, 1918: 73.

况下在围攻南京的战役中实现了中华帝国的自我拯救；❶曾国藩、李鸿章二人凭他们的组织能力、政治才干以及他们的军事本领把这个帝国给拯救了。❷

濮兰德和巴克斯的人物传记虽然不是以曾国藩为主角，但是他们都无法忽视曾国藩这位具有英雄主义色彩的核心人物。根据濮兰德和巴克斯的研究分析，曾国藩种种英雄主义的行为源头却是被中西学者反复诟病的儒家学说教育体系。令人吃惊的是，这种充满弊病的教育体系常常会训练出为了人民的整体利益而舍生忘死的人。在这些人中，曾国藩名列前茅，濮兰德和巴克斯将他描述为具有"忠诚的明智的爱国主义"情怀的伟人。❸费正清肯定了曾国藩是一位优秀的军事组织者，不能说他在个别战役的战略方向上起了多大的作用，但是他在军队的总体规划和装备、军事组织的经费筹措和军官的选拔上是无人能及的。当时所有的伟大领袖——左宗棠、胡林翼、李鸿章等，都是在他的领导下成名的。

综上所述，对于镇压太平天国的首功问题，美国学界在 20 世纪前 30 年已经形成一致见解，并在达成共识的过程中逐渐对曾国藩和以他为代表的中国传统思想产生了更大兴趣，关注的焦点也逐渐从曾国藩镇压太平天国转移到对他自身的儒者品格上来。随着对于中国儒家文化研究的加深，更多学者和观察家渐渐摆脱了宗教传统视角的束缚，开始用研究哲学思想的方法和路径去看待中国传统儒家思想文化，并试图从中挖掘与西方文化截然不同的东方异质文化的本质。

曾国藩作为儒家遗产的继承人，在扛起名教大旗、联合汉满儒家士绅名仕成功镇压太平天国运动之后，便匆匆投入了儒家思想复兴的浪潮中。他运用自己在出征之前业已形成的儒家思想，联合宋汉两学，兼收经世与桐城，试图以"礼"来复兴中国传统和儒家秩序，同时振兴国力、自强求富。虽然他兼容并

❶ MORSE H B. The International Relations of the Chinese Empire, The Period of Conflict 1861—1893 [M] .Yokohan: Kelly and Walsh Limited, 1918: 73.

❷ MORSE H B. The International Relations of the Chinese Empire, The Period of Conflict 1861—1893 [M] .Yokohan: Kelly and Walsh Limited, 1918: 73.

❸ 濮兰德，巴克斯 . 慈禧外纪 [M] . 陈冷汰，译 . 上海：中华书局，1914: 64-65.

包的思想被列文森嘲笑为折中主义，但是他作为中国传统儒家文化的领袖和精英代表，所表现出来的拳拳护教之心，早已让他超越了满汉之隔。那个时代的他心中早已把儒家生存方式和国家命运画上等号，在反复抵制外国经济侵入的过程中成为西方学者眼中的"已死儒家文化"的顽固守门人，将西方文化在中国播种之路死死堵住，同时也断送了中国走上近代强国的绝佳时机。

（三）推动军事近代化的经世改革家

20 世纪前 30 年美国学界已注意到，与太平军纠缠多年的曾国藩、李鸿章、左宗棠一边在作战中惊叹西洋武器的强大摧毁力，一边在深刻自省中转变思维，开始琢磨如何在现有体制下有效利用西洋先进技术以摆脱困境。曾国藩作为同治中兴的核心领导人物，与在中央发挥重要作用的恭亲王奕䜣相比，他在地方上切实推动了这股改革之风，尤其对于中国军事组织向近代的转变起到了重要的引领作用。

曾国藩无疑是推动中国军事近代化的第一人。马士在晚清军事组织中重点分析了民政当局指挥下的有战斗力的非正规军队的特点，马士全面分析了曾国藩创建湘军的动机，从对抗太平天国"拜上帝教"到对鸦片战争败给英国军队的反省，他在 1851 年 5 月的家书中形容了广西首脑们如坐针毡的情况；❶ 安德鲁认为曾国藩早在给咸丰皇帝上疏帝国政治问题时，就呈现出与其他官员不同的经世致用思想。与其他官员都将帝国的前途和政治形势的发展寄托在帝王身上所不同，曾国藩提出一系列解决实际问题的对策和方法。同时严厉指出了京都官场腐败和废政的严峻形势。❷

作为中国近代军队模式的创建人，曾国藩遇到了前所未有的阻碍。黑尔博

❶ HAIL W J. Tseng Kuo-fan and the Taiping Rebellion ［M］.New Haven：Yale University Press，1927：114-120.

❷ HSIEN C K. Tseng Kuo-fan, A Nineteenth-century Confucian General［D］. New Havene：Yale University Press，1975：34.

士梳理了初期曾国藩遭遇的三大困难。❶ 黑尔博士非常关注曾国藩面临的困局和他的心理变化。❷ 而且，在镇压太平天国的过程中，皇帝的顾问们都是只顾眼前事，奉行临时有效的政策，这也解释了为什么镇压太平军需要这么长的时间。❸ 曾国藩在思虑如何获得更多财政支持的过程中，不自觉地推动了地方与国家之间力量平衡的博弈。太平天国能在很多年连续取得胜利，与国家权力的分散有着密切关系。如果政府有足够的中央集权，那么太平天国运动最多只能存活 1 年。但如若曾国藩想动用全国的主要财政来抗衡太平天国，势必要进一步推动地方势力的崛起；❹ 而当时的困难处境也造成了这一目标绝不能于短期内达成的客观事实，也势必注定了太平天国要持续很多年，并造成无数破坏。为了在长江水面上阻击太平军，曾国藩建立了水师，推动中国近代军事事业的完善和发展。1863 年末，容闳作为在外国完成教育回到中国的第一人，带着他前卫的革新思想来到安庆，成功劝服曾国藩开始设立生产汽船和各种机器的工厂。在曾国藩的全力支持下，容闳在 1866 年从海外带回了上百种先进机器，两年后这些装备成功地在中国人自己建立的铁厂中制造出中国历史上第一艘汽船。曾国藩为第一艘汽船取名"恬吉"❺，成为中国近代化道路的里程碑。

黑尔博士对于曾国藩在战争中表现出的稳健之道极致推崇，他认为曾国藩总是有着对于战略的合理态度，那些谋划虽然根本称不上壮语豪言，但具有强烈的实效性，也被历史证明了具有对前路合理的引领性，正是这种策略使他在

---

❶   HAIL W J. Tseng Kuo-fan and the Taiping Rebellion［M］.New Haven：Yale University Press，1927：133-134.

❷   HAIL W J. Tseng Kuo-fan and the Taiping Rebellion［M］.New Haven：Yale University Press，1927：164.

❸   HAIL W J. Tseng Kuo-fan and the Taiping Rebellion［M］.New Haven：Yale University Press，1927：135.

❹   HAIL W J. Tseng Kuo-fan and the Taiping Rebellion［M］.New Haven：Yale University Press，1927：167.

❺   船名取自于"四海波恬、公务安吉"。

南昌度过了许多危险难熬的日子。❶ 而在 1860 年 12 月祁门陷入孤境之时，他坚持抗战，以危急关头的沉着，以及在面对几乎必不可避免的被俘和被处死局面时，依然能保持冷静自持，这确实成了具有很大价值的真实教材。❷ 黑尔博士多次赞美曾国藩在众多困境中表现出来的特殊天赋。除此以外，黑尔博士还指出，对曾国藩的评价应该客观公正，任何套用其他国家评价体系和其他时代评价标准的方式都是不合理的。黑尔博士认为，无论是置身在晚清帝国的官僚群体中，还是与太平天国的精英领袖相比较，曾国藩都是出类拔萃的，他在他那个历史环境中以杰出的能力承担国家重任，以毫不退缩的果毅与坚强的意志带领他的阶级和国家走出险境，赢得胜利，即使他搏来的稳定局面是短暂和徒然的，但是他都是那个时代中的楷杰，是人们心中的英雄。❸

三、中美学界曾国藩研究的主要观点对比

与美国学界的百年曾国藩研究相比，中国学界的曾国藩研究经历了戏剧性发展变化的几个时期。在经历了曾国藩逝世之后几十年的高唱赞歌阶段后，以孙中山为代表的民族资产阶级革命派，批评罗泽南、曾国藩、左宗棠、郭嵩焘等人号称学者，"终不明春秋大义，日陷于以汉攻汉之策"。❹ 受着民族主义革命观的影响，孙中山自诩为"洪秀全第二❺，据《孙中山全集》编者考订，1897—1900 年间在孙中山领导国民革命时期❻，曾国藩一直被认为是汉族的叛徒而备受诟病，这些批评所秉持的无非是曾胡与洪杨作为一对不可调和之矛盾

---

❶ HAIL W J. Tseng Kuo-fan and the Taiping Rebellion [M] .New Haven: Yale University Press, 1927: 169.

❷ HAIL W J. Tseng Kuo-fan and the Taiping Rebellion [M] .New Haven: Yale University Press, 1927: 170.

❸ HAIL W J. Tseng Kuo-fan and the Taiping Rebellion [M] .New Haven: Yale University Press, 1927: 175-176.

❹ 孙文.太平天国战史序 [M].东京：东京出版社，1904.

❺ 宫崎滔天（即宫崎寅藏）.孙逸仙传 [J].建国月刊，1931（8）：10.

❻ 广东省社会科学院历史研究室.孙中山全集 [M].北京：中华书局，198：583.

对立面的思维习惯。❶诚如冯友兰之言，"否定太平天国必然为曾国藩翻案，为曾国藩翻案必然否定太平天国，可以说这是一个问题的两个方面。"❷似乎曾国藩和洪秀全这两个近代历史人物一直维持着对峙的局面，让后人在非此即彼的评价中徘徊。然而不论曾国藩还是洪秀全，都是中国知识分子在内忧外患中寻找出路的尝试。在美国学者眼中，肆意夸大满汉矛盾，并以此作为中国近代历经屈辱的原罪，实在有失妥帖。马克思主义史学家也不赞成利用民族间隙来夸大某个特定群体在历史进程中的作用与影响，对中国 19 世纪的"畸形"发展作出便利而简单的解释。中国的史学工作者都非常关注满人的作用，在分析中国近代社会发展方面几乎没有什么因素是比民族矛盾更为重要的。针对这一现象，魏特夫的"共生现象"理论可以很好地作出评论：在华夏舞台上一直居于文化中心地位的汉族在历史上不断地与其他异族进行不同程度、不同层面和不同角度的共存、调整与融合，尤其是在同治中兴时期。芮玛丽指出，和历史上的蒙古族、胡人等相比，清代满族人的汉化程度是最深的，但是无论他们在汉化和儒化的道路上走得多远，仍然不可能导向最后的完全单一或纯粹同化。她也认为，中国学界对曾国藩的评价长期以来打上了深刻的政治色彩，一度"把对曾国藩事业的解读称为'要求民主的中国人民和要求财产的阶级'之间冲突和斗争的前线之一。"❸但是在 1860—1890 年，满汉间的畛域之分渐趋消失，在重重危机面前，满族贵族越来越需要寻求汉族贵族的坚强保护，他们也意识到已无力再保留满文化的完整性。从清帝国的整体而言，自 18 世纪末期以来，满族人与汉族人的生活方式已无异，清朝政府也如汉族政府一般无二地维护和捍卫着儒家体系的正统地位。而到了 19 世纪中期的时候，中华帝国面临着西方列强的入侵和太平天国运动的震撼，对汉族地方武装和士绅力量的依赖性也更加明显。而最终取得对太平天国叛乱的彻底胜利不仅是中外合作的成果，更

---

❶ 刘浦江. 太平天国史观的历史语境结构［J］. 近代史研究，2015（2）：94.

❷ 刘鄂培. 早春——访冯友兰教授［J］. 新观察，1989（7）：15.

❸ WRIGHT M C. The Last Stand of Chinese Conservatism：The T'ungchih Restoration，1862–1874［M］. New York：Atheneum，1957：301.

是满汉合流的政治基础和利益统一，种族间隙已然被限制到了历史上最微小的程度。满贵族顾命大臣肃顺正是那个提出要授予重大军柄给汉人曾国藩和左宗棠的人；而那位向咸丰帝拉响警报，提出曾国藩和湘军的逐渐壮大会对清帝国产生威胁的却也正好是位汉人大臣。❶ 当曾国藩举起维护名教的大旗时，被号召来抗击太平天国的也多是秉承儒家教养的汉族士人，曾国藩本人及湘军也从未表示自己是为了效忠满族朝廷而战，特别是在南京决战期间，曾国荃在生死存亡间毅然委托曾国藩刊印《船山遗书》，而作为这部巨著的创作者的王夫之，却一直坚守在反对清朝统治的立场上。而在同治中兴的重要阶段，满汉两族的统治者们实际上已经达成谅解，重新搭建了一个以汉人为中心和占据绝对优势的全新统治政府，他们的目标就是竭力守护儒家精英文化和建立在这个文化体制之上的国家政治。曾国藩无疑是同治中兴时期中央政府的核心人物，同时也是地方上的首脑人物代表。芮玛丽认为，同治中兴中普遍存在着地方对中央对抗的隐患，但是在曾国藩身上却始终没有找到他在对国家效忠和对地方效忠之间存在任何冲突。在芮玛丽看来，曾国藩始终相信儒教国家一体化的实施必然需要在各个地方的沃土上深深扎根，他在落实国家意志行为方面真正担负起了强有力的职责。他与他的精英阶层一道成为自上而下的社会强制链条中最有力量的一个环节，不仅对清政府政策给予了强大的贯彻与支持，而且也为其他省府地方做出了有力表率，成为中央政府通过政令管理地方一级机构的强劲范例与保证，为战胜太平天国之后中央权力的回收与复兴奠定了基础。曾国藩及其在战争中培养的汉族精英阶层在各地方省府的管理中，也充分施展了才智与能力，成为维护儒教国家一体化权势与威望的中坚力量。所以曾国藩在同治中兴的过程中并未偏向任何一方，他始终代表着所有人。就曾国藩本人而言，他一向将儒家遗产看得最为重要，他能反对一个已经遗忘了儒家信仰的强大政府，

---

❶ WRIGHT M C. The Last Stand of Chinese Conservatism: The T'ungchih Restoration, 1862-1874 [M]. New York: Atheneum, 1957: 66.

但是他永远会支持一个宣布会保护并继承儒家遗产的政府。❶

　　日本学界是除中国学界之外，在全世界范围内最早开始系统研究曾国藩的。美国学界在形成对于曾国藩的学术评价和印象时，也对日本学界的曾国藩研究作出了评论和总结：起初日本学者多关注曾国藩维护国家统一的重大政治和军事贡献，但是到了 20 世纪 30 年代日本侵华时期，曾国藩成为日本学界为侵华寻找政治与道德说辞的重点研究对象。在日本人看来，曾国藩作为清朝统治者镇压太平天国起义的代言人，可作为日本侵略者准备征服中国的一个令人鼓舞的迹象。对于曾国藩研究形成的这一观点使日本学者认为，侵略行为只要打着恢复东亚儒家秩序的口号，那么像曾国藩这样的儒学精英就会拜服和归顺日本侵略者，所以日本人必须致力于在中国人民中发现更多像曾国藩这样的人，这样的舆论甚至使得曾国藩一度成为"汉奸"的代名词。日本人对曾国藩的研究类似于 19 世纪欧洲辉格党历史学家的著作，用赫伯特·巴特菲尔德的话来说，这些著作等于是"对现在的认可，如果不是对现在的颂扬。"❷日本当局研究曾国藩是为了作为当时政治形势的参考，为了利用曾国藩的历史来回答他们当时的政治问题。虽然美国学者不像日本的学者那样关注甚至利用曾国藩来影响当时的政治和舆论走向，但他们把重点放在了清代中期政治制度的背景下。芮玛丽集中讨论了曾国藩在同治中兴中的作用；斯坦利·斯佩克特（Stanley Spector）和乔纳森·波特分别研究了曾国藩的湘军经费和他的幕府组织的广泛结构；弗朗茨·迈克尔、菲利普·库恩和简又文的作品，既涵盖了太平天国起义的背景，也涵盖了曾国藩的军事行动。

　　通过总结与比较，不难看出当美国学界单独谈论曾国藩的道德伦理思想时，他的形象往往是正面而高大的；当他们把曾国藩与中国近代化进程和保守势力联系在一起时，曾国藩的形象则受制于中美关系的波动而呈现出鲜明的时代变化。整体来看，美国学界的曾国藩研究在美国中国学的几次革命性发展

---

❶　WRIGHT M C. The Last Stand of Chinese Conservatism: The T'ungchih Restoration, 1862–1874 [M]. New York: Atheneum, 1957: 74–75.

❷　Herbert Butterfield, The Whig Interpretation of History [M]. London: G. Bell and Sons, 1968: 5.

与突破的时代背景下，呈现出与美国中国学相对应的三个阶段：传教士研究
阶段、"冲击—回应"（近代化、帝国主义模式）研究模式阶段和"以中国为中
心"研究范式阶段。曾国藩因组织地方团练，与太平军形成对峙之势而受到西
方学界的一致关注。经过 19 世纪后 40 年的史料积累和学术研究，美国学界的
曾国藩研究于 20 世纪前 30 年正式展开，其中以黑尔博士作《曾国藩与太平天
国》（1926 年）为标志，将之前与之后的研究特点明确划分开。作为传教士的
黑尔博士虽然没有彻底摆脱宗教束缚❶，但是他大量运用中文史料、运用了现代
专业的研究方式来完成他的研究，这使他区别于之前卫三畏、马士等人，也为
美国学界对曾国藩的客观全面评论拉开了序幕。这个阶段对曾国藩的研究以讨
论他的事功为主旋律。 随着观察角度的全面发展和史料的大量丰富，美国学
界在 20 世纪 30 年代至 70 年代迎来了曾国藩研究的高潮期。这期间各大著名
美国中国学家都对曾国藩进行了全面或细节的研究和分析，特别具有代表性的
是卫德明、费正清、芮玛丽、谢正光、沈陈汉音、迈克尔、墨子刻、列文森、
孔飞力、福尔索姆、邓嗣禹、恒慕义。这段时期的研究在黑尔博士的基础上继
续沿着纵深方向发展突破，所取得的成果几乎涵盖了曾国藩在他人生不同时间
段于思想、事功、学术等方面的所有细节，不可谓不博大精深。但是这段时间
的大部分研究都是在费正清—列文森提出的"西方冲击—中国回应"的研究模
式下展开的，存在着研究同类性和论述片面性的缺陷。在这段研究时期，几乎
所有研究者都将曾国藩的儒家思想信仰列为中国近代化的内部阻力，认为同治
中兴的失败造成了中国近代化黄金时间的错失，让苟延残喘的儒家秩序继续支
持了清王朝长达半个世纪之久的续命。这种片面和武断的观点一方面是由于以
上研究者对于儒家文化思想维持中国千百年帝国秩序的研究未有足够深入，另
一方面也有西方宗教和文化在中国长久以来无法扎根的嫌疑。这段时期的研究
虽然已经脱离传教士的视角，但是囿于文化壁垒和文明偏倚，学者们普遍秉持
西方文化优越论和中心论，很多美国中国学研究者在评述中也不知不觉地泄露

---

❶ 也恰恰是他的宗教视野，让他仔细全面地分析了太平天国运动前后期性质的转变，并为这场
运动的背后（实际）发起人的存在找到了大量史料证据。

了自己不那么公平、客观和全面的评判标准，研究的中心也主要围绕着曾国藩的思想和儒家信仰。直到柯文针对列文森的论调提出"以中国为中心"的研究范式，全面审视和跳出西方文明中心的"殖民地历史"这一研究窠臼，曾国藩代表的儒家文化又重新被研究者赋予了时代的活力和持续发展的动力。可惜的是，这段时期的研究热点已然从历史大事件和大趋势过渡到专业化和区域化研究的小视角。随着历史不断被推涌向前，中国近代历程的研究被不停地掀开一幕幕新的篇章，曾国藩早已不再是美国学者观察中国近代化进程的焦点和宠儿，他所代表的"中国性"和研究意义也逐渐被后世不断涌现的历史弄潮儿所代替。曾国藩在美国学术界曾经享有的荣宠地位不得不让位给李鸿章、王韬、孙中山、黄兴、蒋介石、毛泽东等中国近代史的领航者，但是对他的研究成果在美国学术界留下了独特的光彩和意义，对后世的研究进程也有着不可磨灭的指导作用。近百年来，美国学者对曾国藩的研究逐渐发展为美国中国学的一扇窗口。卫三畏、马士、黑尔、濮兰德、巴克斯、费正清、谢正光、卫德明、芮玛丽、列文森、柯文等众多美国学者都从这扇窗口中窥见了中华文明在近世奋斗中的挣扎与转变。曾国藩对儒家精英文化的持守，不断加深美国学者对中国传统文化的解读和认知，也正是在这样的文明互进中，"他者"视域下的文化解构也给中国学界带来了丰富的回馈，不断加深我们对自身文化的认知与超越。

参考文献

一、中文文献

（一）专著

［1］陈寅恪.沈兼士学术论文集［M］.北京：中华书局，1986.

［2］费正清.伟大的中国革命［M］.刘尊棋，译.北京：世界知识出版社，2015.

［3］费正清.剑桥中国晚清史［M］.中国社会科学院历史研究所编译室，译.北京：中国社会科学出版社，2017.

［4］顾长声.传教士与近代中国［M］.上海：上海人民出版社，1991.

［5］广东省社会科学院历史研究室.孙中山全集［M］.北京：中华书局，1998.

［6］何寅，许光华.国外汉学史［M］.上海：上海外语教育出版社，2002.

［7］黑尔.曾国藩与太平天国［M］.王继卿，译.太原：山西人民出版社，2018.

［8］姜秉正.研究太平天国著述综目［M］.北京：书目文献出版社，1984.

［9］杰弗里·巴勒克拉夫.当代史学主要趋势［M］.杨豫，译.上海：上海译文出版社，1987.

［10］蒋洪新.大江东去与湘水余波——湖湘文化与西方文化［M］.长沙：岳麓书社，2006.

［11］蒋坚松，曹波.近代湖湘名人与世界［M］.长沙：岳麓书社，2006.

［12］康有为.康南海文钞［M］.上海：上海进步书局，1916.

［13］李细珠.晚清保守思想的原型：倭仁研究［M］.北京：社会科学文献出版社，2000.

［14］李育民.曾国藩传统文化思想研究［M］.长沙：湖南师范大学出版社，2006.

［15］李元度.天岳山馆文钞［M］.北京：朝华出版社，2018.

［16］梁启超.中国近三百年学术史［M］.南京：江苏人民出版社，2015

［17］罗威廉.哈佛中国史·最后的中华帝国：大清［M］.李仁渊，译.北京：中信出版社，2016.

［18］罗玉东.中国厘金史［M］.北京：商务印书馆，2010.

［19］欧阳兆熊.水窗春呓［M］.北京：中华书局，1984.

［20］濮兰德，巴克斯.慈禧外纪［M］.陈冷汰，译.上海：中华书局，1914.

［21］芮逸夫.中国民族自治文化论考［M］.台北：艺文出版社，1972.

［22］孙文.太平天国战史序［M］.东京：东京出版社，1904.

［23］太平天国史料译丛第三辑［M］.王崇武，黎世清，译.1954.

［24］王继平.曾国藩研究［M］.湘潭：湘潭大学出版社，2009.

［25］王之平.曾胡左兵学纲要［M］.北京：军用图书社，1937.

［26］魏光奇.选择与重构：近代中国精英的历史文化观［M］.北京：中国社会科学出版社，2015.

［27］尹飞舟.海外湖湘研究［M］.长沙：岳麓书社，2006.

［28］余英时.士与中国文化［M］.上海：上海人民出版社，1987.

［29］曾国藩.曾国藩全集［M］.长沙：岳麓书社，1986.

［30］张扬.冷战与学术——美国的中国学（1949—1972）［M］.北京：中国社会科学出版社，2019.

［31］赵尔巽.清史稿·本传［M］.北京：中华书局，1914.

［32］中国史学会.《太平天国》资料丛刊第六册［M］.上海：神州国光社，

1952.

［33］中华书局编辑部. 筹办夷务始末（同治朝）·第 8 卷［M］. 北京：中华书局，2008.

［34］朱政惠. 美国中国学史研究［M］. 上海：上海古籍出版社，2004.

［35］紫山川崎三郎. 曾国藩传：日本人眼中的曾国藩［M］. 香港：香港中和出版社，2012.

（二）期刊论文

［1］邓天文、章云东，"走进去"的翻译：近代湘湘名人著述译介述考［J］. 外语与翻译，2019（3）.

［2］宫崎滔天（即宫崎寅藏）. 孙逸仙传［J］. 建国月刊，1931（8）.

［3］侯且岸. 美国汉学史研究之反思［J］. 国际汉学，2021（9）.

［4］康达维. 华盛顿大学汉学研究与中国和欧洲的渊源［J］. 蒋文燕，译. 国际汉学，2011（1）.

［5］李剑鸣. 关于二十世纪美国史学的思考［J］. 美国研究，1999（3）.

［6］刘鄂培. 早春——访冯友兰教授［J］. 新观察，1989（7）.

［7］刘浦江. 太平天国史观的历史语境结构［J］. 近代史研究，2015（2）.

［8］刘招成. 美国的四代中国学家及其研究［J］. 许昌学院学报，2003（5）.

［9］杨跃珍. 基于西方修辞学的《曾国藩家书》文本分析［J］. 中州大学学报，2018（2）.

［10］尹飞舟. 一个美国学者眼中的曾国藩——W·J·黑尔《曾国藩与太平天国》述评［J］. 湖南人文科技学院学报，2007（1）.

（三）学位论文

［1］丁爱华. 论特纳"新史学"［D］. 淮北：淮北师范大学 2011.6.

［2］顾雅琪.《曾国藩家书》（节选）英译实践报告［D］. 长沙：湖南师范大学，2019.

［3］何文贤.“与狼共舞”——“同治中兴”时期的中外和局研究［D］.福州：福建师范大学，2005（4）.

［4］徐思.《曾国藩家书》（节选）英译实践报告［D］.长沙：湖南师范大学，2016.

［5］杨静.美国二十世纪的中国儒学典籍英译史论［D］.开封：河南大学，2014.

［6］张裕立.《亚洲研究杂志》中的中国学研究（1980–2005）［D］.长春：吉林大学，2011.

二、英文文献

（一）媒体

［1］China Mail

［2］Chinese Repository.

［3］Daily Shipping and Commercial News.

［4］North China Herald.

（二）专著

［1］BOULGER D C. Life of Sir Halliday Macartney［M］.Whitefish：Kessinger Publishing，1908.

［2］BROOK T，ROWE W T. China's Last Empire：The Great Qing［M］. Cambridge：Harvard University Press，2009.

［3］CHEN G. Tseng Kuo-fan［M］.Peking：Peking Press，1935.

［4］CHEN G. Tseng Kuo-fan，Pioneer Promoter of the Steamship in China［M］. Peking：Peking Press，1935.

［5］CLYDE P H，BEERS B F. The Far East：A History of the Western Impact and the Eastern Response（1830—1973）［M］. New York：Prentice-Hall，Inc.，

1975.

[6] COHEN P A. Discovering History in China [M] . New York: Columbia University Press, 1984.

[7] COHEN P A. China and Christianity: The Missionary Movement and the Growth of Chinese Antiforeignism, 1860—1870 [M] . Cambridge: Harvard University Press, 1963.

[8] COHEN P A, Schrecker J E, et al. Reform in Nineteenth-Century in China [M]. Cambridge: East Asian Research Center, Harvard University Press, 1976.

[9] CROSSLEY P K. Orphan Warriors: Three Manchu Generations and the End of the Qing World [M] . Princeton: Princeton University Press, 1990.

[10] CRAWFORD T P, Holms J L. Hartwell J B. See L. S. Foster, Fifty Years in China [M] . Tennessee: Nashville, 1909.

[11] FAIRBANKS J K. The United States & China [M] . Cambridge: Harvard University Press, 1948.

[12] FAIRBANK J K, LIU K C. Cambridge History of China in Late Qing Dynasty [M] . Cambridge: Cambridge University, 1978.

[13] FOLSOM K E. Friend, Guests and Colleagues: the mu-fu System in the Late Ch'ing Period[M] . California: University of California Press, 1968.

[14] HAIL W J. Tseng Kuo-fan and the Taiping Rebellion [M] .New Haven: Yale University Press, 1927.

[15] HAMBERG R T. The Chinese Rebel Chief, Hung-siu-tsuen; and the Origin of the Insurrection in China [M] . London, 1855.

[16] HAMBURG T. The Vissions of Hung-siu-tsuen and Origin of the Kwangsi Insurrection [M] . Hong Kong: The China Mail Office, 1854.

[17] Hamashita. The Intra-regional System in East Asia in Modern enstein and Times, in P. J. Katzenstein and T. Shiraishi, eds., Network Power: Japan and Asia[M] . Ithaca: Cornell University Press, 1997.

Conflict, 1861—1893 ［M］. Yokohama: Kelly and Walsh Limited, 1918.

［31］ NEEDHAM J. Science and Civilization in China ［M］. Cambridge: Physics and Physical Technology, 1956.

［32］ PLATT S R. Provincial patriots: The Hunanese and modern China ［M］. Cambridge: Harvard University press, 2007.

［33］ PERDUE P C. China Marches West: The Qing Conquest of Central Eurasia ［M］. Cambridge: Harvard University Press, 2005.

［34］ POMERANZ K. The Great Divergence: China, Europe, and the Making of the Modern World Economy［M］. Princeton: Princeton University Press, 2000

［35］ PORTER H. Tseng Kuo-fan's Private Bureaucracy ［M］. Berkeley: University of California, 1972.

［36］ POLACHEK J M. The Inner Opium War ［M］. Boston: President and Fellows of Harvard College, 1992.

［37］ RAWSKI E S. The Last Emperors: A Social History of Qing Imperial Institutions ［M］. Berkeley: University of California Press, 1998.

［38］ RHOADS E J. Manchu and Han: Ethnic Relations and Political Power in Late Qing and Early Republican China, 1861—1928 ［M］. Seattle: University of Washington Press, 2000.

［39］ SPENCE J D. To change China: Western advisers in China, 1620—1960［M］. New York: Little, Brown & Co., 1969.

［40］ SCHWARTZ B. History and Culture in the Thought of Joseph Levenson ［M］. Cambridge: Harvard University Press, 1972.

［41］ TENG S Y. Historiography of the Taiping Rebellion ［M］. Massachusetts: Harvard University Press, 1962.

［42］ TENG S Y. The Taiping Rebellion and the Western Powers ［M］. Oxford: Oxford University Press, 1971.

［43］ TENG S Y, FAIRBANK J K. China's Response to the West: A Documentary

Survey（1839—1923）[M] . Harvard：Harvard University Press，1954.

[44] WAKEMAN F. Fall of Imperial China [M] . New York：Free Press，1977.

[45] WEBER M. The Methodology of the Social Sciences [M] . New York：Finch，1964.

[46] WILLIAMS S W. The Middle Kingdom [M] . New York：Charles Scribner's Sons，1883.

[47] WILLIAMS F W. The Life and Letters of Samuel Wells Williams [M] . New York：Kessinger Publishing, LLC，1889

[48] WRIGHT M C. The Last Stand of Chinese Conservatism：The T'ungchih Restoration，1862—1874 [M] . New York：Atheneum，1957.

[49] WILSON A. The Ever Victorious Army：A History of the Suppression of the Taiping Rebellion [M] . Edinburg：Edinburg Blackwood，1868.

[50] WILSON A A，et al. Methodological Issue in Chinese Studies [M] . New York：Praeger，1982.

[51] WILFRID A C. Our Entry into Hunan [M] . London：Robert Culley. 1870.

[52] XU Z Y. The Rise of China [M] . Oxford：Oxford University Press，1970.

[53] YOUNG J A. China and Neighbors [M] . Shanghai：Declaration Hall，1882.

[54] JAKOBSON R. Linguistics and Poetics [M] // In K.Pomorka（ed.）. Roman Jakobson：Language in Literature. Cambridge and London：The Belknap Press，1987：66.

[55] LANG O. Introduction to the Family [M] // In J. Serban（ed）. The Family. Boston：Cheng & Tsui Company，1972.

（三）期刊论文

[1] BEER S H. Causal Explanation and Imaginative Re-enactment [J] . History and Theory，1963（1）.

[2] BODDLE D. Power and Law in Ancient China [J] . Journal of the American

Oriental Society, 1954（7–8）.

［3］ BROWN S. The Partially Opened Door: Limitations on Economic Change in China in the 1860s［J］. Modern Asian Studies, 1978（4）.

［4］ FAIRBANK J K. Patterns Behind the Tientsin Massacre［J］. Harvard Journal of Asiatic Studies, 1957（20）.

［5］ HELLMUT W. The Background of Tseng Kuo–fan's ideology［J］Asiatische Studien: 1949（3）.

［6］ HELLMUT W. The Young Tseng Kuo–fan: Home Influences and Family Background［J］. Monumenta Serica, 1976（32）.

［7］ HELLMUT W. Tseng Kuo–fan and Liu Ch'uan–ying［J］. Journal of the American Oriental Society, 1976（96）.

［8］ MARKS R. The State of the China Field: or the China Field and the State［J］ Modern China, 1985（10）.

［9］ MICHAEL F. Revolution and Renaissance in Nineteenth–Century China: The Age of Tseng Kuo–fan［J］. Pacific Historical Review, 1947（16）.

［10］ MORSE H B. Review on Tseng Kuo–fan and the Taiping Rebellion［J］. The Journal of the Royal Asiatic Society of Great Britain and Ireland, 1928（2）.

［11］ PECK J. The Roots of Rhetoric: The Professional Ideology of America's China Watchers［J］. Bulletin of Concerned Asian Scholars, 1969（10）.

［12］ SHELTON G. Cohen. Tseng Kuo–fan（1811—1872）, Chinese Scholar, Stateman, and General［J］.Athma Among the Famous, 1997（18）.

［13］ SHEN C H. Tseng Kuo–fan in Peking, 1840–1852: His Ideas on Statecraft and Reform［J］.The Journal of Asian Studies, 1967（27）.

［14］ TAYLOR G E. Hellmut Wilhelm, Pioneer of China Studies［J］. Oriens Extremus, 1992.

（四）学位论文

[1] DETRICK R H. Henry Andres Burgevine in China：A Biography［D］. Bloomingto：Indiana University，1930.

[2] HELLMUT W. Gu Ting Lin，der Ethiker，Inaugural Dissertation Zur Elangung der Doktorwürde de genehmigt von der Philosophischen Fakult der Friedrich Wilhelms University zu Berlin［D］. Darmstadt：L. C. Wittsich' sche Hofbuchdrukerei，1932

[3] HSIEH C K. Tseng Kuo‒fan，A Nineteenth‒Century Confucian General［D］. New Haven：Yale University，1975.